世界文明大系

总主编 汝信

儒家文明

CONFUCIANIST
CIVILIZATION

马振铎 徐远和 郑家栋 著

中国社会科学出版社

图书在版编目（CIP）数据

儒家文明/马振铎等著 . – 北京：中国社会科学出版社，
1999.9（2004.2 重印）
（世界文明大系）
ISBN 7-5004-2408-6

Ⅰ . 儒…　Ⅱ . 马…　Ⅲ . 儒家 – 文化史 – 中国　Ⅳ.K203

中国版本图书馆 CIP 数据核字（98）第 39430 号

出版发行	中国社会科学出版社		
社　　址	北京鼓楼西大街甲 158 号	邮　编	100720
电　　话	010－84029453	传　真	010－84017153
网　　址	http：//www.csspw.cn		
经　　销	新华书店		
印刷装订	1201 印刷厂		
版　　次	1999 年 9 月第 1 版	印　次	2004 年 2 月第 3 次印刷
开　　本	850×1168 毫米　1/32		
印　　张	12.25	插　页	6
字　　数	318 千字	印　数	7001－12000 册
定　　价	25.00 元		

1 西安半坡出土的粟粒和储粟陶罐

2 陕西黄陵县轩辕庙碑石

3　刻有文字的龟甲

4　西汉铁铧及铧土。1967年陕西咸阳窑店出土

5 毕昇像

6 西汉时纸张。1978年陕西扶风县出土

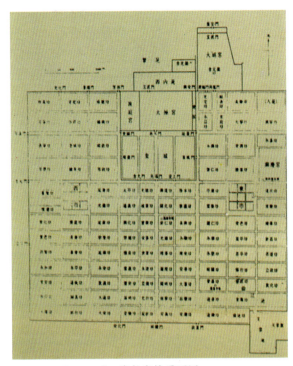

7 唐长安城平面图

8 北京国子监，是元、明、清三代中国最高学府

9　孔子，名丘，字仲尼，春秋末期
　　思想家、教育家，儒学奠基人

10　孟子，名轲，战国中期儒家代表

11　周公旦（约生活于公元前12世纪）
　　周武王姬发弟

12　汉武帝刘彻

13　李白，唐代大诗人

14　朱熹，南宋学者

15 岳麓书院，宋代四大书院之一

16 北京紫禁城，是我国现存最大最完整的古建筑群

总　序

汝　信

　　近一个时期以来，有关"文明"问题的研究越来越受到国内外学术界的关注。尤其是冷战结束之后，世界格局和国际形势发生了急剧变化，两大集团军事对峙的局面宣告终结，虽然世界仍不太平，但和平与发展已成为当前世界发展的主题。与此同时，尽管经济全球化的趋势在加速进行，世界政治却日益向多极化的方向发展，社会文化的多元化发展也呈现出丰富多彩的局面。正是在这种情况下，不少国家的学者开始更加重视文化战略的研究，他们认为文明和文化的因素将在二十一世纪的世界发展进程中发挥越来越重要的作用。

　　我国自改革开放以来，学术界也几度掀起"文化热"，特别是各个人文学科的学者都从不同的角度参与了有关文化问题的讨论。这说明文化问题及其在我国新时期发展战略中的地位和意义，已被人们所认识并日益受到重视。然而，总起来看，我们还缺乏对文明和文化问题的总体研究，没有把这种研究和世界格局和国际形势的变化结合起来，对国外有关文明问题研究状况和发展趋势也缺乏深入的分析。一般地说，我们对世界文明问题的研究还是比较薄弱的，迄今还没有我们中国人自己系统地、较全面地研究和论述世界文明的发生和发展的著作。我们认为，加强这方面的研究，用马克思主义的观点去探讨世界文明发展的规律和特点，在弘扬中华文明优秀传统的同时充分吸收和借鉴世界文明的一切积极成果，制定一套既能积极推动我国文明建设，又能有效地应付外来文明挑战的发展战略，已成为当前一项紧迫的任务。为此，中国社会科学院专门成立了"世界文明研究"课题组，组织院内外有关专家学者分专题进行研究，目前出版的这套多卷本著作便是这几年来辛勤劳作的成果。

这里需要说明一下本书中所使用的"文明"概念的内涵。"文明"（civilization）一词来源于拉丁文 civis，而 civis 不仅是指罗马的公民身份，而且也含有比当时外国人或蛮族的原始生活状态优越的意思，所以后来有人用"文明"一词来指与原始社会，即"野蛮"阶段相区别的较高的人类历史发展阶段。但这个术语到 18 世纪才在欧洲被用于正式文献中，直至 20 世纪方在人文学科各领域中被广泛使用，而且它不仅用来指历史发展阶段，也被用于一定的空间范围，即用以表明"地域性文明"。应该指出，人们对"文明"的理论也如同对"文化"的解释一样各不相同，有许多种定义，迄无共识。我们的研究课题的主要目的不在于探讨哪一种定义更加合适，而在于具体研究世界文明本身。在本书中我们基本上采取目前国际上比较通行的看法，即把"文明"理解为广泛意义上的"文化"，更具体地说，是指占有一定空间的（即地域性的）社会历史组合体，包括精神文明和物质文明两方面，即人们有目的的活动方式及其成果的总和。

我们认为，研究世界文明必须坚持以马克思主义唯物史观为指导。世界上各个文明都是特定的人群在不同的具体历史条件下的活动的产物，都有其自身发生和发展的演变过程，都有其自身的特点和优缺点，在不同的历史时期起着不同的历史作用。历史上的一切文明成就都是对全人类文明作出的宝贵贡献，都应得到充分承认和尊重。没有哪一种文明可以自诩为天生优越，高人一等，那种以自我为中心（如所谓"西欧中心论"的观点），总是以自己的文明的价值观和标准去衡量别的文明，甚至横加干涉，这显然是文化霸权的表现，而且也是不可能实现的幻想。我们也不能同意美国亨廷顿教授提出来的关于"文明的冲突"的理论。亨廷顿的理论以文明作为未来世界之间关系的基础和冲突的主要根源，而对政治、经济、思想等因素显然有所忽视，即使在谈到文明时，亨廷顿也过多地重视其"冲突"的一面，而对文明之间的交流、融合的倾向注意不够。从世界文明发展的整个过程来看，各个不同文明之间的矛盾和碰撞虽然是经常发生的现象，但并不一定会发展成不可调和的冲突。恰恰相反，各个不同文明之间的和平共存、相互影响、相互渗透乃至交融互变，才是世界文明发展的常态现象和主流。在世界即将进入二十一世纪的社会变革时代，我们更应致力于促进不同文明的和平共存、相互交流和共同发展，彼此取长补短，使我们这个世界更加绚丽多彩。

鉴于以上考虑，本课题组把世界文明分成以下这些专题进行研究，即：一、古代西亚北非文明；二、印度文明；三、伊斯兰文明；四、儒家文明；五、犹太文明；六、西欧文明；七、斯拉夫文明；八、非洲黑人文明；九、日本文明；十、美国文明；十一、拉丁美洲文明。应该说明，这样的划分只是相对的，而且并未把世界文明包举无遗，有许多问题尚待进一步研究。我们只是打算从探讨以上这些主要的文明入手，求得从总体上把握世界文明的发展过程，并对各个文明的主要特征有宏观的了解。

本课题得到国家社会科学基金和中国社会科学院重点研究课题基金的资助，全书在中国社会科学出版社的大力支持下得以出版，特此志谢。

有关世界文明的研究在我国还起步不久，本书中疏漏甚至错误之处，尚希学术界同仁和广大读者不吝指正。

目　　录

中篇　儒家文明各领域

CONTENTS

PART II
DIFFERENT AREAS OF CONFUCIANIST CIVILIZATION

前　言

　　这本书是汝信、陈筠泉、陈启能、倪培耕四位教授主编的《世界文明》丛书的一种。在书中，作者比较系统地向读者介绍世界文明中一种重要的文明形态——儒家文明。

　　在进入正文之前，有必要先向读者交代一下作者对几个与本书撰写有关的问题的看法。

一

　　本书在编写时首先遇到的一个问题是如何理清"儒家文明"与"中国文明"（或"中华文明"）的关系。如果二者关系不清，有可能把儒家文明写成中国文明。作者认为，儒家文明是中国文明发展到成熟时的产物，在儒家文明诞生前，中国文明已走过很长的一段路途。

　　那么中国文明始于何时？儒家文明又始于何时？

　　通常的看法是：当黄河流域各部族结成关系比较紧密的大联盟和黄帝成为大联盟的首领时，中国就步入文明时代了。

　　人们之所以把黄帝成为黄河流域各部族共主作为中国文明开端的标志，不仅是由于中国第一部通史——《史记》即从黄帝写起，而且更主要的是由于黄帝时代有了一系列重大的发明创造；同时为了维系部族大联盟，中国先民建立了超越原来氏族血缘伦理的社会制度。这两点是可以作为文明开端的普遍标志的。正因为如此，黄帝被后世尊奉为"人文始祖"。从黄帝算起，中国文明已有五千余年的历史。中国是世界上最早步入文明时代的国家之一。

儒家文明则是中国文明发展到产生出众多的伟大的哲学家和思想家，并且其中一个学派——儒家的学说成为中国文明进一步发展的指导思想时才诞生的。儒家文明诞生的标志是汉武帝接受董仲舒提出的"诸不在六艺之科，孔子之术者，皆绝其道，勿使并进"的对策，"罢黜百家，独尊儒术"。从这时算起，儒家文明迄今不过是两千余年的历史。

儒家文明是自黄帝以来中国文明发展的延续，但又与中国早期文明有所不同。中国早期文明是中国先民的自发创造：无论是尧"象以典刑"，还是舜设置"平水土"的司空、主管农业的后稷等官职和机构，抑或是周公的"制礼作乐"，都不是在某种观念体系指导下作出的。儒家文明则不然，它是在中国哲学已经产生，并且其中的儒家思想为中国社会各阶层接受成为他们的意识形态情况下诞生的。从西汉中期开始，儒家思想逐渐成为中国文明创造者们思想和实践活动的固定的"格"，他们的任何活动都离不开儒家学说的指导和制约，他们的创造物即中国文明也因此打上了"儒家"的鲜明烙印。

二

我们说儒家文明是中国文明发展到西汉中期才诞生的，这是否意味儒家文明等于西汉中期以后的中国文明？这一问题是儒家文明与中国文明的关系的另一方面。

我们的回答是：儒家文明不等于西汉中期以后的中国文明。从地域上说，儒家文明不是西汉中期以后中国文明的全部，中国少数民族聚居的西部广大地区，受佛教、伊斯兰教的影响是主要的，不能将其简单地划入儒家文明范围；同时，西汉中期以后的中国文明也不是儒家文明的全部，中国的近邻——朝鲜、日本、越南等国家的文明也属于儒家文明。

儒家文明与中国文明地理上的错位，是儒家文明向西扩展不如向东扩展顺利造成的。

中国西部广大地区，多为高山峻岭，荒原大漠，交通极为不便，儒家文明向西扩展因此受到一定限制。此外，中国西部地区距离儒家文明中心区域，同距离佛教文明地区、伊斯兰教文明地区远近差不多，因此这一地区是多种文明相互撞击和融合的地区。当中国国力强大、中央政府对这一地区控制有力时，例如汉、唐两大王朝期间，这一地区接受的影响以儒家文明为主。《汉书·西域传》载，宣帝朝，龟兹国国王及夫人，"数来朝贺，乐汉衣服制度，归其国，治宫室，作徼道周卫，出入传呼，撞钟鼓，如汉家仪。"这段记载即反映了中国新疆地区在汉、唐时接受的影响主要来自儒家文明。但是在国力孱弱的宋、明朝代，儒家文明的影响也相应削弱，其他文明便乘虚而入，将这一地区纳入自己的范围。

与上述情况相反，儒家文明向中国东邻的扩展要顺利得多：中国与朝鲜、日本、越南之间没有多少交通障碍，这些国家的周围也没有能够与儒家文明分庭抗礼的其他文明。在儒家文明几乎不间断的影响下，这些邻国的原有文明也"儒家化"了，它们与中国共同组成东亚儒家文明圈。

儒家文明与中国文明在地域上的错位，表明二者是不等同的。儒家文明是以中国为发祥地，以中国东部为中心、其地域包括朝鲜、日本、越南等国的区域性文明；中国文明则是以儒家文明为主体的多元文明。作者以为，这样概括儒家文明和中国文明才比较准确。

儒家文明虽然不等于中国文明，但毫无疑问，中国（东部）文明是最典型的儒家文明。因此本书内容只限于中国，不涉及朝鲜、日本、越南等国的文明，以免枝节繁杂。

三

儒家文明的诞生，并不意味着从此以后儒家之外的其他思想对中国文明的发展不再发挥任何作用。事实上儒家文明诞生后，儒家之外的其他思想对中国文明发展的影响始终存在。

我们只要看看董仲舒要求汉武帝独尊的"儒术"究竟是什么就会明白这一点。董仲舒的"罢黜百家，独尊儒术"，是在儒家经历了战国、秦、西汉前期，已充分吸收了先秦其他学派的思想之后提出的。因此董仲舒所谓的"儒术"，实乃吸收了先秦诸子思想精华的儒术。就以董仲舒本人的"天道之三纲"来说，其中的"天"是有意志的，明显地带有墨家"天志说"的痕迹；"三纲"最直接的来源是韩非的"臣事君，子事父，妻事夫，……此天下之常道也"①。而用以论证"三纲"合理的则是阴阳家的思想。

如果说董仲舒提出"独尊儒术"时的"儒术"已是以儒家思想为主的"诸子集成"，那么"罢黜百家"实行的结果是使其他学派的思想进一步渗入儒家思想：罢黜百家的实行，使原先治黄老、申韩、纵横之术的人断绝了登上仕途之路，他们不得不改学儒家学说。但是他们原先所学的黄老、申韩、纵横之术仍作为"先入之见"存在于他们头脑中。他们带着这样的"先入之见"去改学儒家学说，不可避免地要把其他学派的思想带入儒家学说之中。因此，当儒家思想成为中国文明发展的指导思想时，被融合在儒家体系中并作为其成分的其他学派的思想，其实也在暗中发挥着一定的作用。

儒家文明诞生后始传入中国的佛教和中国本土宗教道教则公开地对中国文明发展施加影响。就总体而言，它们对西汉中期以

---

① 《韩非子·忠孝》。

后中国文明发展的影响远不及儒家思想，但是对于某些部门，例如艺术中的雕塑、科技中的化学，其影响却超过了儒家。

在儒家文明发展中，除了儒家思想作为指导思想外，还有其他思想影响存在，是儒家文明之所以绚丽多彩、果实丰硕的重要原因之一。

根据上述观点，本书在强调儒家思想对西汉中期以后中国文明发展的决定性影响的同时，对其他学派思想以及佛、道二教的影响也给予充分的重视。

四

每一种文明都是历史的产物。像一切在历史中产生的事物终归也要在历史中走向衰亡一样，每一种文明也都是有兴有衰的。儒家文明亦如此。盛唐是儒家文明发展的巅峰，此后它便走上下坡路，虽然在相当长的历史时期内，它在世界上仍保持领先地位，但是明显地丧失了原来的阳刚之气和进取精神。14 世纪，儒家文明开始失去它在世界上的先进地位。迄至 19 世纪中叶，儒家文明已远远落后于新兴的西方近代文明，并在二者冲突中屡遭惨败。

儒家文明的衰落是其自身原因造成的，鸦片战争以来中国抵御西方列强侵略的一连串失败，不是儒家文明衰落的因，而是它的果。但是中国的失败也把儒家文明难以同西方近代文明抗衡的老态龙钟暴露出来，从而加速了它走向衰亡的步伐。

从鸦片战争失败开始，中国人就对其引以自豪的儒家文明重新进行估量。最初他们发现它有某些"不足"，因此对它进行修修补补。到了本世纪初，人们已认识到它不是"不足"，而是"不行"了，对它仅修修补补已无济于事。辛亥革命前发表于《越报》、《河南》、《新世纪》等报刊上的《名说》、《无圣篇》、《排孔征言》等文章即反映了人们的这种认识。当一种文明被其创造者认为"不行"了的时候,它也就走到了生命的终点。本世纪初儒家文明的境况正是如此。最后,"五四"前后的新文化运动给了处于苟延残喘中的儒家文明致命一击,从而结束了中国文明发展史上这漫长的一个阶段。

儒家文明的终结,不是中国文明的终结,而是中国文明的新生。"五四"前后的文化运动之所以被称为"新文化运动",就在于它把中国文明推进到一个新的历史阶段。新文化运动领导者用以为中国文明这一新阶段奠基的是科学和民主,而儒家文明所取得的一切优秀成果,将作为一笔丰厚的遗产,被中国新的文明批判地继承下来。

说到中国文明的新生时,有必要谈一下"现代新儒家"和"儒学复兴"问题。所谓"现代新儒家"是指"五四"新文化运动之后出现的一个哲学学派,其宗旨是保存、延续以孔、孟为代表的儒家学统。这一学派在三四十年代是中国哲学的重要学派,六七十年代在港、台和海外十分活跃,80 年代以后在中国大陆也有相当影响。在它的推动下,儒家学说大有复兴的趋势,这也就是所谓的"儒学复兴"。

但是儒学复兴不等于儒家文明的复兴。儒家文明的诞生是以儒学被定于一尊为前提的,儒家文明的复兴也当以儒学重新被定于一尊为前提。而今天儒家思想重新被定于一尊已无必要,也无可能。

本书由马振铎任主编。全书分上、中、下三篇,共十八章。其中前言、第一至八章和第十三章,作者为马振铎;第九至十二章和第十四章,作者为徐远和;第十五至十七章和结语,作者为郑家栋。他们都是从事中国哲学史研究的,初涉文明史研究领域,论述中难免出现舛错,敬请读者赐教。

上　　篇

儒家文明总论

1　司母戊鼎，1939 年河南安阳武官村出土，是我国已发现的
　　古代青铜器中最重的一件

第 一 章

黄河流域的自然环境
上古文明和三代文明

儒家文明是中国上古文明和三代文明的继承和发展，而上古文明和三代文明是在黄河中下游平原地区孕育发展起来的。黄河中下游平原特殊的自然环境，使中国上古文明和三代文明具有不同于其他古代文明的特点。

一、严重的自然环境挑战

作为世界大河之一的黄河，发源于平均海拔五千米的青藏高原，中经黄土高原，在现今的河南省进入海拔很低的平原，最后东流入海。黄河中下游平原以及泾、渭、洛、汾等支流冲积平原，古代称之为"中原"或"中国"。

中原地势平坦，土壤肥沃，又处于北温带，有适宜农业发展的一面。居住在这块土地上的中国先民很早就由以渔猎、采集为生过渡到以农耕为生。传说中的神农氏是中国农业的始祖，"古者民茹草饮水，采树木之实，食蠃蚌之肉，时多疾病毒伤之害，于是神农乃始教民播五谷。"① "古之人民皆食禽兽肉，至于神农，人民众多，禽兽不足，于是神农因天之时，分地之利，制末耜，教

---

① 《淮南子·修务训》。

民农作，神而化之，使民宜之，故谓之神农氏。"① 历史上是否实有神农其人，他生活在距今多少年前，今已不得而知。不过考古工作者在西安半坡村遗址中发现粟粒（见彩图1），表明至迟距今六千年前的仰韶文化时期，黄河流域已出现了原始农业。

但是黄河流域也有不利于人类生存、不利于农业发展的一面。

首先，黄河中下游平原虽地处北温带，但气候要比地球同纬度的其他地区严酷得多。这里夏季酷热，冬季严寒，尤其是对农业发展影响极大的降雨量分布极不平均：有的年份雨量稀少，有的年份雨量极大；在一年之中，冬春少雨干旱，夏秋又暴雨成灾。其次，黄河落差极大，流经的黄土高原，土壤深厚松软，这种水土条件，使黄河经常泛滥，甚至改道。第三，由于是平原地区，对古代农具制造具有重大意义的铜矿、铁矿等资源贫乏，并且不易开采和冶炼。所以居住在黄河中下游平原的中国先民，由渔猎、采集过渡到农耕时，他们遇到了严重的自然环境的挑战，"人类在这里（指黄河中下游平原）所要应付的自然环境的挑战要比两河流域和尼罗河的挑战严重得多。"② 在世界最古老的几个文明地区中，黄河流域自然环境是最为严酷的一个。生活在这里的先民们必须拿出更大的体力和智慧，以不同于其他古代文明地区的方式来应付自然环境的挑战。这种应战方式的不同，使中国文明走上了一条既遵循社会发展普遍法则，又具有不同于其他古代文明的特点的道路。

二、上古文明

黄河中下游平原地区虽是世界农业发祥地之一，但由于缺少

---

① 《白虎通·号》。

② 汤因比《历史研究》上册，上海人民出版社1986年版，第92页。

易于开采和冶炼的金属矿藏，这里金属农具的使用远远晚于其他古代文明地区。据史料记载和考古发现，尼罗河流域的古埃及人在公元前四千纪即已进入金石并用时代，出现了铜刀、铜斧、铜锄等农具。两河流域在公元前四千纪的苏美尔人时代也出现了铜制工具。印度河和恒河流域在雅利安人入侵之前的公元前三千纪已广泛使用铜制鹤嘴锄。小亚细亚的赫梯人于公元前二千纪发明冶铁术，在耕作中使用铁犁。南欧则很快学会了赫梯人的冶铁术，从而进入了以铁剑、铁斧、铁犁为标志的"英雄时代"。而黄河流域直到夏代（公元前 21～16 世纪）才出现铜器。铜的冶炼和铜器制造到商（公元前 16～11 世纪）时始达到一定规模。但直到春秋时期青铜还十分珍贵，被称为"美金"，只用来制造礼器和兵器，很少用来制造农具。其情况正如张光直教授指出的那样，中国"在青铜器时代开始之前与之后的主要农具都是耒耜、石锄和石镰"①。所以在殷墟发掘中无金属农具的发现。中国直到春秋时期（公元前 770～476 年）发明冶铁术之后金属农具才被普遍使用，"美金以铸剑戟，试诸狗马，恶金以铸锄、夷、斤、斸，试诸壤土。"②

黄河流域不仅金属农具使用远远晚于其他古代文明地区，而且农业上使用畜力也远远晚于其他古代文明地区。《诗经》中所谓"十千维耦"③，即指以人力进行耕作。牛耕大约到春秋后期才被普遍使用。

当其他古代文明地区的人们使用金属工具、借助畜力从事农耕时，居住在黄河流域的中国先民却是以自己的体力、使用耒耜、石锄、石镰，从事耕作，治理水土。工具较之其他文明落后而自

① 《中国青铜时代》，三联书店 1983 年版，第 18 页。

② 《国语·齐语》。

③ 《诗经·噫嘻》。

然环境较之其他文明恶劣，使居住在这里的先民们无法以个体或小的群体形式生存。他们面对着十分严重的自然环境的挑战，只有依赖大的群体才能生存，而且群体越大，生存的机会也越大。因为群体越大，"一加一大于二"的效应也越大。因此我们在中国上古时代的传说中看到的不是血族群体的分化和解体，而是血族群体的强化以及在此基础上形成更大的社会群体。

传说中的中华民族的始祖黄帝以"修德振兵"①两手实现了黄河流域各部族的联合，并建立凌驾于氏族、部落之上的统一的管理机构和制度，使原来"诸侯（其实是氏族和部落）相侵伐"②，即无秩的原始人群，有了秩序文理；也使人的智慧和体力不再消耗在相互侵伐掠夺上，而是结合在一起，用以应付自然环境的挑战，从而加大利用和改造自然的力度。因此，黄帝时代出现了很多发明创造，如"黄帝之时，以玉为兵"③；"刳木为舟，剡木为楫"；"服牛乘马，引重致远"；"断木为杵，掘地为臼"；"弦木为弧，剡木为矢"④，即发明了舟车、杵臼、弓箭。此外还有：黄帝正妃嫘祖发明养蚕，仓颉创造最初的文字，大挠作干支，伶伦制作乐器等等。

《周易·乾·文言》云："见龙在田，天下文明。"从黄帝起，结成比较牢固的社会群体的华夏先民已成"见龙在田"之势，从而使中国进入文明时代，他们的领袖黄帝也被后世尊为"文明之祖"（见彩图2）。

以黄帝为初祖的中国文明发展的最初阶段——上古文明，大致与司马迁在《史记·五帝本纪》中所记述的时代相当。上古文

---

① 《史记·五帝本纪》。
② 同上。
③ 《越绝书》卷十一。
④ 《系辞下》。

明虽是中国文明发轫期，但取得的成就已蔚然可观，除上文提到的黄帝时代所取得的那些成就外，尧、舜时期也有重要建树。

1. 建立由"四岳"、"十二牧"组成的部落联盟议事会；设置"平水土"的"司空"、"播时百谷"的"后稷"、"敬敷五教"的"司徒"、执掌刑狱的"士"、掌管工务的"共工"、管理草木鸟兽的"虞"、主持典礼的"秩宗"、主管乐律的"典乐"、发布帝令的"纳言"等官职①。以帝为最高统治者，以司空等为辅翼的国家管理机关已雏形初具。

2. 出现了刑法。"象以典刑，流宥五刑。鞭作官刑，扑作教刑，金作赎刑。眚灾肆赦，怙终贼刑。"②舜即依刑法流放了共工、骓兜，驱逐三苗，诛杀了治水无功的鲧。

3. 为适应农业发展的需要，尧时羲、和二氏根据观测，制定了相当精确的历法："岁三百六十六日"，岁差则以闰月校正，"以闰月正四时"③。

4. 对水土进行了大规模的治理。《史记·夏本纪》载：尧时洪水滔天，尧采纳四岳的建议，用鲧治水，但"九岁而水不息，功用不成"。舜杀鲧而用其子禹。禹"劳身焦思，居外十三年，过家门不敢入"，最后终于"决九川致四海，浚畎浍致之川"。

中国在五帝时代所取得的文明成果为中国文明发展的下一阶段——三代文明打下坚实基础，也为中国文明确定了不同于世界其他文明的走向。

---

① 参见《尚书·尧典》。

② 《尚书·尧典》。意为：示民以刑法，用流放宽恕犯了五刑的人，鞭笞是官刑，打板子是教刑，罚金是赎刑。无心的过失可以赦免，怙恶不悛的一定要施加刑罚。

③ 《史记·五帝本纪》。

三、三代文明

五帝时代大约相当于原始社会后期——父系氏族社会阶段，亦即《礼记·礼运》所说的"人不独亲其亲，不独子其子"，"货恶其弃于地也，不必藏于己；力恶其不出于身也，不必为己"的"大同"时代。而夏、商、周三代则是《礼运》所说的"天下为家，各亲其亲，各子其子，货力为己"的"小康"时代。随着私有制和阶级的产生，中国文明也进入一个新的阶段。

（一）政治经济制度

上古文明后期，舜为部落联盟首领时，除有由四岳十二牧组成的联盟议事会外，还委任禹、皋陶、契、弃等人执掌水利、司法、礼乐，这已经是国家的雏形。夏王朝的建立则标志着中国古代国家的正式诞生。

中国的古代国家是通过一条不同于其他文明地区国家产生的道路产生的。其他古代文明地区的国家，一般是在氏族制瓦解的基础上，以新的权力机关代替原来的氏族制机关而产生的。例如雅典城邦国家就是在民选机关代替氏族机关、人口重新按地域划分的基础上产生的。而中国古代国家的产生，却是氏族制强化的结果——国家权力机关由氏族制机关强化蜕变而成。中国古代国家产生的特殊性，决定其政治经济制度都是在氏族制这一框架下架构起来的。

据王国维的看法，"夏、商二代文化略同"，"文化既尔，政治亦然。"① 夏、商二代（周代政治制度下文再谈）的政治制度依然保留了氏族制的基本框架。氏族制各级组织：氏族、胞族、部落、

---

① 《观堂集林·殷周制度论》。

部落联盟也就是各级行政组织；其首领即各级行政长官。但夏、商二代只是在形式上保存了氏族组织，其实质已发生根本性变化。夏、商时的氏族制各级组织不再是由身份平等的人组成的血缘群体，而是分裂为贵族和庶人两大阶级；夏、商时的氏族制各级首领也不再是社会的公仆，而是社会的主人。这后一点变化，只要把禹和他的子孙稍加比较就可以看得非常清楚。禹在领导华夏各部族治水时三过家门而不入，"身执耒耜，以为民先。"① 他依然保持着社会公仆的身份。而他的儿子启在《甘誓》中摆出的却完全是一副社会主人的姿态。启的儿子太康更是耽于淫乐，"盘于游田，不恤民事。"② 正因为国家产生前后氏族制各级首领身上发生了由社会公仆向社会主人演变的质的变化，因而他们废除了"禅让制"，实行世袭制，以便使社会主人的特权和利益永远保持在其子孙后代手中。

三代的经济制度也是在氏族制框架下确立起来的。土地在形式上仍然属于氏族③ 公有，但氏族各级首领却不再像禹那样"身执耒耜，以为民先"。为了保证他们不劳而获，而且获得的比一般氏族成员更多，他们制定了田制和税制，这就是《礼记·礼运》说的"以设制度，以立田里"。据孟子的说法，三代的田制和税制是："夏后氏五十而贡，殷人七十而助，周人百亩而彻，其实皆什一也。"④ 即：夏代每一氏族成员耕田五十亩，不论年成丰欠，收获时向"公"家缴纳五亩（按常年产量计）的收获；商代则实行井田制：每630亩为一块，然后再平均分为九块，成田形，每块为70亩。中间为"公田"，其余八块由八家分种。他们在耕作时，要

---

① 《韩非子·五蠹》。
② 《史记·夏本纪》集解。
③ 周时为宗族公有。
④ 《孟子·滕文公上》。

先合力耕作"公田"，然后再耕作"私田"。"公田"上的收获归"公"，"私田"上的收获归己①。周的"彻"法与商的"助"法大体相似，故孟子说"虽周亦助也"②。无论是夏代的"贡"，还是商代的"助"，抑或是周朝的"彻"，实质都是"公社统一体人格化那个人"（马克思语），即氏族制各级组织的首领以"公"的名义占有普通氏族成员大约十分之一的收获。血缘群体越大，成员越多，首领攫取的财富也越多。三代也存在奴隶主（即贵族）对奴隶的剥削，但奴隶制生产关系在中国古代发育得极不充分。氏族贵族以"公"的名义占有庶人的劳动成果是中国古代的主要剥削形式。

国家已经产生而氏族制却未解体，因而国家只能借助氏族组织实现其维护阶级剥削和压迫的职能，是三代政治经济制度的根本特点。

（二）青铜文化

《越绝书·记宝剑》说，禹时"以铜为兵"，传说禹还曾铸九鼎。据此推测，夏时人们已经懂得铜的冶炼。故三代也就是中国的青铜时代。夏朝时铜十分珍贵，以铜制造的器物极为稀少，所以至今很少发现夏朝遗留下来的铜器。商朝时，铜的冶炼和铜器制造迅速发展起来，工艺技术相当成熟。殷墟出土的司母戊大方鼎重875公斤，造型古朴雄伟，是我国现已出土的最大的青铜器（见插图1）。商代青铜器主要为礼器和贵族用具，种类有二十余种，大小、式样都不相同，造型和纹饰具有极高的美学价值；青铜也大量用来铸造兵器如戈、矛、戚、钺、刀、箭镞、甲胄等。青铜工具也有发现，但数量极少，说明商朝时，铜依然非常贵重。周

① 关于"贡"、"助"的解释根据朱子《孟子集注》。
② 《孟子·滕文公上》。

朝青铜冶炼和青铜器制造技术得到广泛传播，周王室、诸侯公室以及大夫之家都拥有青铜冶炼和青铜器制造作坊。因此周朝时铜的产量较殷朝有较大增长，除用于礼器和兵器制造外，可能也有少量用于农具的制造。《诗经·臣工》云："命我众人，庤乃钱镈，奄观铚艾。"钱、镈、铚、艾，都是农具。但周时农民主要还是用木石农具从事耕作。周朝青铜器简易轻巧，风格不同于商朝。

商、周青铜器以物化的形式反映了当时科学技术水平和生产力水平，凝聚着当时人们的价值观念，也在一定程度上反映出当时的社会阶级结构和生活状况。

（三）文字的产生和发展

传说仓颉造字，仓颉乃黄帝时人，据此推断中国文字当产生于上古时期。从后来殷商时文字成熟程度看，上古文明时期中国文字即已产生也不无可能。但现已发现的中国最早文字是商朝时刻在甲骨上的卜辞和器物上的铭文（见彩图3）。甲骨文和金文已是相当成熟的文字。其成熟表现在以下三点：1. 字数（已发现的）已达3500多个。2. 除象形字外，还出现形声字、会意字。3. 用这些文字已能表达各种思想，甚至一些颇为抽象的思想。

中国文字的发展也与其他文明不同。世界各原生文明，例如尼罗河流域文明、两河流域文明的最早文字也像最早的中国字一样是象形文字。但以后这些文明的象形字分化为表示声音和表示意思两种符号，而表声符号系统得到发展；随着人类对构成语音要素认识的深入，表声符号越来越少，最后形成二三十个表示语音的符号。而黄河流域的象形字却未能分化出只用来表示声音的符号。中国文字发展为什么未走上拼音化的道路而独辟蹊径，它与中国古代文明的特点有什么关系，它又对中国人的语言、思维方式以及整个中国文明的发展产生哪些影响，都是值得研究的重要问题。

殷商时中国文字的成熟，使政令、法律、思想、诗歌、发生的事件可以著之于竹帛、刻之于甲骨，所以《尚书·多士》云："惟殷先人有册有典。"《尚书》中的《商书》、《周书》，虽经过后人的润饰，难免掺入后世的思想，但大多是可靠的历史文献。从殷商起中国文明进入有文字可考的时代。

（四）天命鬼神观念和巫术

中国上古文明时期天命鬼神观念已经存在，黄帝时，"鬼神山川封禅与为多焉"①；颛顼"依鬼神以制义"②，"絜诚以祭祀"；帝喾"明鬼神而敬事之"③，说明五帝时代存在一种对山川等自然物崇奉的多神宗教观念，而天在诸神中地位最高，故《尚书·尧典》说，舜在继承尧的帝位之后，"肆类于上帝，禋于六宗，望于山川，徧于群神。"即"祭祀上帝；用禋燎的礼节来祭祀天地四时，用望祭的礼节来祭祀山川的神灵，又普遍地祭祀了群神"。④

当中国由"大同"进入"小康"、王权诞生之后，天的最高神的地位突出出来。最高统治者往往以遵循天命、代天行事的办法来达到自己的目的，例如启为了镇压对废除禅让制表示"不服"的有扈氏，声称："有扈氏威侮五行，怠弃三正，天用剿绝其命。今予维共行天之罚。"⑤ 由于废除禅让制，实行"家天下"的世袭制，从夏朝起，王族的祖先神的地位也被抬高，所以启在《甘誓》中对跟随他一起征讨有扈氏的各部族首领即诸侯说："用命，赏于祖；不用命，戮于社。"不过总地说，夏朝时更为遵奉天命，"夏道尊

① 《史记·五帝本纪》。
② 同上。
③ 同上。
④ 屈万里《尚书今注今译》，台湾商务印书馆1969年版，第10页。
⑤ 《史记·夏本纪》。

命，事鬼敬神而远之"①，即体现了这一点。商朝时随着王权的加强，王族祖先神的地位得到空前的提高，例如盘庚为了迁都，一面用"天命"来恐吓不愿迁徙的民众，"天其永我命于兹新邑"，一面又用祖先神来吓唬他们，"汝有戕则在乃心，我先后绥乃祖乃父。乃祖乃父，乃断弃汝，不救乃死。"② 祖先神地位的提升使殷人格外重视葬和祭，王室和贵族的葬礼和祭礼通常都是一场对战俘和奴隶的残酷、野蛮的屠杀。所以《礼记·表记》说："殷人尊神，率民以事神，先鬼而后礼。"周朝继承夏、商两代天命鬼神观念，但"监于有夏"、"监于有殷"③ 的历史教训，统治者不再把天命仅仅视作自己的护身符，也视作对自身的约束。他们认为，"天命靡常"④，可以转移，"皇天上帝，改厥元子兹大国殷之命"⑤，要想保持天命不改，必须敬德保民。同时周时礼乐制度在规范社会生活、统合社会各等级方面，已发挥了主要的作用，已经用不着祖先神的"权威"了。因此，"周人尊礼尚施，事鬼敬神而远之。"⑥如果说夏人的"事鬼敬神而远之"是说祖先神尚不足以用来规范和统合社会，那么周人的"事鬼敬神而远之"，是不再用祖先神来规范和统合社会了。

在普遍信仰天命鬼神的基础上，三代时产生并发展了一种可统称为"巫术"的文化形态。巫术包括"以舞降神"⑦，预决吉凶的卜筮，占星祈雨，医病消灾等等。总之，巫术是一种交通神人之术。掌握这种交通神人之术的是巫、祝、卜、史等。我们切不

---

① 《礼记·表记》。

② 《尚书·盘庚》。

③ 《尚书·召诰》。

④ 《诗经·大雅·文王》。

⑤ 《尚书·召诰》。

⑥ 《礼记·表记》。

⑦ 《说文》。

可以现代人看待街头算卦人的目光看待古时的巫、祝、卜、史。在三代他们是最有文化知识的人，他们对中国的天文、历算、音乐、舞蹈、诗歌、医药、史学、哲学的发展都产生深远影响。《周易》这部"卜筮之书"，就是从巫术文化中产生出来的对中国哲学思想产生和发展具有重要影响的著作。

（五）宗法封建等级制度

王国维认为，夏、商二代政治制度基本相同，而"周人制度"却"大异于商"。周朝政治制度与夏、商二代最主要的不同是周朝实行"'立子立嫡'之制，由是而生宗法及丧服之制，并由是而有封建子弟之制，君天子臣诸侯之制"①。周朝的政治制度可称为宗法封建等级制，这种制度的建立与以周公为首的统治者"监于有殷"，即对商朝政治制度的利弊加以总结有关。

商朝王位继承非常混乱。自汤至纣共17代31帝，他们有的是兄死弟及；有的是父死子继；有的是兄死弟及，弟死返政于兄子；有的则不返兄子由己子继承；有的是两兄弟的子孙轮流为王。由于商朝始终未形成确定的继统法，弟、子、侄都有继承王位的权利，很容易造成王室内乱。《史记·殷本纪》所说的中丁之后的"九世乱"，"诸侯莫朝"，就是由此引起的。

以周公（见彩图11）为首的周初统治者，从商未能建立确定不移的继统法、造成内乱不止的历史教训中得出，只有建立一种确定不变的权力继承制度，才能保持周朝长治久安的结论。而这确定不变的权力继承制度只能是立子立嫡之制。

嫡长子权力继承制的确立又导致宗法制、封建制、等级制的确立。

1. 宗法制。"立子立嫡"制的确立，注定了嫡长子之外的诸王

---

① 《观堂集林·殷周制度论》。

子失去王位继承权。为了防止他们因不满而对嫡长子继承权构成威胁，必须将他们从王室中分出去，另立为宗，此即《礼记·丧服小记》说的"别子为祖，继别为宗"。这样就形成了以嫡长子系统为大宗，以别子系统为小宗，小宗服从大宗的宗法制度。

2. 封建制。分宗一般都伴之以授土授民的封邦建国。从消极方面说，封建是让失去王位继承权的诸王子分享王室的部分权力，从而消除他们的不满；从积极方面说，封建可以使周王朝的大部分疆土掌握在兄弟、同姓手中，而兄弟、同姓最为可靠。所以周初统治者通过封建把大部分土地和人民都控制在兄弟、同姓手中。周初也分封了一些异姓诸侯，为把他们也纳入血缘网络之中，周初统治者实行异姓才可通婚制度，这样，王与诸侯之间不是兄弟、叔侄，就是甥舅。诸侯与大夫、大夫与士之间的关系也是如此。

3. 等级制。实行分宗和封建的结果是在周朝内部形成许多诸侯国；各诸侯国的公室也仿效这一做法进行分宗和分封，从而在各诸侯国内又形成了许多大夫之"家"；大夫之"家"虽然不再裂土分封，但还是要分宗的。这样就形成了王、诸侯、卿大夫、士等等级。

上文我们曾指出，夏、商两代的政治制度仍保持氏族制的形式：各级氏族组织也是各级行政组织、整个国家是以有夏氏或商族为统治部族的部族大联盟；各级氏族组织的首领就是各级行政长官，而统治部族有夏氏或商族的首领也就是国家的最高行政长官——王。周实行宗法封建等级制之后改变了国家的结构框架，它不再是部族的联盟，而是以宗法架构起来的血缘群体：王之于诸侯、诸侯之于卿大夫、卿大夫之于士、士之于庶人都是大宗之于小宗的关系。所以有的学者将周的政治制度称为"家国一体"制度。在周的"家国一体"制度下，各级宗族：大夫之家、诸侯之国，王之天下也就是各级行政单位；其宗子即其行政长官，而王乃"天下之大宗"①，因此是天下的最高行政长官。

（六）礼乐文化

宗法封建等级制的实质是以血缘关系上的嫡庶、长幼、亲疏将人分成若干等级，同时又以共同血缘把具有不同等级身份的人结合成统一的社会群体。所以宗法封建等级制是一种既能"分"又能"群"的制度。为了使人们"分"而不离心离德，"群"而不流于尊卑不分、贵贱无等，以周公为首的周初统治者在建立宗法封建等级制的同时，又"制礼作乐"②。

所谓周公"制礼作乐"，不是说周公之前本无礼乐。礼、乐在上古时代即已存在，夏、商两代又得到进一步发展。周公的"制礼作乐"，实际上是对夏、商的礼、乐加以损益，使之更适合宗法封建等级制度，这就是孔子所说的"殷因于夏礼，所损益可知也；周因于殷礼，所损益可知也"。

周公的"制礼作乐"虽是对夏、殷的礼乐加以损益，却改变了礼乐的性质和社会功能。《尚书·君奭》云："殷礼陟配天，多历年所。"意即王死后，他的神灵升天配合上帝，享受着祭祀。可见殷礼主要是一种用于宗教祭祀的仪式。《说文》释"礼"云："礼，履也，所以事神致福也。"这一诠释也说明礼本来是用于祭祀等宗教活动的。但是经过周公的制礼作乐，礼的性质发生根本变化。礼的宗教性被削弱了，周礼主要不是"事神致福"的宗教仪式，而是宗法封建等级社会的典章制度和人们的行为规范。礼的性质的这一改变，使周礼成为覆盖社会生活的各个方面，人们的衣食住行、视听言动无不受其节制的准则。周礼调节社会生活的功能是殷礼所不具备的。由于西周社会生活主要是由礼乐调节

---

① 《诗经·板》传。

② 《礼记·明堂位》。

的，周人的观念也发生重大变化，"事鬼敬神而远之"，是这一变化的重要标志。所谓"事鬼敬神而远之"，实际上是把鬼神"恭恭敬敬"地排斥在人世生活之外。在周人看来，社会生活主要是由礼乐节制规范的。人们凭藉礼乐，就可以建立和维持社会秩序，用不着鬼神的干预。周人把礼乐提到社会生活的调节者的重要地位，使中国文化从原始宗教中摆脱出来，走上了非宗教的人文主义道路。周朝虽然也盛行卜筮等巫术，但周的文化主要是人文主义的礼乐文化。

礼乐之所以能维护宗法封建等级制度，是因为礼乐具有分、合两种社会功能。《乐记》云：

> 乐者为同，礼者为异。同则相亲，异则相敬。乐胜则流，礼胜则离。……礼义立，则贵贱等矣；乐文同，则上下和矣。

《乐记》这番话深刻地揭示了礼乐的本质：礼乐是"同"与"异"、"相亲"与"相敬"亦即"亲亲"与"尊尊"的统一。

在礼、乐二者之中，礼的作用偏重于分别，乐的作用偏重于合和，故荀子在《乐论》中说："乐合同，礼别异。"

1. 礼对等级身份的分别和对等级制的维护。

礼的根本作用是将处于血缘联系中的全体社会成员分别开来，明确他们各自的等级身份。这就是礼的"明分"作用："辨莫大于分，分莫大于礼。"① "非礼无以辨君臣、上下、长幼之位也；非礼无以别男女、父子、兄弟之亲，婚姻疏数之交也。"② 礼的"明分"是通过为人们划定一些"度量分界"，即不同的政治经济待遇来实现的，例如礼规定："天子袾裷衣冕，诸侯玄裷衣冕，大

---

① 《荀子·非相》。
② 《礼记·哀公问》。

夫裨冕，士皮弁服。"① "天子用八（羽数），诸侯用六，大夫四，士二。"② "天子棺椁十重，诸侯五重，大夫三重，士再重。"③ 礼即以一个人生前死后的不同待遇，将人们分别为天子、诸侯、大夫、士等不同宗法等级。礼要求每个人都能自觉地遵守这些"度量分界"而不逾越，依礼行事，宗法等级制度也就得到了维持。

2. 乐"合同"各宗法等级的作用。

《乐记》说："礼胜则离。"如果宗法封建等级制社会只有"别异"的礼，只有"威仪三千"，那么在下者对在上者只能敬而远之。久而久之，他们会与在上者离心离德。所以宗法封建等级社会除礼之外，还需要一种能"中和"礼的"别异"功能、具有"合同"作用的文化因素，这就是乐，"大昭小鸣，和之道也。和平则久，久固则纯，……所以成政也，故先王贵之。"④ 乐可以消弥卑贱者对尊贵者的怨恨和不满，抵消庶民对贵族的离心倾向，在各等级之间建立和谐的关系，从而使宗法封建等级社会巩固。

乐之所以能合和各社会等级，是由于乐的本质就是"和"："乐从和"，"声以和乐，律以平声。"⑤ "乐也和其声"，"乐极和"，"乐者，天地之和也。"⑥正因为乐的本质是"和"，因而乐能感发人们的和谐志意，化解下层民众对贵族等级的不满，使不同等级身份的人在共同观赏乐时达到心灵沟通、情感交融。因此《乐记》云："乐在宗庙之中，君臣上下同听之，则莫不和敬；在族长乡里之中，长幼同听之，则莫不和顺；在闺门之内，父子兄弟同听之，则莫不和亲。""合和父子君臣，附亲万民也，是先王立乐之方也。"

---

① 《荀子·富国》。

② 《左传》隐公五年。

③ 《荀子·礼论》。

④ 《国语·周语下》。

⑤ 同上。

⑥ 《礼记·乐记》。

"乐合同，礼别异"，二者作用互补，相反相成，共同发挥着既维护等级差别，又使不同等级的人相亲相爱、和睦相处的作用。

由周公"制礼作乐"而形成的礼乐文化把当时居住在黄河流域的虞、夏、商、周等族结合在一起，形成具有共同文化心理和共同习俗的华夏族方面，发挥了巨大的作用。礼乐文化的鲜明的人文主义精神为后来中国文化发展确定了基调。

以血缘上的嫡庶、长幼以及与统治者的远近亲疏将人分成若干等级，同时又以共同的血缘关系把不同等级的人结合成统一群体的宗法封建等级制度，和既能"别异"又能"合同"的礼乐文化，是儒学得以产生的社会和文化背景。儒学即是宗法封建等级制度及其文化——礼乐文化根本精神的概括和抽象。

2　荀子，名况，战国后期儒家代表人物

第二章

宗法封建等级制和礼乐文化的衰落
儒学的产生和在先秦的发展

周初确立的宗法封建等级制和与之相适应的礼乐文化，在春秋时期衰落了。它们的衰落却为中国文明的"思想时代"即"百家争鸣"时代的到来准备了条件。黑格尔说："哲学开始于一个现实世界的没落。"这时"精神超出了它的自然形态，超出了它的伦理风俗……而过渡到反省和理解"①。从春秋末期起，老子、孔子、墨子、杨朱、孟子、庄子、荀子、韩非子等人相继登上中国思想舞台，他们试图对已经衰落的宗法封建等级制度加以"反省和理解"，从中抽象出一些普遍的原则（即黑格尔所谓的"精神"），以备中国文明重构之用。其中以孔子、孟子、荀子为代表的儒家学派的学说在中国文明重构中发挥了主要的指导作用。

一、宗法封建等级制度的瓦解和礼坏乐崩

中国社会生产力在春秋时期获得了一次飞跃性发展。铁制农具和牛耕的使用，使一个家庭即可完成自播种到收获的全部作业。过去那种土地由血缘群体（宗族）共同占有，实行"十千维耦"、"千耦其耕"，即集体耕作的生产方式，已成为生产发展的障碍，于

———————

① 《哲学史讲演录》第一卷，三联书店 1956 年版，第 54 页。

是土地家庭占有，逐渐代替井田制。井田制的破坏从根本上动摇了宗法封建等级制度。

宗法封建等级制度也存在着从内部瓦解自身的矛盾。

（一）血缘逐代疏离和离心力的不断加强

宗法封建等级制建立的本意是将王、诸侯、卿大夫、士、庶人都结合在血缘网络之中，上一等级和下一等级之间的关系以血缘情感和道德加以固定和维系，以此实现社会秩序的和谐与稳定。所以王国维说，周初封建的目的"在纳上下于道德，而合天子、诸侯、卿、大夫、士、庶人以成一道德之团体"[①]。但是历史却与此相违，上下等级之间，每隔一代，血缘关系势必疏远一层；随着血缘关系的疏远，血缘情感和道德观念也不可避免地逐代淡薄；随着血缘情感和道德观念的逐代淡薄，诸侯对王室、大夫对公室的离心也逐代加强。所以西周时作为维系宗法封建等级制度纽带的血缘情感和血缘道德观念到春秋时已淡薄得几近于无，社会失去了维系力量，下一等级对上一等级的离心倾向已发展到非突破宗法关系羁绊不可的地步。

（二）封建对分封者的削弱

宗法封建等级制社会秩序的维持，除了依赖于血缘情感和道德外，更重要的是要依赖于上一等级的权力和财富大于下一等级，故师服说："吾闻国家之立也，本大而末小，是以能固。"[②] 但是宗法封建等级制本身却包含了否定"本大末小"的因素。《礼记·礼运》云："天子有田以处其子孙，诸侯有国以处其子孙，大夫有采以处其子孙，是谓制度。"按这一制度，王室每繁衍一代都要拿出

---

① 《观堂集林·殷周制度论》。
② 《左传》桓公二年。

很大一部分土地和人民分给嫡长以外的"别子"，王室直接掌握的土地和人民势必逐代急骤减少。所以封建首先使王室衰微，"平王之时，周室衰微"，"齐、楚、秦、晋始大，政由方伯。"① 接着造成王室衰微的原因，陆续在诸侯之国、大夫之家中发挥作用。封建削弱分封者，是春秋时出现"礼乐征伐自诸侯出"、"自大夫出"、"陪臣执国命"②，即权力下移现象的根本原因。

在上述两个原因直接作用下，宗法封建等级制土崩瓦解了，"周之子孙日失其序"③。

礼乐文化是宗法封建等级制的产物，其兴衰随宗法封建等级制的兴衰而转移。随着宗法封建等级制的瓦解，春秋时期也出现了礼坏乐崩现象。

"礼坏"首先表现在失去权力和财富的在上位者为保住虚位，不得不对财大势雄的下一等级曲意逢迎，以求得他们的庇护。例如《左传》庄公十八年（公元前 676 年）载："虢公、晋侯朝王。"按名分，公高于侯，王在礼遇上应有所不同。"名位不同，礼亦异数。"但虢是小国，晋是大国，王不敢得罪晋侯，"皆赐玉五瑴，马五匹。"这种讨好晋侯的做法，破坏了礼制。

如果说失去权力和财富的在上位者，出于无奈不得不行"非礼"之事，那么攫取了超出其身份的权力和财富的在下位者，则是有意识地破坏礼制。他们为了炫耀自己，享用起较高等级才能享用的礼数，于是"僭越"在春秋时期屡屡发生，《论语》所说的"八佾舞于庭"，"三家者以雍彻"，"季氏旅于泰山"等都是"僭越"的典型例子。

在失去权力和财富的在上位者出于无奈而做出"非礼"之事

---

① 《史记·周本纪》。

② 《论语·季氏》。

③ 《左传》隐公十一年。

和在下位者的"僭越"双重破坏下，礼失去其"别异"的社会功能，不再发挥"经国家，定社稷，序民人，利后嗣"① 的作用。礼被人们抽掉了精神实质，只剩下空壳——仪。

在"礼坏"的同时，乐也失去"合同"的作用。春秋时期乐一改原来的平和庄严，音调节奏变得复杂，以表现社会变革时期人们复杂的情绪，"于是有烦手淫声，慆堙心耳，乃忘平和。"② 春秋时期创作的"新乐"，已经不再具有"古乐"中那种合和父子、兄弟、君臣的道德教化功能。人们欣赏"新乐"时，沉溺于声音的曼妙、激昂而不复知有君臣父子之别。乐的这些质的变化，即所谓的"乐崩"。

春秋时期宗法封建等级制的瓦解和礼坏乐崩标志着一个时代的结束，新的社会制度即将诞生。这种新的社会制度一方面是宗法封建等级制的否定，另一方面它又是在宗法封建等级制社会中孕育出来的，需要从其母体中吮吸乳汁才能成长发育。时代要求出现一批思想家对已经没落的宗法封建等级制度和礼乐文化加以总结，将其中具有普遍性和永恒性的原则提取出来，以备构建新社会制度之用。而宗法封建等级制度的土崩瓦解和礼坏乐崩，也将其本质显露出来，为思想家以思想的形式把握其精神提供了可能。

二、士阶层的形成和百家争鸣

承担对没落的宗法封建等级制和礼乐文化进行反思和总结这一历史任务的思想家大多产生于士阶层。

士，原指宗法封建等级制社会的一个特定等级，"公食贡，大

---

① 《左传》隐公四十年。
② 《左传》昭公元年。

夫食邑，士食田，庶人食力，工商食官，皂隶食职，官宰食加。"①
据此可见"士"的地位在大夫之下，庶人之上。士属于"食田"者
之列，是最低级的贵族。

我们所说的士与原来的士等级不同，它不是一种等级身份，而
是由在春秋社会大动荡中从各社会等级中游离出来的人组成的新
的社会阶层。就组成士阶层的各个成员出身而言，他们有的可能
是原来的士，有的可能是公子王孙，有的可能是庶人。史籍对士
等级和士阶层未加区别，皆称为"士"。其实这二者是两种不同的
人，具有完全不同的社会属性。为论述方便，我们姑且把作为等
级身份的士称为"老士"，把属于士阶层的士称为"新士"。新士
和老士之间在社会属性上存在如下差别：

1. 老士享受周礼规定的各种礼数，如祭祀时，"羽数"用
"二"②；服饰是"士皮弁服"③；死后享用的棺椁是"士再重"④ 等
等。新士由于不是一种等级身份，因此也不享有这些礼数。

2. 老士以世田为生，"士食田"。新士则以自己的知识技艺服
事他人为生。

3. 老士对其上的等级有固定的人身依附关系，对于所事之
人，老士要"策名委质"以明系属。这种人身从属关系终生不变，
即士"不可以二"，"二乃辟也"⑤。新士则有充分的人身自由，他
们虽然也事公卿，但与所事之人是一种宾主关系，并不从属于他
们。新士可以按照自己的价值观念和意志，自由地选择所事之人，
可以择贤而事，"事其大夫之贤者"⑥。如果宾主不合，他可以拂袖

---

① 《国语·晋语四》。

② 《左传》隐公五年。

③ 《荀子·富国》。

④ 《荀子·礼记》。

⑤ 《左传》僖公二十二年。

⑥ 《论语·卫灵公》。

而去，"行不合，言不用，则去之楚、越，若脱躧然"①。

4. 老士受宗法等级观念束缚，没有独立意志，没有自己的价值准则，他所事奉的在上等级的意志就是他的意志，在上者的是非就是他的是非，"我无心。是故事君者，君为吾心"②。新士与此不同，他们已基本上摆脱了宗法观念的束缚，不再受宗法情感支配，具有了独立意志和自己的价值准则。合吾道者，"虽执鞭之士，吾亦为之"③，"道不同不相为谋"④。

5. 老士是具有特定等级身份的人，其思想受其特殊身份的限定，不能也不应思想其身份地位之外的事物，这就是所谓的"思不出其位"。而新士由于没有特殊的身份，因而其思想也不受限定，他们可以自由地思想。

从对比中可以看出，士阶层是宗法封建等级制度瓦解过程中产生的新人，他们身份自由，具有独立人格、独立意志、自己的价值标准，能够自由地思想。他们的这些品格特点是身处宗法等级关系中的人不具备的。士的特殊品格使他们成为春秋战国时期中国社会最积极的成员。黑格尔说："思想的自由是哲学和哲学史起始的条件"，一个人成为哲学家的首要条件是"思想必须独立，必须达到自由的存在"⑤。士阶层恰好是这样一些人。因此诸子百家大多是从他们之中涌现出来的。

士阶层虽然有共性，但是他们之间又存在很大差别。第一，他们出身复杂，有的出身卑贱，如孔子弟子仲弓其父为"贱人"⑥；有

---

① 《史记·魏世家》。
② 《国语·晋语二》。
③ 《论语·述而》。
④ 《论语·里仁》。
⑤ 《哲学史讲演录》第一卷，三联书店 1956 年版，第 93 页。
⑥ 《史记·仲尼弟子列传》。

的出身高贵，如"韩非者，韩之诸公子也"①。第二，士来自有着不同文化特点的地域，如孔、孟是号称礼乐之邦的邹鲁地区人氏；老、庄是巫风盛行的楚人，而巫则以能窥测天道自诩；韩非则生于法治传统悠久的三晋。第三，组成士阶层的各成员之知识构成也很不相同，有的精通天文历数，有的深谙刑名律法，有的熟悉礼乐制度。由于新士的出身、文化背景、知识构成存在差异，因而他们在对没落的宗法封建等级制度和礼乐文化进行反思和为未来社会建构理想方案时，立足点和视角都不相同，得出的结论和提出的主张自然也不一致，从而形成不同的学派，造成春秋战国时期的百家争鸣局面。

"儒"即是春秋时期新出现的士阶层的一部分。在先秦文献中，"儒"字最早见于《论语》②，因此"儒"出现不会太早。由于他们属于春秋时才出现的士阶层，故亦称"儒士"。"儒"具有士阶层的一般特征，也有自己独具的特点。他们主要来自并活动于邹鲁地区，因此比较熟悉礼乐，并以自己的礼乐知识技艺作谋生手段。早年曾"学儒者之业"③的墨子深知"儒"的底细。他说，"儒"用繁琐的礼乐诱惑人们，用延长丧期假装悲哀欺骗死者父母。他们靠帮办丧事过活，却又颇为自尊，傲气十足④。墨子对"儒"身上所具有的士的共性——自尊和自食其力以及"儒"的特点——熟悉礼乐的描述都是非常准确的。

在春秋时期，"儒"中的一些人也对没落的宗法封建等级制度和礼乐文化加以反思和总结。儒家学派就是由他们建立起来的。

---

① 《史记·老子韩非列传》。

② 《论语·雍也》："女为君子儒，毋为小人儒。"《周礼》中"儒"字也曾出现，但《周礼》已被学术界断定为伪书，因此不足为凭。

③ 《淮南子·要略》。

④ 《墨子·非儒下》。

三、孔子和儒学的产生

　　春秋后期,儒士之中出现一位杰出的人物孔子(见彩图9)。他不但礼乐知识比其他"儒"更丰富、更系统,而且对儒士们为了谋生把礼乐仅仅作为技艺掌握,颇感不满。孔子认为,在礼乐的节文仪式背后存在着比这些节文仪式更重要的东西,即"道":"礼云礼云,玉帛云乎哉?乐云乐云,钟鼓云乎哉?"① 礼乐的节文仪式可以随时代的发展而有所损益,礼乐之道却是永恒的,"殷因于夏礼,所损益可知也;周因于殷礼,所损益可知也。其或继周者,虽百世可知也。"② 他认为,"儒"如果仅仅掌握礼乐技艺用以"谋食",乃是"小人儒"③。"儒"应当追求礼乐中的"道",以备"继周者"构建新的社会制度之用,"君子谋道不谋食。"④ 孔子一生即以此为使命。

　　通过对礼乐的反思,孔子提出"仁"概念,"仁"即"爱人"。"仁"是以孝悌为根本、又超越血缘亲情、由近及远的"差等"之爱。孔子的"仁",以概念的形式把握了"别异"与"合同"相统一的礼乐文化的根本精神。因此孔子的"仁"即礼乐之道。

　　孔子的思想体系即以仁为核心建构起来的。它由两个相关部分构成:以求仁为根本的"修己"学说和以行仁为根本的"安人"学说。

---

　　① 《论语·阳货》。
　　② 《论语·为政》。
　　③ 《论语·雍也》。
　　④ 《论语·卫灵公》。

（一）**修己学说**

孔子以仁为人的本质，"仁者，人也。"①认为只有具备仁的人，才是真正的人，否则只能称之为"小人"。仁不是人先天具备的，而是在后天修养学习中获得的。一个人通过修养学习获得仁，就是所谓的"修己"。

上文我们曾指出，仁即礼乐之道。因此要想"求仁而得仁"，必须学礼，"不学礼无以立"；同时接受乐的熏陶。孔子把通过学礼而求仁的修己途径概括为"克己复礼为仁"②。在孔子看来，一个人只要能克制自己生理本能，严格地按礼的规范践履，通过长期的实践，礼乐的根本精神亦即礼乐之道就会内化为人的本质，成为内在之仁。

孔子认为，人获仁之后，其内心也就具备了是非价值准则，临事时仁心便会作出当为或不当为的判断。仁心作出的这种义务判断，就是"义"。一个人由义作出的行为就是道德的，这个人就是君子。所以孔子说："君子喻于义，小人喻于利。"③

孔子在强调仁是万善之所从出的同时，也重视知在道德中的作用，提出知可以辅仁的思想。他认为，由仁心出发、按义行事，虽然是善的，但不一定尽善尽美，可能会"过"或"不及"。要想使行为不但是善的，而且无过、不及，即"中行"，除了仁之外，还需要知。仁而且知，其行为不但是善的，而且恰到好处，这样的行为就是"至德"、"中庸"，能达到这样理想境界的人就是"圣人"。

孔子认为，"中庸"这种理想行为和"圣人"这种理想人格，在现实中是很难见到的，它们实际上只是为激励人们在"修己"之

---

① 《中庸》。

② 《论语·颜渊》。

③ 《论语·里仁》。

路上不断进取而设定的极限目标。从实际出发，孔子更强调人们应把自己修养成君子。

（二）安人学说

孔子认为，仁是"己欲立而立人，己欲达而达人"①。一个通过"修己"而获仁的人，其行为一定惠及他人。因此"修己"的结果必然是"安人"。"修己"的实质是求仁，"安人"的实质则是行仁。

安人即为政。在如何为政问题上，孔子明确地将政治道德化了。他认为，所谓为政，就是将孝悌等道德"施于有政"②。因此统治者要"为政以德"③，对民众的治理要以道德教化为主，政令刑罚只能是治民的辅助手段，"道之以政，齐之以刑，民免而无耻；道之以德，齐之以礼，有耻且格。"④ 孔子反对统治者治民纯任刑罚，认为那是残民的暴政，"不教而杀谓之虐。"⑤

孔子的"为政以德"思想，在经济上体现为"富民"主张。他认为，让百姓丰衣足食，不遭冻馁，是统治者的责任。为此统治者应减轻人民的负担，要"敛从其薄"⑥。对于鲁国统治者在征收什一税之外又实行"履亩十取一"的"税亩"制，孔子提出严厉批评。为使农民不误农时地从事耕作，他主张统治者要"使民以时"⑦，"使民也义"⑧，不能为满足自己的穷奢极欲的生活而无限

---

① 《论语·雍也》。
② 《论语·为政》。
③ 同上。
④ 同上。
⑤ 《论语·尧曰》。
⑥ 《左传》襄公十一年。
⑦ 《论语·学而》。
⑧ 《论语·公冶长》。

制地征用民力。

"正名"是孔子为政之道的重要组成部分。它是针对春秋时期政治伦理秩序遭到严重破坏，"君不君，臣不臣，父不父，子不子"① 现象普遍发生而提出的。"正名"的实质是要求社会的每一成员都要严格遵守周礼的规定，做到实际拥有的权力和财富以及所尽的义务与其名分相符。孔子想以此重建社会政治伦理秩序。

孔子的思想没有涉及形上问题，"夫子之言性与天道，不可得而闻也。"② 他所说的修己和安人都是每个人力所能及的人道范围内的事。人力所不及的事，如生死寿夭，贫富穷通，孔子则委之于天命，"死生有命，富贵在天。"③ 他的天命论在一定程度上仍保持殷周时期主宰之天的观念，但与殷周时的天命观念又有原则不同。孔子的天命论与其说强调天对人的命运的支配，不如说是为天圈定一个它所能支配的范围，而把这范围之外的广大空间留给人，任凭人发挥主观能动作用。

孔子的以仁为核心、以修己、安人为主要内容的思想体系的建立标志着儒学的诞生。

四、孟子对儒学的捍卫和发展

战国时期，百家蜂起，诞生不久的儒学受到其他学派思想的严重冲击，"圣王不作，诸侯放恣，处士横议，杨朱、墨翟之言盈天下。天下之言，不归杨，则归墨。"④ 生活在战国中期的孟子（见彩图 10）以孔子思想继承者和捍卫者自任，对当时影响较大的

---

① 《论语·颜渊》。
② 《论语·公冶长》。
③ 《论语·颜渊》。
④ 《孟子·滕文公下》。

墨家和杨朱学派展开了激烈的批判。

孟子认为，孔子的"修己以安人"，是"为己"与"为人"统一之学，二者不可分割，不可偏废。杨朱只"为己"，其学"仅足于为我而已，不及为人也"。① 而墨子的"兼爱"强调了"为人"，却忽视了"为己"。在孟子看来都是"执一"而"贼道"②。按杨、墨之学必然要破坏社会政治伦理秩序，"杨氏为我，是无君也；墨氏兼爱，是无父也。"③ 孟子认为，只有"修己以安人"，将"为己"与"为人"统一起来的孔子学说才是人道之全。

在捍卫孔子思想的同时，孟子也发展了儒学。他对儒学最大贡献是提出"性善"说。

孟子从儿童将要落井一刹那人人都会油然而生"恻隐怵恒之心"的经验事实中得出人性皆善的结论。孟子所谓的"性善"不是指人具有先天的道德观念，而是说人天生具备向善的要求和为善的能力。这种内在的要求和潜能是"人之所以异于禽兽者"④；它能使人对理、义作出肯定性判断，"心之所同然者何也？谓理也，义也。圣人先得我心之所同然耳。"⑤ 孟子是中国最早、也是世界上最早提出道德价值判断和道德义务判断具有普遍性的思想家。

孟子认为，由于人人先天都具备这种向善的要求和为善的能力，因而对他人的不幸会产生"恻隐之心"或"不忍之心"；对丑恶的事物和行为产生"羞恶之心"；对尊长产生"辞让之心"或"恭敬之心"；对孰是孰非产生"是非之心"（即作出价值判断）。"恻隐之心"、"羞恶之心"、"辞让之心"、"是非之心"即是人能够具备仁、义、礼、智四德的发端和内在根据。

---

① 《孟子集注》卷十三。
② 《孟子·尽心上》。
③ 《孟子·滕文公下》。
④ 《孟子·离娄下》。
⑤ 《孟子·告子上》。

"性善"说的提出为孔子遗留下来的人何以会"为仁由己"以及人为什么能"求仁而得仁"的问题，也就是"修己"的主动性和可能性问题，提供了人性根据。孟子认为，人之所以会主动修己求仁，是因为人先天具备向善的要求；人之所以能"求仁而得仁"，是因为天生具备为善的能力。

以性善说为根据，孟子着重从主体善性、良心的存养扩充方面阐释孔子的修己之道。他认为，人自身具备可以使自己成为君子、圣人的先天因素，人们只要能对自己固有的善性、良心加以存养，使之不致放失，不为物欲斫伤，就可以成为君子、大人，"君子所以异于人者，以其存心也。"① "大人者，不失其赤子之心者也。"② 在具体修养方法上，孟子强调心对本性的自觉，使善性得以在意识中真实地显现出来。此即孟子所谓的"反身而诚"③。孟子也重视道德修养的积累。他认为，一个人只要按道义原则行事，积累久了，就会产生一股"浩然之气"。所以他说，"浩然之气"乃"集义所生者"④。

性善说的建立也为统治者治民为什么要以道德教化为主提供人性根据。在孟子看来，一般民众也像尧舜一样本性是善良的，他们也具有仁、义、礼、智四端，只要善加引导，启发他们的道德自觉，就可以达到治理的目的。

从性善说出发，孟子把孔子的"为政以德"思想发展为仁政学说。孟子仁政学说要点是：1. 民为国本。孟子继承了前人的民本思想，认为得民心者得天下，失民心者失天下。民是国家命脉所在。这里应指出，孟子的民本思想与其他民本主义者有所不同，

---

① 《孟子·离娄下》。
② 同上。
③ 《孟子·尽心上》。
④ 《孟子·公孙丑上》。

他认为民在本性上是和尧舜一样的人，因此他的民本思想不仅表现为他对民众力量的看重，而且表现为他对民众的尊重，"民为贵，社稷次之，君为轻。"① 孟子的"民贵君轻"思想是中国古代最进步的一种政治观念。2. 仁民。孟子认为，君为保民而设，君王应以仁爱之心对待民众，忧民之所忧，乐民之所乐。对于残民以逞的暴君，孟子认为民有权加以变置、放逐，直至诛杀。3. 觉民。在孟子看来，圣人、君子与民众的区别仅在于前者先达到道德自觉，而在本性上二者并无不同。由此出发，他主张统治者为政、治民之道应以"觉民"为主，即启发民众的道德自觉："先知觉后知，先觉觉后觉。"② 这是对孔子"为政以德"思想的发展。4. 制民常产。适应春秋战国时期土地由宗族公有向家庭私有的转变，孟子提出"制民之产"，使民所占有的土地能"仰足以事父母，俯足以畜妻子，乐岁终身饱，凶年免于死亡"③。他认为，只有这样统治者才能对民众施以道德教化，驱之向善。"制民之产"既是统治者向民众实施的仁政，又是仁政得以实施的基础。

孟子的性善说是对儒学的重大发展，"孟子有大功于世，以其言性善也。"④ 从性善说出发，孟子提出的存心养性、反身而诚、养浩然之气等道德修养方法和仁政思想，都大大地深化了孔子的修己、安人学说。

五、荀子对儒学的发展

对儒学发展做出重大贡献的另一位儒家学者是生活在战国后

---

① 《孟子·尽心下》。

② 《孟子·万章上》。

③ 《孟子·梁惠王上》。

④ 程子语，见朱熹《四书章句集注·孟子序说》。

期的荀子（见插图 2）。他对儒学发展的贡献是：一方面站在儒家
立场广泛地吸收先秦道、法、名、阴阳等学派的思想成果，丰富
了儒家思想体系；另一方面准确地反映了春秋以来的社会变革，使
儒学更适应于业已形成的中央集权的君主专制制度。

　　荀子综合百家、充实儒学，首先表现在他吸收道家的天道自
然无为思想，建立了儒家的自然主义天道观。他认为："天行有常，
不为尧存，不为桀亡。"①"不为而成，不求而得，夫是之谓天职。"②
孔、孟思想中都多少保留了殷周时期的天命观即主宰之天的观念，
荀子则为儒家注入了一种新的天的观念：天即自然。荀子的自然
主义天道观虽然吸收了道家思想，但并未背离儒家的基本立场。他
认为，天道自然无为，但人不能取法天道而使人生也自然无为，人
要"明于天人之分"③：天的职份是"不为而成，不求而得"，人的
职份是有所为、有所求。修己、安人，即是人的职份。在这两个
问题上"不为"、"不求"，像道家那样采取抱朴归真和无为而治的
态度，则是忘记了作人的职份。

　　荀子对法家思想的吸收体现在他的政治思想中。在如何为政
上，荀子坚持儒家的基本立场，主张统治者实行"王道"，对内要
"平政爱民"④，对外要"以德兼人"⑤。主张统治者对民众要实行
礼乐教化。但是他不像孟子那样强调统治者要启发民众的道德自
觉，他强调的是要以社会行为规范——礼约束民众，而他所谓的
礼，具有法的成分，故他经常礼、法连用，或礼、法不分。与孟
子思想更为不同的是荀子不排斥在治民中使用刑罚，"罪至重而刑

---

① 《荀子·天论》。
② 同上。
③ 同上。
④ 《荀子·王制》。
⑤ 《荀子·议兵》。

至轻，庸人不知恶矣，乱莫大焉。"① 这种思想在孟子那里是看不到的，表明荀子已把法家的法治思想融入了儒家的礼治思想之中。他的两位弟子李斯和韩非后来都成为法家代表人物，是不奇怪的。

荀子对儒学理论发展的主要贡献是提出"性恶"说。像孟子的"性善"说一样，荀子的"性恶"说也是为孔子的修己和安人学说提供人性根据。不过孟子的"性善"说是为"为仁由己"提供人性根据，荀子的"性恶"说则为修己时必须"约之以礼"提供人性根据。

荀子不像孟子那样把人天生具备的向善要求和"可以为善"的能力称作"性"，而是把被孟子排斥在"性"之外的人的生理本能称之为"性"，人"生而有好利焉"，"生而有耳目之欲"②。荀子即以"好利"、"耳目之欲"等生理本能为性，认为一个人顺从自己这些生理本能，"必出于争夺，合于犯分乱理而归于暴"③。故荀子认为人性恶。

以性恶论为理论出发点，荀子从不同于孟子的角度阐述了孔子的修己、安人学说。他认为，"从人之性，顺人之情"④，只会使人走向罪恶。道德观念是自外注入的，因此无论是修身，还是治民，外在的礼法约束、君师的管教都起着决定性作用，"今人之性恶，必将待师法然后正，得礼义然后治。今人无师法，则偏险而不正；无礼义，则悖乱而不治。"⑤荀子称这种由君、师用礼、法"矫饰"、"扰化"人的性情的修己、治民方法为"化性起伪"。这是一种与孟子以存心养性、"先觉觉后觉"为主的修己、治民方法不同的方法。

---

① 《荀子·正论》。
② 《荀子·性恶》。
③ 同上。
④ 同上。
⑤ 同上。

荀子的自然主义天道观、礼治思想、性恶论以及建立其上的修身说，也是对儒学的丰富和发展。在某种意义上说，荀子的思想，亦即荀学形态的儒学，更适合秦汉以后的中央集权的君主专制社会的需要。

六、《易传》、《中庸》的天道观
和先秦儒学的完成

先秦儒家的两篇著作《易传》和《中庸》对先秦儒学的发展也做出重大贡献。它们的主要贡献是提出义理之天的观念，这是一种既不同于孔、孟主宰之天，又不同于荀子自然之天的新的天之观念。它的提出，为人性提供了本体论根据，使儒学又深化了一步。

孟子提出"性善"说，荀子提出"性恶"说，为孔子的修己、安人学说提供了人性根据。但是孟、荀只是提出人性善、恶的论断，却未能解决人性所以善、恶的问题。要想解决这个问题，必须溯及天道。《易传》、《中庸》即是为解决人性之所以善的问题而提出义理之天观念①。

《易传》、《中庸》与孔子不言天道、孟子很少言及天道不同，它们论述的核心内容就是天道。那么它们所说的天道是什么呢？《易传》把天地视作万物的父母，二者交感，从而化生万物："天

---

① 关于人性所以恶的问题，先秦儒学未能解决。荀子建立的自然主义天道观不能解释人性所以恶的问题，因为荀子的天道在价值上是中性的，既不善也不恶，故也不能为性恶提供本体论根据。这个问题直到汉代董仲舒吸收阴阳家思想才得以解决。他认为，"天有阴阳之施，身亦有贪仁之性。"（《春秋繁露·深察名号》）人性之所以恶是因为人禀受了天之阴气。关于人性之所以恶的问题，这里略作交代，下文不再论述。

地交而万物通也"①，"天地感而百物化生"②，"夫乾其静也专，其动也直，是以大生焉。夫坤其静也翕，其动也辟，是以广生焉。"③"天地絪缊，万物化醇。"④"有天地，然后万物生焉。"⑤总之，天地以生物为职责，而天道即天地生生不息的过程，故《系辞上》云："生生之谓易。"《中庸》虽在表述上与《易传》有别，但在以"生"为天道这一点上二者是一致的："天地之道，可一言而尽也：其为物不二，则其生物不测。"

《易传》和《中庸》的作者在把天地生物视作天道的同时，又以道德的眼光看待天地生物，认为"生"体现了"天地之心"⑥，"天地之大义"⑦；天地生物是一种道德行为，故《系辞上》说："显诸仁，藏诸用，鼓万物而不与圣人同忧，盛德大业至矣哉！富有之谓大业，日新之谓盛德。"《系辞下》说："天地之大德曰生。"后来人们常说的"天地有好生之德"，指的就是《易传》的这个意思。《中庸》在把天道视作一种德方面与《易传》没有本质不同，不同之处仅在于《中庸》以"诚"为天道："诚者，天之道也。"《易传》和《中庸》的作者都把天道道德化了：天道即天地生物之德、天地生物之仁、天地生物之诚。总之，天道也就是"天德"。这样的天道显然不是必然之规律，而是当然之义理；不是自然律，而是道德律。

《易传》和《中庸》的作者在把天道变成当然之义理之后，便以此来解释人性之所以善的问题。《系辞上》说："一阴一阳之谓

---

① 《泰卦·彖》。
② 《咸卦·彖》。
③ 《系辞上》。
④ 《系辞下》。
⑤ 《序卦》。
⑥ 《复卦·彖》。
⑦ 《家人卦·彖》。

道，继之者善也，成之者性也。"就是说天道"造化流行处是善，凝成于我即是性。"①《中庸》关于天道降而在人是为人性的思想，在表达方式上与《易传》稍有不同，但观点是一致的。它说："天命之谓性"。这里的"命"不具主宰义，而是赋予义。"天命之谓性"，就是天将其生物之德赋予人而为人性。故二程解释这句话时说："性与天道，一也，天道降而在人，故谓之性。"

无论是《易传》的人继天道之善而成性也好，还是《中庸》的人禀受天道而为性也好，都是说：人性即是内在于人的天道、天德，故人性善。孟子未能阐明的人性之所以善的问题，被《易传》、《中庸》阐明了。

先秦儒学从孔子提出修己、安人学说起，经过孟、荀和《易》、《庸》的两次深化，到战国末年已基本完成，修己、安人学说被奠立在"性与天道"学说基础之上，形成了由天道观（或天命论）——人性论——修己学说和安人（或为政）学说几个理论环节构成的比较完备的思想体系。就先秦儒学总体发展而言，它所建立的思想体系，较之先秦道、墨、法、名、阴阳等其他学派的思想更系统，而且更能反映中国文明的根本精神。只是在如何重建社会秩序、实现中国统一这一现实问题上，先秦儒家因受其思想体系的限制，提出的主张远不及专为统治者解决这一现实问题提供手段的法家思想那样具有可行性。因此在相当长一段时间内，儒学未被社会接受。但是，一旦重建社会秩序、实现中国统一的问题得到解决，儒学便会被中国文明所接纳，因为在先秦诸子百家中，只有儒家的学说更全面、更准确地把握住中国文明精神。

---

① 《朱子语类》卷七十四。

3　董仲舒，西汉儒家代表人物

第 三 章

中国文明的重建
——儒家文明的形成

儒学是在上古文明和三代文明基础上形成的思想体系。由于历史的原因，儒学在很长一段时期内未能受到统治者的重视，一度还遭到厄运，对中国社会生活的各个方面影响不大。直到汉武帝时，儒学才被定于一尊。在最高统治者推崇下，中国社会的各个阶层都接受了儒家思想，儒家思想成为刚刚形成的汉民族的意识形态，从而得以积极参与中国文明的重新建构。儒家文明即在儒家思想影响下形成的。

一、不为统治者重视的"显学"

儒学诞生后，其创始人孔子就竭尽全力扩大儒学的影响。其途径有二：1. 孔子是一位伟大的教育家，"弟子盖三千焉，身通六艺者七十有二人。"① 其弟子来自不同地区和阶层，他们学成后，又把儒学反馈于各地和各阶层。如"孔子既没，子夏居西河教授，为魏文侯师。"② 澹台灭明"南游至江，从弟子三百人，设取予去就，

① 《史记·孔子世家》。
② 《史记·仲尼弟子列传》。

名施乎诸侯。"① 孔子弟子中还有不少人在各国做官从政,并以儒家思想治民。例如子游在为鲁国武城宰时,便以礼乐教化民众,弦歌之声不绝于耳。通过教育,培养学生,形成强大的学派是孔子扩大儒学影响的主要途径。2. 孔子又是一位政治家,他除在鲁国任过中都宰、大司寇外,五十岁以后还带领部分学生周游列国,达十余年之久,先后到过齐、卫、陈、匡、蒲、曹、宋、郑、蔡、楚等地。所到之处,他都宣传和推行其政治主张。从事政治活动和游说,是孔子扩大儒学影响另一条重要途径。

生活在百家争鸣的战国时期的孟子和荀子,一方面对杨朱、墨家、农家、道家、阴阳五行家等学派展开批判,抵制他们影响的扩大,另一方面,他们也像孔子一样竭力扩展儒家思想的影响,其途径与孔子大体相同。

通过先秦儒家代表人物孔子、孟子、荀子以及他们追随者的努力,儒学成为先秦时期影响最大的学说之一。故《韩非子·显学》称:"世之显学,儒、墨也。"

儒学虽为"显学",然而终春秋战国之世,却不为统治者所采用。儒学之所以有如此遭遇,与春秋战国的时代任务有关。春秋时期,作为"天下之大宗"的周天子名存实亡,失去统摄华夏的权威作用,"周之子孙日失其序"。战国时,社会无序状态更为严重,七国争雄,互不相让,广大民众陷入更大的苦难之中。如何恢复中国的统一,结束社会的动乱是时代面临的最迫切的任务。要想完成这一任务,显然用道德说教的办法,劝导各大国放弃武力,重新恢复周王室的宗主地位或者推举有德者充当天下之主,是根本行不通的。当时惟一可行的道路是各国实行富国强兵,最后由最强大的国家实行霸道,用战争方式恢复中国的统一,结束社会

---

① 《史记·仲尼弟子列传》。

动乱。像宋襄公那样主张"君子不困人于阨"①，燕易王那样让国于他人②，不但无济于事，反而会招来杀身之祸，贻笑后世。一些稍有头脑的君主都懂得这个道理，故商鞅说秦孝公以"帝王之道"时，秦孝公昏昏欲睡，说之以霸道时，秦孝公竟"不自知膝之前于席也"③。

但是孔子对于富国强兵，以战争实现中国统一、结束社会混乱状态这一在当时惟一可行的方法，是不屑一谈的，所以当卫灵公问孔子打仗时如何用兵布阵，他回答说："俎豆之事，则尝闻之矣，军旅之事，未之学也。"④ 他认为，只要那些"君不君，臣不臣，父不父，子不子"的人都能自觉地"正名"，遵守周礼所规定的权利和义务，就可以恢复国家的统一，结束社会的动乱。由于孔子提出的方法太不符合实际，因而在齐景公欲使用他时，遭到齐国大政治家晏婴的反对；在鲁国他遭到统治集团的排挤；在他周游列国宣扬其仁义之道时，更是遭到统治者的冷遇和隐士们的嘲笑；就连他的弟子子路也认为他的"正名"主张迂阔无用。

在如何实现中国统一、恢复社会秩序问题上，孟子提出的办法比孔子更为迂阔。孔子尽管反对霸道，但毕竟对五霸之首的齐桓公和辅佐齐桓公成就霸业的管仲有所肯定。孟子却把五霸统统视作历史的罪人，明确地提出"尊王贱霸"思想。当齐宣王向他询问齐桓、晋文之事时，他回答说："仲尼之徒无道桓、文之事者，是以后世无传焉。臣未之闻也。无以，则王乎？"⑤ 在孟子看来，恢复中国的统一、结束社会无序状态，惟一的途径就是行仁义，"以

---

① 《史记·宋徽子世家》。

② 《史记·燕召公世家》。

③ 《史记·商君列传》。

④ 《论语·卫灵公》。

⑤ 《孟子·梁惠王上》。

德行仁政者王，王不待大，汤以七十里，文王以百里。"① 孟子的这套主张太不现实了，是以尽管他议论恢宏，极具辩才，仍不为世所用，"当是之时，秦用商君，富国强兵；楚、魏用吴起，战胜弱敌；齐威王、宣王用孙子、田忌之徒，而诸侯东面朝齐。天下方务于合从连衡，以攻伐为贤，而孟轲乃述唐、虞、三代之德，是以所如者不合。"② 太史公的评论揭示了孟子不能用于世的根本原因。

荀子从性恶论出发提出的恢复中国统一、结束动乱的途径不像孔、孟那样迂阔，但他所谓的"力术止，义术行"③，仍未跳出以仁义之道统一中国、重建社会秩序的窠臼，因此也无法为各国接受，"当是时也，知者不得虑，能者不得治，贤者不得使。故居上蔽而无睹，贤人距而不受。然则荀卿怀将圣之心，蒙佯狂之色，视天下以愚。"④ 荀子因其思想不能见用于世而颇为愤慨。

总之，无论是孔子，还是孟子，抑或是荀子，他们的思想在先秦都不具可行性，未被统治者采用。司马迁对先秦儒学不能为世所用的原因分析得十分透彻："卫灵公问陈，而孔子不答；梁惠王谋欲攻赵，孟轲称大王去邠。……持方枘欲内圆凿，其能入乎？"⑤ 在春秋战国时期，道家、墨家、农家等的思想也因与统治者的需要形同凿枘而遭遇儒家一样的命运。只有"严而少恩"，主张严刑峻法、富国强兵的法家才真正被各国统治者看中。秦正是在法家思想指导下实行比较彻底的变法，从而迅速强大起来。在此基础上，秦始皇完成了中国的统一，结束了延续数百年的社会无序状态。马克思说："理论在一个国家的实现程度，决定于理论

---

① 《孟子·公孙丑上》。
② 《史记·孟子荀卿列传》。
③ 《荀子·强国》。
④ 《荀子·尧问》。
⑤ 《史记·孟子荀卿列传》。

满足这个国家的需要的程度。"儒学不能满足先秦社会需要,自然也不能为各国所采用。

二、焚书坑儒

——儒学一次严重挫折

秦始皇是中国帝王中最具雄才大略、最有建树的一位。他的最大功绩是完成了中国的统一。公元前221年秦始皇扫平六国,结束了春秋以来长达数百年的战乱。在统一中国后,他坚持实行中央集权制,反对封建制,"天下共苦战斗不休,以有侯王。"[①] 他所建立的新型统一国家,不同于夏、商时那种由一个统治部族和若干臣属部族组成的国家,也不同于周时那种由若干以王室为大宗的相对独立的诸侯国组成的宗法封建等级制国家。秦始皇所建立的秦王朝真正实现了中国的统一。

秦始皇对中国历史发展的另一重大贡献是他在政治统一的基础上,进一步扩大和巩固了业已形成的华夏文明,"一法度衡石丈尺,车同轨,书同文字。"[②] 其中"书同文"即统一文字,对于维护华夏文明的统一尤为重要;他还征调数十万民夫在华夏文明地域北缘修筑了万里长城,有效地抵御了中国北方游牧民族对华夏文明的侵扰和破坏。

国家的统一、社会秩序的恢复,为统治者采纳儒家的学说提供了机会。在秦始皇统一中国后的最初几年里,在一定的范围内,儒生也曾被使用。例如秦统一中国之后不久,即公元前219年,始皇东巡,曾登临峄山,"立石,与鲁诸儒生议,刻石颂秦德,议封

---

① 《史记·秦始皇本纪》。

② 同上。

禅望祭山川之事。"① 峄山刻石现仅存数字，儒生如何"颂秦德"，已不得而知。但从不久之后琅邪刻石铭文中可以看出，儒生是以行仁义、明人伦歌颂秦始皇的："端平法度，万物之纪。以明人事，合同父子。圣智仁义，显白道理。"② 而秦始皇也欣欣然接受了儒生们加与他的"儒家圣人"般的歌颂。史料记载表明，秦始皇还设置博士七十人。这七十名博士绝大多数都是儒生，例如汉代传《尚书》的伏生就是秦时博士。可以肯定地说，这一时期秦始皇对儒生们颇有好感，故公元前 213 年，"始皇置酒咸阳宫，博士七十人前为寿。"③ 从《史记》的记载推测，这次秦始皇宴请博士们，法家李斯等人并不在场。宴会上儒生力争秦始皇采用他们的思想。

然而秦始皇在治理国家时仍然采用法家思想作为指导思想。他之所以未能实行指导思想的转换，可能出于下列几个原因：1. 秦是依赖法家思想富国强兵最后统一中国的，由于思想的惰性作用，秦始皇不可能在统一中国之后便立即改变指导思想；2. 六国残余势力还存在，秦始皇曾两次险些遭到他们暗杀，这一点也使他不能放弃主张严刑苛法的法家思想；3. 构成秦王朝统治集团的成员中大多数是法家，如李斯就是著名的法家代表人物，他们也极力阻止秦始皇采纳儒家思想。

秦始皇仍坚持以法家思想为治国的指导思想，而儒生力争秦始皇采纳他们的思想，这就不可避免地引发儒家与法家之间的斗争。爆发点就是上文说过的咸阳宫之宴：正当其他博士向秦始皇歌功颂德之际，淳于越却向秦始皇提出："殷、周之王千余岁，封子弟功臣，自为枝辅。自陛下有海内，而子弟为匹夫，卒有田常、六卿之臣，无辅拂，何以相救哉？事不师古而能长久者，非所闻

---

① 《史记·秦始皇本纪》。
② 同上。
③ 同上。

也。"① 他的话核心就是要求秦始皇实行"天子建国,诸侯立家",恢复西周封建制,废除郡县制。淳于越的观点其实并不能代表儒家,因为儒家并不都是主张恢复封建的,就连孔子也是反对封建的,这一点从他"堕三都",即废除"诸侯立家",可得到证明。儒家和法家在政治上的根本分歧不在是否废除封建制,而在于以德为政,还是以刑为政。淳于越的观点虽然不能代表儒家的思想,但他的话却为李斯等法家代表人物反对使用儒家制造了口实。因此当秦始皇把淳于越的建议交给大臣们讨论时,李斯乘机对儒家痛加抨击,认为他们"不师今而学古,以非当世,惑乱黔首。"② 并建议秦始皇"非博士官所职,天下敢有藏《诗》、《书》、百家语者,悉诣守、尉杂烧之。有敢偶语《诗》、《书》者弃市。以古非今者族。吏见知不举者与同罪。令下三十日不烧,黥为城旦。"③ 秦始皇批准了李斯的建议,付诸实行,这就是历史上有名的"焚书"。"焚书"以及不许相互谈论《诗》、《书》等法令的实施使儒家遭到一次重大挫折。

　　一年之后(公元前212年)更大的打击——"坑儒",降临在儒生们的头上。"坑儒"的起因不是儒生们本身,而是方士引起的。秦始皇迷信方术,方士徐市、卢生等都曾取得他的信任。但是到了晚年,秦始皇对方士们的骗术渐渐怀疑,特别是方士侯生、卢生害怕自己的骗术不灵,难逃死罪,相携逃走一事,对他震动很大,他深感上当受骗,"今闻韩众去不报,徐市等费以巨万计,终不得药,徒奸利相告日闻。卢生等吾尊赐之甚厚,今乃诽谤我,以重吾不德也。诸生在咸阳者,吾使人廉问,或为妖言以乱黔首。"④

---

① 《史记·秦始皇本纪》。
② 同上。
③ 同上。
④ 同上。

于是他派御史审理诸生，诸生也相互揭发，最后查出四百六十多人犯禁，"皆坑之咸阳。"① 由于这次肇祸者是方士，因此被秦始皇坑掉的主要应是方士，但其中肯定也有一些儒生。秦始皇的"焚书坑儒"表明他已由原来对儒家颇具好感，变成对儒家十分厌恶，因此当他的长子扶苏劝谏他："天下初定，远方黔首未集，诸生皆诵法孔子，今上皆重法绳之，臣恐天下不安。惟上察之，"② 只能引起他的震怒，扶苏也因袒护儒家，被谪戍边。

儒家在中国第一个大一统的中央集权的君主专制王朝——秦朝争取统治者采纳自己思想的努力，因遭受"焚书坑儒"的打击，彻底的失败了。不久秦王朝也在农民起义的声浪中覆灭。

三、汉初政治家对秦灭亡原因的
反思和儒家对自身的反思

秦始皇本来希望他所建立的王朝能够永世长存，"朕为始皇帝，后世以计数，二世三世至于万世，传之无穷。"③ 但事与愿违，秦王朝是一个短命的王朝。秦始皇死后不久，秦王朝就在农民起义的声浪中覆灭了。汉继秦而兴，如何使汉王朝长治久安，不重蹈秦王朝的覆辙，是汉统治者和政治家所面临的迫切问题。为解决这个问题，他们对秦二世而亡的原因进行了认真的反思，最后他们都把秦覆灭的原因归结为秦在法家思想指导下实行严刑苛法，认为是秦的暴政，造成了官逼民反。在这一认识基础上，汉初的几位皇帝都把废除秦时的严刑苛法作为巩固政权、稳定社会秩序的重要手段。

---

① 《史记·秦始皇本纪》。
② 同上。
③ 同上。

汉高祖刘邦出身微贱，参加了秦末农民起义，他从自身经历中感到严刑苛法是秦二世而亡的根本原因。因此当他率起义军攻入关中后，首先宣布废除秦的苛法："父老苦秦苛法久矣，诽谤者族，偶语者弃市。吾……与父老约，法三章耳：杀人者死，伤人及盗抵罪。余悉除去秦法。"① 汉文帝进一步清除秦法的遗留，他登基后不久，便下令"除收帑诸相坐律令"②，即废除秦朝遗留下来的一人犯罪，父母妻子兄弟连坐的野蛮法律。第二年又废止了所谓的诽谤罪，"今法有诽谤妖言之罪，是使众臣不敢尽情，而上无由闻过失也。将何以来远方之贤良？其除之。民或祝诅上以相约结而后相谩，吏以为大逆，其有他言，而吏又以为诽谤。此细民之愚无知抵死，朕甚不取。自今以来，有犯此者勿听治。"③ 后来，汉文帝又废除了肉刑。汉初统治者虽然没有明确地提出汉王朝以哪一种学说作为指导思想的问题，但从他们废止秦所遗留下的严刑苛法反映出，他们已放弃了纯任法家的做法。特别是汉文帝在废止肉刑时所说："今人有过，教未施而刑加焉，或欲改行为善而道毋由也"④，与孔子所说的"不教而杀谓之虐"⑤，如出一辙。

如果说汉初的统治者是以实践的方式否定了秦王朝纯任法家的做法，那么汉初的政治家、思想家陆贾、贾谊等人通过对秦王朝灭亡原因的反思，已把不能以法家思想治理天下的观点上升到理论高度。

陆贾通过对秦任用法家先兴后亡的历史经验教训之分析总结，提出"逆取顺守"的理论。《史记·郦生陆贾列传》载：

---

① 《史记·高祖本纪》。
② 《史记·孝文本纪》。
③ 同上。
④ 同上。
⑤ 《论语·尧曰》。

> 陆生时时前说称《诗》、《书》。高帝骂之曰:"乃公居马上而得之,安事《诗》、《书》!"陆生曰:"居马上得之,宁可以马上治之乎?且汤武逆取而以顺守之,文武并用,长久之术也。昔者吴王夫差、智伯极武而亡;秦任刑法不变,卒灭赵氏。乡使秦已并天下,行仁义,法先圣,陛下安得而有之?"

在陆贾看来,取天下时可以利用法家思想;但到了保守天下时,必须转变指导思想,而儒家思想是保守天下的最好的思想武器。

贾谊在《新书·过秦论》中进一步发挥了陆贾的"逆取顺守"的思想,认为秦二世而亡的根本原因是"仁义不施而攻守之势异也":

> 夫并兼者高诈力,安定者贵顺权,此言取与守不同术也。秦离战国而王天下,其道不易,其政不改,是其所以取之守之者无异也。孤独而有之,故其亡可立而待。借使秦王计上世之事,并殷、周之迹,以制御其政,后虽有淫骄之主而未有倾危之患也。

贾谊比陆贾更为明确地提出,在取得天下之后要及时地改易"其道",即实行指导思想的转换,要施仁义于民。

当汉初的统治者和政治家对秦二世而亡的历史教训进行总结时,儒家也对在秦朝时遭到"焚书坑儒"的厄运加以反思。他们所要解决的问题是:如何使统治者不对儒家反感,并进而争取统治者采纳儒学。

鉴于淳于越食古不化,在秦始皇面前鼓吹封建,从而招致"焚书"的沉痛教训,汉初的儒者意识到,他们必须尽量地迎合统治者的兴趣,才能争取统治者对他们的重视。所以当叔孙通得知刘邦不喜欢他穿儒服时,他立即改换服装。当刘邦还在打天下时,他不向刘邦推荐自己的弟子，"专言诸故群盗壮士进之"。他认为，"汉王方蒙矢石争天下，诸生宁能斗乎？故先言斩将搴旗之士。"①当刘邦称帝后，为群臣恃功骄纵而感到苦恼时，叔孙通感到时机到来，认为儒家列君臣父子之礼，序夫妇长幼之别的思想，现在可以发挥作用。于是向刘邦进言道："夫儒者难与进取，可与守成。臣愿征鲁诸生，与臣弟子共起朝仪。"②两年之后长乐宫建成，群臣按叔孙通所定的朝仪行礼，从前"群臣饮酒争功，醉或妄呼，拔剑击柱"等现象不复出现，使刘邦第一次感到做皇帝的高贵威严，"吾乃今日知为皇帝之贵也"③。叔孙通的所作所为，虽遭到某些"鄙儒"的讥讽，却得到太史公的称赞："叔孙通希世度务，制礼进退，与时变化，卒为汉家儒宗。'大直若诎，道固委蛇'，盖谓是乎？"④儒家本来是讲"权"的。叔孙通深谙儒家权变的要窍，他通过曲折权变的手法为儒家在汉初的政治中争得一席之地。

更重要的是儒家通过对他们在秦时遭到的挫折所作的反思，认识到要想使儒家思想为统治者采纳，必须从理论上满足当今统治者的需要。从秦王朝开始，中国的政治已进入中央集权的君主专制政治阶段。当今统治者需要的不是主张分权的封建论，而是为权力集中于君主手中作论证的理论。秦始皇之所以焚书，原因就在于淳于越是古非今，主张恢复封建制。是以汉初儒者继承了孔子"堕三都"，即反对一国之内有相对独立的政治军事势力存在，和孟子的"定于一"⑤的思想，极力为权力集中、王权的不可分割性作论证。在这方面，汉景帝时始著于竹帛的《春秋公羊传》尤为突出。《公羊传》释"元年，春，王正月"云："元年者何？君

---

① 《史记·刘敬叔孙通列传》。
② 同上。
③ 同上。
④ 同上。
⑤ 《孟子·梁惠王上》。

之始年也。春者何？岁之始也。王者孰谓？谓文王也。曷为先言王而后言正月？王正月也。何言乎王正月？大一统也。""大一统"思想的提出，满足了中央集权的君主专制政治的需要，《公羊传》也因而受到汉代统治者的重视。

汉初是儒家思想发展的一个非常重要时期。在这一时期，统治者和政治家通过反思秦二世而亡的历史教训，得出儒家思想有利于守成的结论；儒家通过对自身在秦遭到厄运的反思，意识到必须使儒学适应现实社会，才能受到统治者的青睐。统治者和儒家的相互接近，终于把儒学推上国家指导思想的位置。

四、独尊儒术
—— 儒家政治思想向统治者政治观念的转化

汉武帝（见彩图12）是继秦始皇之后另一位雄才大略、颇有建树的专制君主。如果说秦始皇以"一法度衡石丈尺，车同轨，书同文字"，即从外在的规范方面，对统一的华夏文明的形成做出巨大贡献，那么汉武帝则以定儒学于一尊，即从内在精神方面进一步巩固了华夏文明的统一。

汉武帝继承了汉初统治者和政治家对秦二世而亡的历史教训进行反思所取得的成果。较之他的先辈，汉武帝对儒学的"守成"作用，有更深刻的认识。因此，他刚一即位便下诏丞相、御史、列侯，向中央举"贤良方正极谏之士"①。当他的好黄老之言的祖母窦太后逝世后，立即起用喜好儒术的田蚡、窦婴等人为相。而这时恰好通过治公羊学业已将儒学改造成基本能满足中央集权的君主专制政治需要之学说的董仲舒（见插图3）应诏以"贤良"对策，君臣二人一拍即合。我们从汉武帝和董仲舒之间三次策问

---

① 《汉书·武帝纪》。

和对策可以看到统治者对儒学的期待和儒学对统治者的回应是如何契合无间。

汉武帝在"策问一"中所提出的核心问题是：行五帝三王之道（即行儒家仁政）是否能使汉家江山长治久安？如果能，为什么三代最后也灭亡了？这是天命使然，还是后来君主未能按先王之道行事？董仲舒在对策中回答道：天总是"仁爱人君"的，"自非大亡道之世者，天尽欲扶持而全安之"。三代之灭亡，不是天命使然，而是后来的君主无道造成的，"故治乱废兴在于己，非天降命，不可得反。其所操持诖谬，失其统也。"这也就是说，只要代代君主都能按王道行事，那么任何王朝都能长治久安。董仲舒认为，五帝三王之道就是"顺天行事"，天"任德不任刑"，先王之道因此也"任德教而不任刑"。后来君主行事要想不与先王之道发生"悖谬"，就要"正己"："为人君者，正心以正朝廷，正朝廷以正百官，正百官以正万民，正万民以正四方，……"君主要想正己，就得加强道德修养，"夫仁、谊（义）、礼、知、信五常之道，王者所当修饬也。"总之，董仲舒认为汉王朝是可以长治久安的，条件是君主得按孔子的"修己以安人"，"修己以安百姓"的学说行事，不能再按法家那套纯任刑法的理论行事，对秦遗留下来的法律制度要实行"更化"。

汉武帝在"策问二"中直接提出的问题是：尧舜的"无为而治"、殷的"执五刑以督奸，伤肌肤以惩恶"和秦的法治（他把殷、秦政治视作一类）、周的礼治三者那种最好？这个问题的实质是：汉初黄老之术、申韩的刑名之学和孔子的儒学相互斗争，在统治集团中都有一定影响。汉武帝要"贤良"们说出哪种思想最适合汉王朝。这个问题涉及尧、舜、汤等圣人，董仲舒回答得颇审慎。他认为，尧、舜之治不能称做无为政治，尧、舜都是大有作为的圣王，他以这种方式否定主张实行"无为而治"的黄老之术。对于殷的"执五刑以督奸，伤肌肤以惩恶"，他避而不谈；对秦的法治则大施挞伐，以此否定"申商之法"、"韩非之说"。董仲舒所要肯定的当然是儒家思想，他以肯定周的礼治的方式加以表达。他认为统治者治民必须是有所作为，"常玉不琢，不成文章"，但对民的雕琢不能以刑罚，治民的根本手段是教化。据此董仲舒又进一步提出养士兴学主张："夫不素养士而欲求贤，譬犹不琢玉而求文采也。故养士之大者，莫大乎太学。太学者，贤士之所关也，教化之本原也。"

汉武帝"策问三"提出的主要问题是：治世之道是否永恒不变？道是否也会弊败？董仲舒对此回答道："道者，万世亡弊。"在他看来，道永恒不变，夏、商、周三代社会弊端产生于"道之失"，即没有完全按道行事，而不是道造成的。殷对夏礼，周对殷礼之所以有所损益，是为了补救对道的偏离，而不是说道本身有何多余或欠缺，"故王者有改制之名，亡变道之实。"董仲舒认为，道之所以永恒不变，在于"道之大原出于天，天不变，道亦不变。"这先王永恒不变的治世之道就保存在经过孔子整理的《六经》，特别是《春秋》之中，"《春秋》大一统者，天地之常经，古今之通谊也。"针对汉初黄老之学、申韩之术的泛滥，董仲舒提出"诸不在六艺之科，孔子之术者，皆绝其道，勿使并进，邪辟之说灭息，然后统纪可一而法度可明，民知所从矣。"①

董仲舒在三篇对策中，为汉武帝提供了 个比较系统的以儒家思想为指导的君主专制政治的施政纲领，汉武帝对此颇感满意，特别是董仲舒提出的"《春秋》大一统"思想，更迎合了汉武帝加强中央集权制度的需要。因此，汉武帝接受了董仲舒罢黜百家，独尊儒术的建议。在一定意义上说，这是儒家以"尊今王"换取君主的"尊儒"。

汉武帝"罢黜百家，独尊儒术"，标志统治者正式接受儒学，

---

① 以上引文皆出自《汉书·董仲舒传》。

并将它作为中央集权的君主专制国家的指导学说，从此儒家的政治思想转化为统治者的政治观念。同时作为"罢黜百家，独尊儒术"政策组成部分的"明经取士"制度的实施，从根本上改变了战国时业已形成的官僚集团的成分，"自此以来，则公卿大夫士吏斌斌多文学之士矣。"儒家政治思想向统治者政治观念的转化，文官集团的形成，使汉武帝以后的中国政治"儒家化"了。

五、士阶层的"儒"化

汉武帝实行罢黜百家，独尊儒术，引起中国文明发展的另一重大变化是自汉武帝以后中国的知识分子——士阶层几乎全部儒家化。

中国古代严格意义上的知识分子是春秋时期新出现的士阶层。士阶层由于出身于不同的宗法等级、来自于具有不同文化背景的地域而思想倾向颇为不同。他们适应春秋时期大国称霸、战国时期七国争雄的需要，提出了不同的学说，从而造成了先秦百家争鸣的局面，而儒家只是百家争鸣中的一家。

秦始皇统一中国后，士阶层中人各持己说的局面并未因政治的统一而发生根本改变。这一点从李斯向秦始皇提出"焚书"的建议中可以清楚地反映出来：

> 丞相臣斯昧死言：古者天下散乱，莫之能一，是以诸侯并作，语皆道古以害今，饰虚言以乱实，人善其所私学，以非上之所建立。今皇帝并有天下，别黑白而定一尊。私学而相与非法教，人闻令下，则各以其学议之，入则心非，出则巷议，夸主以为名，异取以为高，率群下以造谤。如此弗禁，

则主势降乎上，党与成乎下。禁之便。①

李斯的建议其实与董仲舒在"对策三"中所提出的罢黜百家本质上是没有什么区别的。二者的不同仅在于李斯所要独尊的是申韩刑名之学，董仲舒所要独尊的是儒术而已。所以李斯建议秦始皇焚毁的不仅有儒家的经典《诗》、《书》，而且有"百家语"。但是秦始皇的"焚书"并未能使士阶层放弃自己的学说，一统于法家，相反倒是促成了秦王朝的夭折。

秦始皇的"焚书"无疑使先秦的百家争鸣有所收敛，但秦的早夭使这种局面极为短暂。汉初，孝惠帝废止秦的挟书之律，各个学派又重新活跃起来，其中法家的刑名之学和属于道家的黄老之术因受到统治者的重视尤为活跃。这也就是说，直到西汉中期，中国仍然保持着百家争鸣的局面，当然这时的百家争鸣已无法与先秦的百家争鸣盛况相比，它只是中国古代思想自由临终前的回光返照。

百家争鸣局面的存在，意味着直到汉武帝时士仍然是一个具有多种思想倾向、信奉不同学说的社会阶层，而儒家只是其中的一部分。因此，汉武帝建元元年（公元前140年）"诏丞相、御史、列侯、中二千石、二千石、诸侯相举贤良方正直言极谏之士"时，所举贤良，没有几个真正属于儒家，其中不少人是"治申、商、韩非、苏秦、张仪之言"② 者，这次"举贤良"不得不作罢。这一事实说明当时的上人中的绝大多数仍倾心于法家和纵横家，认为治申、韩之术和苏、张纵横之言才可以为统治者所用。

但是汉武帝实行"罢黜百家，独尊儒术"，却使信奉不同学说的士阶层同归于儒学。汉武帝统一思想所采用的手段不像秦始皇

---

① 《史记·秦始皇本纪》。

② 《汉书·武帝本纪》。

那样酷烈粗暴，但却收到了秦始皇"焚书"、"坑儒"所达不到的效果。汉武帝统一思想主要从两方面着手。

1. 教育。汉武帝首先设专门传授儒家经典的"太学"。太学置《五经》博士，博士皆由当时著名的儒家经师担任。太学为博士官置弟子五十人，为正式学生。此外各地"有好文学，敬长上，肃政教、顺乡里，出入不悖所闻者"①，审查合格，也可保送太学，"得受业如弟子"②，太学生除必修《论语》、《孝经》外，还需专修一经。"一岁皆辄试，能通一艺以上，补文学掌故缺；其高弟可以为郎中者，太常籍奏。"③武帝之后，太学生员历朝皆有增加：汉昭帝时"增博士弟子员满百人"；"宣帝末增倍之"；元帝好儒，"更为设员千人"；成帝末，"增弟子员三千人"④。自汉武帝起，学校教育就这样被逐步纳入儒学轨道，通过学校教育培养出来的人自然只能是儒家学说的信奉者。

2. 人才选拔。"罢黜百家，独尊儒术"，在人才选拔、任用方面体现为重用信奉儒学的人和儒家学者。汉武帝继位后，首先任命"好儒学"⑤的贵戚魏其侯窦婴为相，武安侯田蚡为太尉。窦、田又举荐申公的弟子赵绾为卿史大夫，王臧为郎中令。士阶层中非治儒学者皆斥退不用。建元元年"举贤良方正直言极谏之士"之所以作罢，就是因为其中有治刑名、纵横之术者。最高统治者的这种取士标准，对儒家是极大鼓舞，而对儒家之外的学派是沉重的压制。虽然汉武帝重用儒家的方针因其老祖母、"治黄老言，不好儒术"⑥的窦太后的反对，一度遭到挫折，但窦太后死后的第二

---

① 《史记·儒林列传》。
② 同上。
③ 同上。
④ 《汉书·儒林传》。
⑤ 《史记·魏其武安列传》。
⑥ 《史记·孝武本纪》。

年，便征用儒者文学之士，《史记·儒林列传》载：汉武帝"延文学儒者数百人，而公孙弘以《春秋》白衣为天子三公，封以平津侯"。公孙弘以儒者身份，擢升相位，开汉朝以儒者为相的端绪，"其后蔡义、韦贤、玄成、匡衡、张禹、翟方进、孔光、平当、马宫及当子晏咸以儒宗居宰相位。"① 公孙弘等人的平步青云，对士林的震动极大，"天下之学士靡然乡风矣。"②

汉武帝一方面通过学校培养大批儒家学者，另一方面通过给予某些儒者高官厚禄，使士阶层"靡然乡风"，从而使原来信奉其他学说的士人陆续转向了儒学。所以自汉武帝实行罢黜百家，独尊儒术之后，士不再是一个具有不同思想倾向和信奉不同学说的社会阶层，除了极少数人之外，士阶层"儒家化"了，他们都成为"游文于《六经》之中，留意于仁义之际，祖述尧舜，宪章文武，宗师仲尼"的"儒家者流"。在一定意义上说，汉中叶之后的"士"即"儒"，"儒"即"士"。随着士阶层的"儒化"，思想比较自由的百家争鸣时代也结束了。士阶层的"儒化"是中国文明迈向儒家文明重要的一步。

六、儒学向广大民众的灌输

当统治者接受了儒家思想，将其上升为统治思想之后，使广大民众也接受儒学，成为当务之急，因为只为统治者认可而不为民众接受的思想，是无用的。

那么如何使民众接受儒学？孔子说："民可使由之，不可使知之。"③ 所谓"不可使知之"有两义：一是民众文化水平低下，整

---

① 《汉书·匡张孔马传》。
② 《史记·儒林列传》。
③ 《论语·泰伯》。

日劳作，无暇接受学校教育，因此不可能使民像士那样以理性的方式掌握儒家之道；一是不应让民了解儒学的"底细"，但可以让民众照儒家制定的行为规范去做。由第一点出发，统治者必须以灌输的方式使民众接受儒学；由第二点得出的结论是：统治者只能使民众以信仰的方式接受儒学。

广大民众只能以非理性的信仰方式接受儒学，这一点决定统治者向民众灌输儒家思想主要采取两种办法：将孔子圣人化和将儒家的伦常道德教条化。

（一）孔子的圣人化

孔子虽然具有渊博的知识和高尚的人格，但他自己从不敢以圣人自许，"若圣与仁，则吾岂敢？抑为之不厌，诲人不倦，则可谓云尔已矣。"① 将孔子视作圣人，是由他的弟子们开始的。宰予认为，孔子"贤于尧舜远矣"②。贤于尧舜等圣人的人，自然更是圣人。子贡较宰予更为明确地肯定孔子是圣人："学不厌，智也。教不倦，仁也。仁且智，夫子既圣矣。"③ 继孔子弟子之后，孟子进一步将孔子"圣人化"，认为孔子不但是圣人，而且是"圣之时"者，即孔子随时都能从容中道，故孔子集前圣之大成。

儒家学者在先秦百家争鸣的情况下将孔子"圣人化"，目的主要是为了通过抬高孔子地位来抬高儒家。汉代统治者将孔子圣人化的目的则与此不同，其目的主要是为民众树立一个信仰的对象。

统治者将孔子圣人化早在汉武帝罢黜百家、独尊儒术之前就开始了。《史记·孔子世家》载："高皇帝过鲁，以太牢祠焉。诸侯卿相至，常先谒然后从政。"像刘邦这样流氓出身、把儒士们的

---

① 《论语·述而》。
② 《孟子·公孙丑上》。
③ 同上。

帽子拿来当做溺器使用的皇帝，竟然对孔子表现出如此"敬意"，显然不是真诚的，而是要为臣民们树立一个信仰的偶像。随着汉武帝罢黜百家，独尊儒术的实行，孔子不仅是儒家学派的圣人，而且也是所有中国人心目中的圣人之地位最后终于确定下来，"自天子王侯，中国言六艺者折中于夫子，可谓至圣矣。"① 在统治者将孔子圣人化的同时，汉代也出现了将孔子"神"化的倾向，不过这只是谶纬盛行时的短暂现象（关于孔子的"神"化，下文详论）。孔子在中国历史上的地位最后被定位在"圣人"上，而不是"神"上。

孔子的圣人化，使孔子成为广大民众信仰的对象，从而也使孔子的学说成为广大民众生活的准则。当统治者将孔子圣人化的时候，其本意无疑是要给民众制造一条精神枷锁，但他们这样做的结果也为自己树立了一个不可逾越的思想权威，这是他们始料不及的。

（二）儒家思想的教条化

统治者向民众灌输儒学的另一条途径是将儒家思想中某些内容教条化，使其成为民众的信条，在生活中加以实行。那么儒家思想中哪些需要教条化呢？显然统治者要求"民由之"的东西不是儒家思想中抽象的理论，而是那些有利于维护君主专制社会秩序的伦理道德规范。因此，儒家思想的教条化主要是在伦理道德领域里进行的。所谓"三纲五常"、"三纲六纪"以及专门为妇女设置的"三从四德"等等都是儒家的教条。其中"三纲五常"最为重要，影响也最大。

"三纲"即"君为臣纲，父为子纲，夫为妻纲"；"五常"是用以保证"三纲"的五种基本道德：仁、义、礼、智、信。"三纲五

---

① 《史记·孔子世家》。

常"如果追根溯源，可以追溯到孔子的"君君、臣臣、父父、子子"的正名说和孟子的仁、义、礼、智四端说。不过孔子的正名说和孟子的四端说都不具教条意义。真正将君臣、父子、夫妇关系以及维护这些关系的道德教条化是在汉代。

三纲五常等儒家伦理道德教条，简明而便于记忆。经过统治者的灌输，很快深入人心，成为民众不知其所以然却"由之"的生活准则。他们的思想因而也被纳入了儒家的轨道。广大民众对儒家思想的接受，是中国文明儒家化最深厚的社会基础。

七、在中国文明重建中儒学的决定性结构作用

自汉武帝"罢黜百家，独尊儒术"起，中国的统治者、士阶层、广大民众相继接受了儒学。从上文不难看出，他们三者接受儒学的出发点和方式存在着差异。统治者偏向于从工具的角度接受儒学；士阶层偏向于从知识角度接受儒学；而民众则以信仰的方式接受儒学。尽管他们接受儒学的出发点和方式不一，但儒学成为他们共同的意识形态则是肯定的。自此以后，儒家思想即作为全民族共同的思想构架参与中国社会生活方式的建构。在儒家思想的积极参与下，西汉中叶以后中国的政治、经济、文化无不打上儒家的烙印，古老的中国文明因此也进入了儒家文明阶段。

4　韩愈，唐代文学家

第 四 章

前期儒家文明

——汉唐文明

从西汉中期，古老的中国文明便被置于儒家思想的决定性影响之下，其政治、经济、教育、宗教、文学、艺术、科学、技术、伦理、风俗等等，无不深深地打上儒家思想的烙印。儒家文明的发展，就是儒家思想作为初步形成的统一的中华民族之内在结构性因素参与中国文明的创造过程。在儒家文明发展过程中，儒家思想也不断丰富、充实。

在以下两章里，我们将对儒家文明的发展作粗略的描述。关于构成文明的各个部门：政治、经济、教育、宗教、文学、艺术、科技、伦理风俗等的发展，后面我们要辟专章介绍，因此这里不作过多涉及。这两章中，我们着重叙述一下儒家文明内在精神的发展。

历史学家一般以北宋为界把秦汉以后的中国历史分为两个时期：封建社会前期和封建社会后期。从儒家文明角度来看，北宋王朝的建立也是一个明显的界限：此前的儒家文明还保持着先秦儒家那种"仁以为己任"①，"当今之世，舍我其谁"② 的积极进取精神，而此后的儒家文明渐趋保守。

---

① 《论语·泰伯》。
② 《孟子·公孙丑下》。

一、今文经学及经学对中国
学术发展的影响

汉武帝设置五经博士，实行明经取士制度，使读经、明经成为士人登上仕途的主要途径。为便于士人读经、明经，经师需要对儒家经典加以诠释传注，于是先秦的子学为经学替代。汉代是经学的鼎盛时代。

最初经师传授弟子的经书是用汉代通用的隶书"著于竹帛"的。隶书对于汉代人来说是"今文"，故以隶书书写的经书称"今文经"。为今文经作传注的，即所谓的"今文经学"。

如前文所述，汉武帝独尊儒术，实质上是以儒家思想作为治国安邦的指导思想。但先秦儒家的"为政"之道只能为统治者提供极为抽象的治国安邦的原则，对于治理西汉这样一个疆域广大、人口众多的统一帝国，是很不够的。统治者亟需儒家学者为其提供一套系统的、可以操作的理论和统治方法。充当官方哲学角色的今文经学义不容辞地要负担这一任务，因此今文经学具有鲜明的"经世"性质。

但是要从儒学经典中开发出一套适合汉王朝的统治理论和方法，对于今文经学家来说是一个相当困难的任务，因为：第一，五经中的《诗经》是一部古代诗歌总集，《周易》是一部卜筮之书，它们之中本来就没有多少治国安民的道理可言；其次，汉代的"大一统"的君主专制制度与《五经》所反映的时代大不相同，《五经》中即使包容某些治国原则和方法也不一定适合汉王朝。为了克服这些困难，今文经学家坚持认为，孔子删定《六经》是托古改制，是在为后世，尤其是为汉朝"立法"。因此经过孔子删定的《六经》是孔子为汉代统治者预先设计好的全部治国安邦理论和方法，其中每一句话、每一个字都包含着深意。今文经学家的任务就是把孔子删定六经时贯注于其中的思想阐发出来。在《五经》中他们尤其重视《春秋》，春秋公羊学成为今文经学的核心。

《五经》之中本来没有为中央集权的君主专制制度提供多少统治理论和方法，然而今文经学家却硬要从中开发出来，这就使他们不可避免地要牵强附会。例如《春秋》经文第一句是"元年春王正月"，《公羊传》已经从中牵强附会地引申出"大一统"思想，董仲舒则进一步加以引申："臣谨按《春秋》之文，求'王'道之端，得之于'正'。'正'次'王'，'王'次'春'。'春'者，天之所为也。'正'者，王之所为也。其意曰：上承天之所为，而下以正其所为，正王道之端云尔。然则王者欲有所为，宜求其端于天。"①《春秋》经文上仅仅用来表明时间的几个字，竟被董仲舒引申出这么多的意思：1. 天是有作为的，而不是天道无为；2. 君主要上承天意；3. 君主所为要"正"，要符合天意。显然这些思想并不是"春王正月"四字所包含的，而是董仲舒自己的。其他今文经学家也是如此。因此今文经学其实并不是真的要给《五经》作传注，而是借诠释《五经》之机，提出自己的一套能满足中央集权的君主专制社会需要的理论。

今文经学的主要代表是董仲舒，他通过对《春秋》的发展，提出了一系列重要思想：1. 为维护大一统的政治局面，董仲舒提出："《春秋》大一统者，天地之常经，古今之通谊（义）也。"② 2. 提出君权神授，为中央集权的君主专制制度的合理性论证。3. 把韩非子谓之"天下之常道"的"臣事君，子事父，妻事夫"③，概括为"王道之三纲"④；把贾谊的"人有仁义礼智信之行"⑤，概括为

---

① 《汉书·董仲舒传》。

② 同上。

③ 《韩非子·忠孝》。

④ 《春秋繁露·基义》。

⑤ 《新书·六术》。

"五常"。三纲五常的提出，为中央集权的君主专制社会人际关系确立了基本的准则。4. 在坚持儒家德政思想的同时，吸收法家的法治思想，提出以德政为主，以法治为辅的治国方案。5. 主张"更化"，即改革秦朝的苛政，在经济上主张"限民名田"，"盐铁皆归于民"，"薄赋敛，省徭役"等惠民政策。董仲舒的这些思想基本上满足了大一统的君主专制社会的需要，董仲舒也因此成为继孔、孟之后又一位儒学大师。

除董仲舒之外，其他今文经学家成就不高，他们为了从《五经》中发明出统治阶级所需要的思想，穿凿附会，一部经书的解说少则几十万字，多则百余万字。《书经》博士秦延君用十余万字解释"尧典"二字，用三万余字解说"曰若稽古"四字。解说所用的文字虽多，却言之无物，多属穿凿。太学中儒生，皓首穷经，苦不堪言。

自今文经学兴起，经学代替了先秦诸子直抒己见的"子学"，成为后来中国学者阐述自己学术思想的主要形式。儒家是这样，道家、佛教也是这样。人文思想的阐述是这样，自然科学也这样①。中国学术采取这种形式，对学术思想的发展产生极为不良的影响。《周易·贲·彖》云："观乎天文以察时变，观乎人文以化成天下。"春秋战国时期中国学术之所以取得高度的成就是那时的学者直接去观察、研究、诠释自然界（"天文"）和社会（"人文"），而经学却使学者把注意力转向对数量有限的几部古代典籍的研究、诠释上，这不能不使中国学术思想受到严重限制。同时，用为经典作传注的方式来表述自己的学术思想和观点，也不是一种好的方式，因为如果超越了原典，像今文经学家那样，难免遭到穿凿附会之讥；反之，忠于原典，像下文将要说到的古文经学那样，又不可能提出什么新的思想。经学的兴起对中国学术发展的负面作

---

① 例如数学家祖冲之曾注《九章算经》，借此阐述自己在数学上的发现。

用是不能低估的。

二、今文经学的神学化及与谶纬合流

对于任何阶级社会来说，宗教都是必需的。宗教是构成文明的要素之一。宗教可以使统治者的权力变得神圣不可侵犯，使苦难的民众得到精神上的安慰，使人们幻想在现实世界无法实现的正义、真理在彼岸世界得到实现，从而使人们安于现实。

像其他文明一样，儒家文明也是需要宗教的。然而就基本思想倾向而言，先秦儒家的思想是非宗教性质的，甚至是反宗教的。儒家文明需要宗教而儒家思想却是非宗教性的，这是一个极大的矛盾。如何解决这一矛盾，使儒家文明也具有宗教这一要素，是被推上中国社会指导思想地位的儒学面临的另一任务。

种种迹象表明，以董仲舒为代表的今文经学家曾试图把具有鲜明世俗哲学特点的先秦儒学改造成宗教神学。为达此目的，董仲舒等人将在孔、孟思想中并不重要的天命观凸显出来，同时吸收墨子的"天志说"，把天"作成"一个有意志、有喜怒哀乐情感的至高无上的神。其次董仲舒等人歪曲地利用"同声相应"等自然现象，在天及其产物人之间建立一种神秘的关系——感应关系。他们认为，人、特别是君主的善恶会被天感知，并且天还会作出反应。天如何表达自己的情感和意志？董仲舒等人为解决这个问题，又吸收了阴阳五行思想，认为阴阳的消长、五行的生克不仅是一种自然现象，而且是天的意志和情感的体现：阴阳协合，五行相生，表示天对人间事的喜悦之情；阴阳不调，五行错乱，灾异频仍，体现了天的愤怒。天就以灾异表示自己对失德君主的不满和谴责，"凡灾异之本，尽生于国家之失。国家之失乃始萌芽，而天出灾害以谴告之。谴告之而不知变，乃见怪异以惊骇之。惊骇之尚不知畏恐，其殃咎乃至。"①

汉代除了儒家中以董仲舒为代表的今文经学家之外，"海上燕齐怪迂之方士"②也试图搞出一套宗教神学体系。所谓方士是一批自称精通长生不老之方，禳灾去病，祈神致福之术的人。秦始皇时的徐市、卢生，汉武帝时的李少君、栾大皆为方士之流。方士的"方"和"术"，今天看来其实都是骗术，但在科学不发达的古代，他们却被人们奉为神仙，很得人们（包括秦始皇、汉武帝）的信任。秦汉时方士甚为活跃。所谓的"谶"就是他们编造的一些模棱两可的隐语③。

方士的骗术一旦被揭穿，便有生命危险。秦始皇所坑的"儒"中很大一部分就是方士；颇受汉武帝信任的李少君、栾大后来也都被杀掉。在此情况下，方士感到仅有骗人之"术"而无"学"是不行的。于是他们开始吸收各学派、特别是阴阳家的思想，用以文饰其骗术。当儒学成为正统思想之后，方士们感到依靠儒学这棵大树更为有利，于是他们依傍儒家《诗》、《书》、《礼》、《乐》、《易》、《春秋》、《孝经》等经典的经义，编纂书籍，这就是所谓的"纬"，"纬者，经之支流，衍及旁义。"④

谶纬在西汉哀平之际得到广泛流行，王莽篡汉、刘秀光复汉室，都曾利用过谶纬。在他们的倡导下，东汉时谶纬泛滥一时。

纬书宣传大人感应、阴阳灾变几乎和以董仲舒为代表的今文经学家同出一辙，如《春秋纬·运斗枢》说："人主自恣，不循逆天暴物，祸起，则日食。"纬书除将天提到最高的神的位置，它们还竭力把儒家的"圣人"孔子打扮成"神人"，以便把他抬上教主

---

① 《春秋繁露·必仁且智》。
② 《史记·孝武本纪》。
③ 《四库全书总目提要》释"谶"："诡为隐语，预决吉凶。"
④ 《四库全书总目提要》。

的宝座。如《孝经纬·钩命诀》说："仲尼虎掌"，"仲尼龟脊"，"夫子骈齿"。

在两汉期间，今文经学由儒学走向方术①；谶纬则是方术依傍上儒学。因此二者能够结合。东汉建初四年（公元79年），章帝为统一经义在白虎观召开的御前学术讨论会就是一次今文经学与谶纬之学合流的会议。从班固根据会议纪录整理而成的《白虎通德论》（简称《白虎通》）可以看出，参加这次会议的经学家大量引用纬书作为统一经义的根据。如关于宇宙生成，《白虎通》即引用《易纬乾凿度》的宇宙生化理论；儒家关于三纲的经典表述："君为臣纲，父为子纲，夫为妻纲"则来自《礼纬·含文嘉》。今文经学与谶纬结合，把儒学宗教化推向高峰。

但是汉代儒学的宗教化运动，无论是在今文经学家那里，还是在方士那里，都是不成功的。他们虽然把天作了至上神，在某种意义上把孔子打扮成教主，但是他们的宗教神学的功能是很狭小的，甚至说只有一个：劝善抑恶，特别是抑制君主的罪恶，即"屈君而伸天"。在董仲舒和谶纬的宗教神学中，我们看不到世界三大宗教都有的关于如何使受苦受难的民众精神上得到安慰、使他们感到在现实中难以实现的正义、真理、幸福可以在另一世界得以实现的设定。而"屈君而伸天"的神学宗旨，使统治者不可能支持他们，所以董仲舒"以《春秋》灾异之变，推阴阳所以错行"②，几乎为自己招致杀身之祸。另一位公羊学家眭弘则被加上"妄设妖言惑众，大逆不道"③的罪名，真的掉了脑袋。董仲舒等人一方面得不到统治者的支持，另一方面，他们违背孔子"不语怪、力、乱、神"的根本精神，因而遭到儒家另一学派——古文

---

① 董仲舒《春秋繁露》中《求雨》、《止雨》所述求雨、止雨之术皆为方士之术。
② 《汉书·董仲舒传》。
③ 《汉书·眭两夏侯京翼李传》。

经学的反对和批判。董仲舒等人将儒学宗教化的企图最后只能以失败告终。

三、古文经学和对神学思潮的批判

秦始皇的焚书，项羽的毁典，使先秦的儒家经典几乎丧失殆尽，只有少数藏于宅壁或散佚民间的得以保存下来。汉代这些经典陆续被发现或献与朝廷。由于这些经典都是用汉时已经不用的古文字（籀文）书写的，故称为"古文经"；传授古文经的学派称为"古文经学"。古文经学在很长时间内未被官方承认，由少数学者私相授受。王莽篡权时把古文经《周官》（即《周礼》）作为改制的依据，因此重视古文经学。他采纳刘歆的建议，在太学中立《左氏春秋》、《毛诗》、《周礼》、《尚书》四个古文经博士，但是遭到今文经学博士的激烈反对。东汉初，古文经博士被取消，古文经学又成为私学。

古文经学与今文经学的区别不仅在于所依据的经典是用古文字书写的，而且在治学宗旨和方法上都与今文经学有原则区别。这种区别是古文经学长期处于私学地位造成的。

上文我们曾指出，作为官方思想的今文经学把从《五经》中"发明"出一套维护大一统的君主专制制度的理论和方法作为自己的任务。古文经学由于是私学，没有这个任务，故古文经学也不将孔子删定的儒家经典看做是托古改制之作，不把孔子视作为后世立法的圣人。古文经学家眼中的孔子只是一个"述而不作"、对古代文献进行整理的学者。因此他们也不像今文经学家那样穿凿附会地去发挥《五经》的微言大义，而是把精力放在经典中名物的辨析，事件的考证上。这一点使古文经学比较接近科学的实证精神，很少有穿凿附会、繁琐的空泛议论。古文经学对推动中国古代自然科学的发展，文字学的建立（大天文学家张衡和作《说文》的许慎即属古文经学学派）、史学的发展，都发生了积极的作用。

同时，作为私学的古文经学也不像今文经学那样面临着将儒学改造成宗教神学、以便统治者用来欺骗民众的任务。因此他们得以坚持"子不语怪、力、乱、神"的无神论思想和荀子的自然主义天道观，并以此为根据对今文经学的宗教神学和谶纬迷信进行批判。两汉时对今文经学的宗教神学和谶纬迷信批判最为有力的学者大多属于古文经学学派。例如桓谭、王充都是如此。这里特别要指出的是王充，他对以董仲舒为代表的今文经学学派的天人感应、阴阳灾变思想以及谶纬迷信的打击是致命的，遏制了试图把儒学改造成宗教神学的势头。

四、玄学的兴起和援道入儒

东汉末年，中国社会再一次出现了大动荡、大混乱。先是震撼全国的农民起义，接着是军阀混战、三国鼎立，后虽然有西晋时短暂的统一和社会安定，但不久又出现了八王之乱，五胡乱华，朝代更迭频繁的南北对立。总之，魏晋南北朝几百年间，中国社会的各种矛盾：阶级矛盾、民族矛盾、统治阶级内部矛盾都变得异常尖锐。

在这因重重矛盾国家被搞得四分五裂的时代，业已确立的儒家思想的正统地位没有被动摇。无论是曹操，还是刘备，抑或是孙权；无论是自认为是华夏正宗的南朝皇帝，还是北方的少数民族君主，都坚持把儒学作为官方思想。儒家思想几乎成为这一时代维系人心，使中华民族不致离散，最后重新归一的惟一纽带。

但是儒家思想在中国文明发展中的主导地位在这场社会大动荡中也受到严重的冲击。首先对儒学地位发起冲击的是魏晋时期新道家思潮即玄学的兴起。

　　三国鼎立后期的魏国，统治集团内部斗争异常激烈。在斗争中，司马懿、司马师、司马昭父子逐渐掌握了魏国的军政大权，魏国皇帝成为他们手中的玩偶，他们可以随意加以废立。为了最后从曹氏手中正式篡夺政权，司马氏集团对依附于曹魏政权的士人大施挞伐，甚至诛灭全族，一时间魏国的仕途变得险恶异常。仕途本是士人建功立业、实现抱负的途径，这时反倒成为令士人畏惧的陷阱、罗网。何晏在《拟古》诗中写道："双鹤比翼游，群飞戏太清。常恐失网罗，忧祸一旦并。"即反映了当时士人在司马氏集团淫威下惶恐不安的情景。对现实政治的恐惧，使大部分士人放弃对儒家倡导的立德、立功、立言以及随之而来的"令闻广誉施于身"①的追求，而宁愿无名无誉，"为民所誉，则有名者也；无誉，无名者也。若夫圣人，名无名，誉无誉。"② 于是他们沉湎于酒色之中，浪迹于山水之间，放纵性情，一任自然。鉴于祸从口出，他们避而不谈国是，不谈政治，说话力求玄妙而不着边际，令人摸不着头脑，因而也无法抓住把柄。士人的这种风尚，后世称为"魏晋风度"。

　　士人的这种清虚无为的生活风尚，使老庄道家思想得以趁虚而入。魏晋士人引道家肯定天道自然无为、否定人道有为的观点为同调，他们认为，从老庄道家那里找到了自己生活的根据。

　　同时，魏晋士人也从老庄道家那里找到了可以避开现实政治问题因而不致惹来祸殃的话题：无名之道和有名之器、自然之无为和人道之有为以及作为它们最高抽象的有无体用关系问题，并就这个问题展开论辩，从而玄学大兴。玄学家关于有无体用的讨论辨析，摆脱了今文经学的穿凿附会，也跳出了古文经学拘泥于名物考辨的窠臼，把中国哲学推上了最抽象、最思辨的高度，大

---

① 《孟子·告子上》。
② 何晏《无名论》。

大地提高了中国哲学的思维水平。

魏晋时期玄学的兴起是道家思想的一次回潮，是道家思想对儒学正统地位发起的一次冲击。然而魏晋时期中国早已进入儒家文明时代，儒家思想业已深入人（包括玄学家）心。在这样的文化大背景之下，玄学家们不可能也不敢否定孔子在中国思想和文化领域中的崇高地位，"何晏、王弼，咸云老未及圣。"① 因此他们不但注《老》、注《庄》，而且也撰有《论语集解》（何晏），《周易注》、《论语释疑》（王弼），《论语体略》（郭象）；他们不可能也不敢否定儒家制定的纲常名教。与老、庄绝仁弃义相反，他们从有无、道器之辨出发，或者为纲常名教寻找根据，如王弼提出"名教"出于"自然"；或者论证纲常名教合理，如郭象认为"名教"即"自然"。即使性格偏激的嵇康大胆地喊出"越名教而任自然"，但正像鲁迅所指出的，这不过是出于对司马氏亵渎名教的抗议而发出的偏激之辞。就嵇康本心而言，"恐怕倒是相信礼教，当做宝贝，比曹操司马懿们更迂执得多。"②

魏晋时期作为道家思想回潮的玄学，未曾动摇儒家思想在中国文化中的正统地位。骨子里充满儒家精神的玄学家们倡导老、庄思想，结果只能是援道入儒，将道家思想注入儒学中去，何晏的《论语集解》、王弼的《周易注》后来都被儒家承认。

五、佛、道二教的兴盛和儒家对佛教的批判

魏晋南北朝时期，对儒学在中国文明中的正统地位形成更大冲击的是东晋南北朝时佛教和道教的兴盛。

---

① 道安《二教论·君为教主》，《广弘明集》卷第八。
② 《魏晋风度及文章与药及酒之关系》，《鲁迅全集》第三卷第392页。

佛教在西汉末年开始传入中国，东汉时明帝对佛教颇感兴趣，派人到西域抄录佛经，在京城建寺院，对佛教加以提倡。但终东汉之世，僧人都是胡人，"汉人皆不得出家"①。当时人们把佛教教义理解成与黄老之学差不多的东西，对靠人们施舍为生的胡僧也颇为蔑视。东汉末年和三国鼎立时期，西域僧人来华的逐渐增多，汉人中也有人西游求法，译成汉语的佛经逐渐增加。不过魏晋时期佛教始终未成为中国文化发展中一股重要力量，只能依附于玄学以求发展。

佛教传入初期虽然在中国文化发展中未产生重要影响，却使缺乏宗教传统的中国人第一次接触了不同于原始宗教，又不同于董仲舒等人的宗教神学和谶纬迷信，具有教主、教义、教规、仪式、修行方法、组织、活动场所的宗教。由方士和巫师演变来的神仙家可能受佛教的启发，"依附老子，模仿佛教，开始创道教。"②道教早期经典《太平经》据说是东汉人于吉所作，从《太平经》可以看出，道教的教义是杂糅民间方术（包括炼丹、画符念咒）、阴阳家思想、道家思想、儒家思想和佛教教义而成。道教教义主要来自本土文化，较之佛教更容易为人们接受，民间信徒很多。东汉末年，道教已发展成一股重要力量。道教的一支——张角的"太平道"曾举行震撼全国的黄巾起义；另一支张鲁的"五斗米道"则在汉中地区建立政教合一的政权长达30年之久。

然而无论是佛教还是道教，其真正兴盛期是西晋之后。这时的中国经过短暂的统一和安定之后，又重新陷入令生民涂炭的分裂和混战之中，而人民的苦难正是宗教得以发展的温床。在这样的时期，统治者也需要宗教的支持，因而他们也支持宗教的传播和发展。在他们的支持下，中国僧人法显等人西游求法；天竺和

---

① 范文澜《中国通史简编》第二编，人民出版社1964年版，第425页。
② 同上。

西域的高僧如佛图澄、鸠摩罗什、真谛、菩提达摩等也来华传法。

天竺和西域的高僧对中国佛教发展的主要贡献是将佛教的经典和修行方法介绍到中国；而他们的弟子如佛图澄的弟子道安及再传弟子慧远，鸠摩罗什的弟子道生、僧肇等则致力于以中国传统思想理解佛经，在佛教中国化方面做出重要贡献。

佛教的传入和发展丰富了中国文明，除了上述的为中国文明增添了一种既不同于原始宗教，又不同于董仲舒等人的神学和谶纬迷信的真正意义上的宗教外，佛教还在下述几个方面对中国文明的发展发生重大影响：1. 为中国思想引进了一种非常细微、极为思辨的心性学说；2. 导致了中国音韵学的诞生。在梵语的启发下，汉字开始采取反切法注音。在这之前，中国只有文字的统一，采用反切法注音后，汉语的语音也大体上能保持统一；3. 音韵学的产生，又影响了中国文学的发展，讲究平仄的近体文和近体诗就是在音韵学基础上产生的；4. 随着佛教的传入，印度和西域的音乐、舞蹈、雕塑也输入中国，对这些艺术部门都发生重大影响。

东晋南北朝时期道教也逐渐走向成熟，其标志是：1. 这一时期产生了大批道教经书，《隋书·经籍志》列道教书籍 377 部 1216 卷，大都是这一时期编撰出来的，其中最主要的有《黄庭经》、葛洪的《抱朴子》、陶弘景的《真诰》、《真灵位业图》、《登真隐图》等。2. 南朝的陆修静和北魏的寇谦之各自制定一套道教斋戒仪轨。3. 道教成为重要社会力量，一些著名的道士得到统治者的重视，甚至能参与国事，例如陶弘景隐居茅山，梁武帝经常派人向他征求意见，被称为"山中宰相"。

道教中的丹鼎派对中国古代化学和医学发展做出了重要贡献。葛洪在《抱朴子内篇》中，记载了丹砂加热可分解为汞和硫，汞和硫化合又可生成丹砂的反应以及铁可以从铜化合物中置换出铜的反应。葛洪和陶弘景又是著名的医学家，葛洪所著《肘后救猝方》、《玉函方》，陶弘景所著《神农本草经集注》（已佚）、《肘后百一方》都是中国医学史上重要著作。

东晋南北朝时期，佛道二教兴盛，诚然有其社会原因，也与儒学缺少宗教信仰成分有关。虽然汉代董仲舒等人想使儒学宗教神学化，但他们的努力本身就是不成功的。在遭到王充等人的致命的批判之后，儒家中已经没有什么重要人物想将儒学宗教神学化了。因此当中国社会重新陷入混乱时，儒家对于如何从精神上安慰苦难深重的广大民众，给他们以幻想，是束手无策的。正是在这种情况下，佛、道二教得以泛滥。

一部分儒家学者（如宗炳、雷次宗）和统治者，看到了宗教的作用。他们认为，既然儒学已放弃了使自身宗教化的努力，那么为什么不可以让佛、道二教存在下去以补充儒家文明中宗教信仰的不足？因此他们主张对佛、道二教采取宽容态度，甚至鼓励它们发展，主张以佛、道二教辅翼儒学。

但是佛、道二教的思想同儒家思想又存在着冲突，而佛教尤为严重。僧祐在《弘明集后序》中曾指出当时儒家对佛教的"六疑"，其中最重要的是"二疑人死神灭，无有三世"，"五疑教在戎方，化非华俗"。即人死之后灵魂是否继续存在？佛教弃绝人伦是否适合华夏文明？这两个问题是儒家与佛教斗争的焦点，一部分儒家学者正是在这两个问题上对佛教发起猛烈的抨击。道教在这两个问题上与儒学基本上不存在冲突，因而在儒、佛斗争中，往往站在儒家一边。对佛教神不灭论以及与此相关的关于天堂地狱、"三世"等思想批判最为有力的是儒家范缜；对佛教弃绝人伦，违背华夏纲常名教批判最力的则是刘宋时道士顾欢，他站在拥护儒家纲常名教的立场上，著《华夷论》，指出佛教兴盛，势必使华夏丧失传统的礼仪文明。北朝"二武"，即魏太武帝和周武帝的两次灭佛，则是儒家和道士共同策动的。

一部分儒家学者和统治者看到佛教的作用，因而主张对佛教宽容，甚至主张兴佛；另一些儒家学者和统治者则因佛教主张神不灭、天堂地狱、轮回三世等荒诞之说和弃绝人伦而批判佛教，甚至主张灭佛，最终的结果是这正反两种观点之合，即儒家文明接受了佛教，同时批判佛教与儒家思想相抵牾的教义。佛教为了能够在儒家文明中立足，也自觉或不自觉地使自己适应中国国情。

六、以儒学为主导，以佛、道为辅翼的文化格局之形成

公元 589 年隋文帝灭陈，中国重新统一，不久隋王朝在农民大起义中灭亡。唐继隋而兴，是汉之后中国历史上另一个国力强大的王朝，儒家文明在唐朝达到鼎盛。

隋唐文化是在魏晋南北朝丰富的文化积累基础上形成的，是前一阶段文化发展的继续，但与前一阶段文化又有所不同，唐王朝国家统一，社会生活颇为有序。与此相应，魏晋南北朝时期思想文化领域中儒、释、道相互“斗法”的无序状态也以儒学为主导，以佛、道二教为辅翼的有序的文化格局所替代。

儒学在魏晋南北朝期间，经历了新道家思潮（即玄学）和佛、道二教泛滥的冲击，然而其正统地位始终未曾动摇。佛、道二教，特别是外来的佛教逐渐意识到深深植根于华夏文明之中的儒家思想的地位是它动摇不了的。因此佛教放弃了以佛祖压倒孔子、与儒学争短长的努力，甘充辅翼。而统治者也意识到儒学在维护国家统一、社会秩序方面的作用是任何其他学派、宗教都代替不了的。在这种情况下儒学的正统地位最终得以确立。

雄才大略的唐太宗刚一即位，便确定了以儒术即仁义之道为治国的根本方针，“古来帝王以仁义为治者，国祚延长，任法御人者，虽救弊于一时，败亡亦促。既见前王成事，足是元龟。”① 以

---

① 《贞观政要·仁义》。

儒术治国，是他从历史经验教训中得出的结论。因此他"初践阼，即于正殿之左置弘文馆，精选天下文儒"①，令三品以上官员的子孙为弘文学士。唐太宗在听政之暇，经常在内殿与儒士们"讨论坟典，商略政事，或至夜分乃罢"②。鉴于汉以来儒家经典文本、诠释出入很大，经常引发争论从而削弱儒家力量的教训，唐太宗命颜师古考定《五经》，令孔颖达等人"撰定五经疏义，凡一百八十卷，名曰《五经正义》，付国学施行"③。颜师古《五经定本》和孔颖达《五经正义》的颁布，使儒家经典从文本到注释都有了统一的钦定的标准本，有利平息儒家内部因文本和解释的不统一而造成的纷争；同时也使士子们有了统一的课本。凡士人应明经考试者，必须以《五经正义》为标准，不得与之出入。儒家经典从文本到诠释的统一，有力地加强了儒学的正统地位。

经过魏晋南北朝数百年的社会动乱，儒家学者和统治者也意识到，宗教在安慰民众，给他们以幻想和希望，从而使他们不致铤而走险，有利于社会秩序的维持方面，发挥着儒学不能发挥的作用。因此统治者在"崇儒学"的同时，也对佛、道二教加以扶植，以羽翼儒学；大部分儒家学者也对佛、道二教采取宽容的态度。至于佛、道二教何者更受尊崇，则因统治者的政治需要而有所不同。一般说，唐朝道教地位高于佛教，因为唐朝的皇帝自认为是老子的后代，而武则天称帝时则崇佛抑道。

在统治者支持下隋唐时期佛教达到鼎盛。在东晋南北朝形成的流派基础上，佛教形成了具有自己独特的理论体系、规范制度、传法世系、寺院经济的宗派，其中重要的有法相宗、天台宗、华严宗、禅宗等。

---

① 《贞观政要·崇儒学》。
② 同上。
③ 同上。

但佛教在儒家文明内部的发展，始终受到两点限制：第一，它不得从中央集权的专制国家手中争夺过多的可以征收赋税的土地和劳动力，否则它就会因危及国家利益而遭到禁止和限制，唐武宗和五代时周世宗两次灭佛，就是由此而引发的。第二，佛教本是一种外来宗教，当它传入中国时不可避免地带有其原产地印度社会文化背景，因而佛教中很大一部分教义、教规及其教徒的生活方式，都与儒家文明格格不入。其中特别是佛教弃人伦，更与儒家的纲常名教相牴牾，为儒家不能容忍。一些儒家学者排佛、统治者的灭佛原因就在这里。如何从佛教中剔除印度社会文化成分，与儒家的纲常名教不相冲突，成为佛教能否在中国立足的根本问题。这个问题在魏晋南北朝时未能解决，隋唐时的天台宗、华严宗等也解决得不好，只有禅宗特别是慧能开创的南宗较好地解决了这个问题。禅宗一方面从佛教中剔除印度社会文明成分，如主张不诵经文，破除佛教的仪规戒律、破除对佛祖偶像崇拜，甚至呵佛骂祖，另一方面输入儒家的"性善说"、"大丈夫"精神、除娶妻生子之外的世俗生活以及伦理道德。禅宗可谓在佛教内部进行了一场"宗教改革"，通过这次改革，禅宗中国化了，而中国化在一定意义上说，也就是"儒学化"。正因为如此，禅宗拥有远远超过其他宗派的众多信徒。

隋唐时期道教亦有重大发展，道教学者成玄英、司马承祯、吴筠等人在南北朝初步建立的道教理论基础上，进一步提出人与重玄之道合而为一的道家精神超越学说、心性学说和性命双修学说，使道教具有了足以和佛教抗衡的宗教理论。

儒家文明容许佛、道二教存在，使唐朝文化在内容和风格上都呈现出前所未有的多样性和丰富性。盛唐三大诗人李白、杜甫、王维，诗的内容和风格之所以不同，就是因为他们在儒、释、道三者的取向上有所不同。诗歌如此，其他文艺部门也如此。儒家文明中允许佛、道二教存在为唐代文化发展注入了蓬勃的生机，是文化上所谓"盛唐气象"得以产生的思想原因之一。

唐朝所形成的以儒学为主，以佛、道二教为辅的局面成为后世儒家文明发展的基本格局。

七、古文运动和儒学复兴运动

唐朝文章通行"近体"，即"四六文"，骈体文。骈文虽不乏佳作，但它讲究对仗、平仄，很难将思想表达得清楚、准确，因此遭到一些有识之士的反对。唐初傅奕、吕才、陈子昂等人即以古文写作，中唐时以古文写作的人更多，"大历、贞元之间，文字多尚古学。独孤及、梁肃最称渊奥，儒林推重。"[①] 在此基础上韩愈（见插图4）发起一场排斥近体文提倡古文的运动。古文运动推翻了东汉以来骈文在散文中的统治地位，故苏轼称韩愈"文起八代之衰"。韩愈发起的古文运动得到柳宗元的支持，史称"韩柳"。这场运动一直延续到北宋中期，并产生了欧阳修、曾巩、王安石、苏氏三父子等古文大家，韩、柳与他们合称古文八大家。

唐宋的古文运动不能简单地视作一场文学运动，古文运动主要是一场儒学复兴运动。所以韩愈说："愈之所志于古者，不惟其辞之好，好其道焉尔。"[②]"愈之为古文，岂独取其句读不类于今者耶？思古人而不得见，学古道则欲兼通其辞；通其辞者，本志乎古道者也。"[③] 柳宗元同样也"以兴尧舜孔子之道，利安元元为务"。他说："始吾幼且少，为文章以辞为工。及长，乃知文者以明道。是固不苟为炳炳烺烺，务采色，夸声音而以为能也。"[④] 韩

---

① 《旧唐书·韩愈传》。
② 《答李秀才书》，《昌黎集》卷十六。
③ 《题欧阳生哀辞后》，《昌黎集》卷三十。
④ 《答韦中立论师道书》，《柳宗元集》卷三十四。

柳都明确地表示，他们提倡古文，是为了"学古道"、"志乎古道"、"明道"，而他们所说的"道"、"古道"，其实就是儒家之道。因此韩愈领导的古文运动，提倡古文是其表，复兴儒家古道是其里。

上文我们曾反复强调，自汉武帝以降，儒学虽经受了玄学勃起、佛道二教兴盛的冲击，但儒学在中国文明发展中的正统地位始终不曾动摇。韩愈等人掀起的儒学复兴运动显然并不是在重新恢复儒学的正统地位的意义上进行的，因为儒学不曾失去这一地位。那么人们常说的"儒学复兴"究竟是什么意思？儒学复兴运动究竟是在什么意义上进行的呢？

第一，魏晋南北朝隋唐期间，儒学虽高踞中国文化的正统的地位，排佛斥道，但也正是这种尊贵的地位，使儒学忘记了对自身理论体系的改进、深化和营造。一种思想体系在未被统治者采纳时，一般地说都是有活力的，而一旦上升为统治思想时，往往会变成僵死的教条。儒学也不例外。魏晋南北朝隋唐期间，儒学基本停止发展。然而这一期间玄学、佛道二教在理论和思维水平上都取得了巨大的进展。相形之下，儒学难免有自惭形秽之感，一些儒者转向对玄理、佛道二教义理的研讨，以致儒门冷落，孔子之道"积羸，日剧一日"①。

韩愈等人发起的儒学复兴运动，首先就是要使儒学不能仅仅尸居其位，而且要进一步发展、提高，改变日剧一日的羸弱不堪的状态，使自己日积一日地充实起来，丰满起来。

第二，魏晋南北朝隋唐期间，玄学家的援道入儒、儒者因儒学干瘪无味转而探讨玄理和佛道二教的义理，造成了儒家之道与释、老之道混淆现象。儒学复兴运动的第二个任务就是要划清儒家之道与佛老之道的界限。在这方面韩愈所作的"判教"工作，对

---

① 《上宋舍人书》，《李觏集》卷二十七。

儒学以后的发展具有重大理论意义，他严格区别儒家之道与佛老之道：儒家之道的内涵是仁义，"博爱之谓仁，行而宜之之谓义，由是而之焉之谓道，足乎己无待于外之谓德。仁与义为定名，道与德为虚位。"总之，儒家之道是"合仁与义而言之也"，而佛老之道是空无清虚，因此儒家之道"非向所谓老与佛之道也。"

第三，魏晋南北朝隋唐期间，一些儒者吟诗作赋，务求"一简之内，音韵尽殊；两句之中，轻重悉异"。他们用全部精力去追求文字的绮丽纤巧，忘记了诗文的根本宗旨。针对儒者的这种风尚，韩愈主张"文以载道"，柳宗元提出"文者以明道"。他们都力图在文学中恢复儒家"诗言志"传统，把文学变成宣扬儒家之道的工具。

韩愈发动的古文运动和儒学复兴运动，在儒家文明发展中具有重大影响。内容充实、丰满、思辨精密而又不与佛老之道相混淆的宋明理学，在一定意义上就是儒学复兴运动的结果。

儒家文明发展的前期以汉武帝独尊儒术开端，至韩愈发动儒学复兴运动结束。这一时期中国文明的成就是伟大的，虽然它所取得的成果不及后期儒家文明，但相对于这一时期世界其他文明，它在经济发展、哲学、文学、艺术、科学技术等方面所达到的成就则是最高的。

王文成

公至韶日開書院與海内名士大夫講學設社教邑子南歌詩習禮嶺北風俗為之一變

5 王阳明，明代学者

第 五 章

后期儒家文明

——宋元明清文明

自北宋起，儒家文明发展进入后期。这一时期儒学适应中央集权制度的加强，由以经世之学为主转向了以控制人心为主的道德性命之学，理学于是应运而生。政治上的中央集权制度的加强和思想控制的强化是后期儒家文明两个最显著的特征。

中央集权制度的加强，有利于社会的稳定，使人们得以在一个比较安定的环境中从事经济和文化活动，因此后期儒家文明取得了比前期更为丰硕的成果，使中国在相当长的一段时间内在世界上仍然保持领先水平。但是中央集权制度的加强和思想控制的强化，也极大地束缚了中华民族的创造力和开拓精神，造成严重的恶果。

一、中央集权制度的加强和
国家的"积贫"、"积弱"

北宋王朝是宋太祖赵匡胤通过兵变从周世宗柴荣的遗孤手中夺取政权而建立的。他害怕手下的将领效法。为了避免兵变，使宋王朝国运长久，他在黄袍加身之后便向大臣赵普提出"天下自唐李以来，数十年间，帝王凡易八姓，战斗不息，生民涂地，其故何也？吾欲息天下之兵，为国家长久计，其道何如"的问题。赵普回答说："此非他故，方镇太重，君弱臣强而已。今所以治之，亦无他奇巧，惟稍夺其权，制其钱谷，收其精兵，则天下自安矣。"①赵普的话的核心就是加强中央政府的权力，加强王权。宋太祖接受了赵普的建议，陆续解除节度使的兵权，将地方军队划归各军②、州掌管，而各军、州的长官由文臣充任。节度使在名义上保留下来，但成为无职权的虚衔。其次，他革除唐朝天宝以来，方镇占有地方财赋的权力，各地租税收入全部上缴中央，地方驻军的粮饷由中央设置的转运使负责供给。再次，他将全国精兵编为禁军，由皇帝直接控制的枢密院调动，统领禁军的都指挥使"有握兵之重，而无发兵之权"。禁军按"更戍法"轮流（三年一轮换）到边境驻防，使将领和士卒不能结成势力。

在收兵权的同时，宋太祖还竭力限制和缩小中央和地方官吏的权力。具体措施是：1. 分散相权，将前代无事不统的相权，分成行政、军事、财政三部分，由宰相、枢密使和三司使分别掌管。2. 改变节度使兼领地方行政的制度，各州、府直属中央，由皇帝委派官吏管理。在各军、州行政长官之外，另设通判一名，通判与知州互不统属而又互相牵制。知州、通判三年一换，使其难以形成地方势力。3. 设御使台、谏院，监察、课考官吏的得失。

通过上述措施，北宋最高统治者将"兵也收了，财也收了，赏罚刑政，一切收了"。③正如恩格斯所说，在中世纪的普遍混乱中，王权代表着秩序④。自北宋起，中国社会再也没有出现魏晋南北朝期间那种长达数百年的混乱，也没有出现唐朝安史之乱一类的社会动乱和藩镇割据现象。

---

① 《续资治通鉴长编》卷二。
② 宋时的"军"是一种行政区划。
③ 《朱子语类》卷一二八。
④ 《论封建制度的瓦解和民族国家的产生》，《马克思恩格斯全集》第 21 卷，第 453 页。

社会秩序的稳定,为经济和文化的繁荣提供了条件。北宋时农业、手工业、商业、文学艺术和科学技术都达到新的水平。

中央集权制的加强一方面给宋王朝带来社会稳定和经济文化的繁荣,另一方面也造成宋王朝的"积贫""积弱"局面。

1. 为防止出现新的藩镇割据,北宋统治者用容易管束的文臣代替飞扬跋扈的武夫充当将帅,这些人多不懂得兵法;"更戍法"的实施则使"兵无常帅、帅无常师";为监视在外将帅,皇帝一般都要派亲信宦官作为"监军",在他们挟制、监督下,将帅处处感到掣肘,无法根据天时、地利进行部署,无法发挥主观能动性。北宋施行的这些措施,诚然有利于王权的加强,但也削弱了北宋军事力量,使北宋在同辽、西夏两个少数民族地方政权的斗争中一直处于劣势,北宋统治者每年要向辽和西夏输纳大量的白银、绢,才能换得北方和西北方边境的安宁。中国从前历朝历代的国力都未曾像北宋这样屡弱。

2. 北宋革除唐天宝以来实行的方镇占有地方财赋,自筹粮饷的办法,全国军队粮饷皆由中央负责供给。而北宋时军队数量多得惊人,据记载,宋仁宗时已高达 125.9 万人。养活这支庞大的军队,需拿出全部国库收入的 70% ~ 80%,"养兵之费,在天下十居七八。"① 对于北宋朝廷这已是沉重不堪的负担,而为了分化中央各部门的事权和使官吏相互牵制,北宋统治者将官吏的数量也扩大了几倍,养活这支庞大的官僚队伍同样需要拿出国库收入的很大一部分。

上述两项措施毫无疑问都是加强中央集权制度的措施,然而这两项措施也是使北宋陷入财政困难的原因。在这两个原因以及其他原因作用下,北宋开国不久便陷入了入不敷出的财政危机之中,到英宗朝年赤字竟高达 1570 万缗。

① 张载《边议》,《张载集》第 35 页。

需要指出，中央集权制度的加强与国家的"积贫""积弱"之间的关系不是北宋一朝仅有的偶然性关系。这种关系在明王朝也同样存在，明王朝也是一个权力高度集中在君主手中的王朝，同样也是一个"积贫""积弱"的王朝。这也就是说中央集权制度的加强、王权的加强，结果必然是国力的"积贫""积弱"。儒家文明发展后期，中央集权的君主专制制度已失去原有的活力，再也无法缔造出汉、唐那样国力强大的王朝。

二、政治经济改革的失败和
北宋后期的思想转向

为了改变北宋"积贫"、"积弱"的状况，一些儒家学者和政治家强烈要求进行政治、经济改革。宋仁宗统治时期，改革的呼声汇成了一股强大的社会潮流，"方庆历、嘉祐，世之名士，常恐法之不变也。"① 在这股社会潮流的推动下，宋仁宗在庆历三年（公元 1043 年）实行改革，史称"庆历新政"。

庆历改革的领袖是范仲淹，他因留下"先天下之忧而忧，后天下之乐而乐"的不朽名句为人们所熟知。其支持者是韩琦和著名文学家欧阳修等人；改革纲领则是范仲淹在《答手诏条陈十事》中提出的"明黜陟"、"抑侥幸"、"精贡举"、"择官长"、"均公田"、"修武备"、"减徭役"、"覃恩信"、"重命令"等。从范仲淹提出的"十事"可以看出，"庆历新政"所要改革的正是北宋因中央集权制度加强而造成的政治、经济弊端。

"庆历新政"因遭到社会保守力量的反对，不到一年便失败了。但要求进行社会政治、经济改革的呼声反而更加高涨，并于宋神宗熙宁年间酿成一场比"庆历新政"规模更大、涉及面更广、持

---

① 陈亮《铨选资格》，《龙川文集》卷十一。

续时间更长的社会改革运动，这次改革的实际领导者是著名的政治家、文学家、思想家王安石，故称"王安石变法"。

王安石在宋神宗的支持下，陆续颁布了均输法、青苗法、募役法、市易法、方田均税法、农田水利法、保甲法、将兵法等新法。新法中有些是为了增加国库收入而制定的，有些是针对当时土地兼并、高利贷、豪强逃避赋税徭役等社会弊端而制定的，有些是为发展农业而制定的，保甲法有利于社会治安，将兵法则有利于加强军事力量。王安石变法总的目的就是改变北宋的"积贫""积弱"状况，达到富国强兵。

王安石变法由于触犯了大官僚、大商人、大地主的利益，因而遭到激烈的反对，推行时遇到很大困难，王安石为此两次罢相。神宗死后，保守派尽废新法。继庆历新政失败之后，王安石变法也以失败告终。

庆历新政和王安石变法都是由当时著名儒家人物发动的，表明直到北宋中叶，儒家仍未失去以天下为己任的担当精神，经世济民仍然是儒学最后的落足点。但是这两次政治经济改革的失败，使儒家学者的关注点发生变化。他们不再像庆历、嘉祐年间的儒家学者那样关心社会现实问题，他们把注意力更多地放在道德性命问题上。儒家学者关注点的这一变化，从他们对王安石变法失败的教训所作的总结中就可以反映出来。反对王安石变法的程颢、程颐兄弟认为王安石不懂得什么是道，"只他说'道'时，已与'道'离。他不知'道'，只说'道'时，便不是'道'也。"[1]对王安石给予同情的陆九渊认为，王安石不懂得心是为政之本，"人者，政之本也；身者，人之本也；心者，身之本也。不造其本而从事其末，末不可得而治矣。"[2] 在他们看来，体道成德、存心养性之

---

① 《河南程氏遗书》卷一。
② 《荆国王文公祠堂记》，《陆九渊集》卷十九。

学才是儒学之本，而经世致用之学只是儒学之末，王安石变法之所以失败，原因就在于荆公新学舍本求末。二程和陆九渊以道德性命之学为儒学之本，以经世致用之学为末的观点，反映了宋中叶儒学发展发生了一次重要转折。

早期儒家，无论是孔子的"修己以安人"，还是孟子的"穷则独善其身，达则兼善天下"；无论是《大学》的修、齐、治、平，还是《中庸》的成己成物，都是修身与经世的统一，内圣与外王的统一。北宋中叶儒学的转向标志着儒家已开始丢弃其经世致用的传统；从政治上说，则意味着儒家已抛弃了试图以改革社会弊端达到巩固君主专制制度的做法，而把加强思想控制作为维护君主专制制度的主要手段。

三、三纲五常的天理化和程朱理学

汉儒虽然提出三纲五常作为中央集权的君主专制制度下人际关系的基本准则，但是对于三纲五常的合理性却缺少必要的证明。要想强化思想统治，使三纲五常成为人们不可稍加怀疑的精神枷锁，仅仅将其说成"纲"、说成"常"是不够的，还必须说成是必然之理、当然之理。理学就是适应这一需要而产生的。

理学诞生的标志是二程正式提出"天理"概念。"天理"或"理"这个概念古已有之，二程却认为，"吾学虽有所受，天理二字却是自家体贴出来。"[1] 二程不是不知《庄子·天下》、《韩非子·大体》、《礼记·乐记》等都曾使用过"天理"这个概念，但他仍然说"天理"二字是"自家体贴出来"的，原因就在于他们赋予"天理"以新的内涵："天理"即三纲五常。这一意义上的"天理"确实是以前未有的。以三纲五常为天理的内涵，实质是把三

---

[1] 《河南程氏外书》卷十二。

纲五常天理化了。自此之后三纲五常成为人们不敢加以丝毫怀疑的客观的必然之理和主体必须遵循的当然之理。

从天理观出发，程朱学派建构了儒学最完备的哲学体系，这一体系是由理气论、心性论、工夫论三个环节构成的。

理气论是程朱理学的基础。他们认为，理不能孤零零单独存在，理必须挂搭在气上，因此有是理便有是气，理气相即不离。但从逻辑顺序上说，理先气后，理本气末。理是生物之本，气是生物之具。

从理气合而有人物之生开始，程朱学派进入了心性问题的讨论。心性论是程朱理学的核心。程朱等人认为，在人物之生中，理、气是作为人物的不同方面而存在的，理是人物之性，而气则凝成人物之形质，"是以人物之生，必禀此理然后有性；必禀此气然后有形。"① 这也就是说，作为儒家提出的三纲五常以及其他伦理原则最高抽象和概括的理，也就是人的本性，他们一般称这与理为一的性为"本然之性"、"天命之性"、"天地之性"。程朱理学家们不仅把三纲五常天理化，而且也本性化了。

作为人本性之理同样也不能单独存在，它仍然与气，亦即人的气质相即不离，所以人的本然之性只能透过人的气质才能显现出来，而一旦透过气质，性也就不那么洁白无瑕。这不那么洁白无瑕的性，程朱等人称之为"气质之性"。"天命之性"纯善无恶，因为它就是天理，就是社会伦理原则；而"气质之性"有善有恶，因为理受到了气质的遮蔽。但"气质之性"是人性的现实存在形式。

心是一身之主宰，人的情感、意志以及受情、意支配而作出的行为都是由心主宰的。由于有善有恶的"气质之性"是人性的现实存在形式，受它的左右，心的作用也就不会完全符合社会道

---

① 《朱文公文集》卷五十八，《答黄道夫》。

德规范。

那么如何使心所发出的情感、意志以及受情、意支配而作出的行为完全符合社会道德规范？程朱理学的工夫论，亦即修养论，就是为了解决这个问题而建立的。程朱等人认为，解决这个问题的关键是使理突破气质的遮掩，使心受人所禀受的天理的支配。那么又如何使人所禀受的理突破气质遮掩？程朱等人提出了一些具体方法，其中最重要的是格物致知。程朱学派认为，事事物物像人一样也是理气之合。它们所禀受的理和人所禀受的理是同一个天理。因此人通过穷尽一物之理可以达到对自我禀受的天理的自觉，从而达到心与理一。由于理就是纲常伦理，与理为一的心，其所发也就必然是合乎纲常的。

程朱理学将三纲五常天理化，再将其内化为人的本性，然后通过道德修养，使其成为人们的自觉意识，这套理论精密而又富有思辨性，极大地提高了三纲五常等伦理原则对人们思想的束缚力。正因为如此，在朱熹完成理学体系之后，程朱理学被定为官方学说。

四、程朱理学的官方哲学地位之确立及其对儒家文明的影响

程朱理学奠基于北宋，集大成于南宋。尽管它有利于中央集权的君主专制制度的维持与巩固，尽管它以其极为精密而又富有思辨性的体系，引起广大儒家学者的兴趣，但在两宋期间，程朱理学的影响主要是在学术领域，在其他领域影响不大。北宋后期统治思想界的主要是王安石的"荆公新学"。二程及其门人杨时等人虽竭尽全力抨击"荆公新学"，但难于动摇其官方学说的地位，

"荆公新学""独行于世者六十年。"① 在这种情况下,理学只能以私学的形式存在,影响范围十分有限,其地位甚至比不上苏轼、苏辙兄弟的"蜀学"。

宋王朝南迁之后,二程建立的理学得到进一步发展,并在朱熹(见彩图14)手中成为一个内容庞大、体系严密的学说,因此吸引了更多的儒家学者和士人的关注,但是在南宋大部分时间内,程朱理学仍未受到统治者的重视。在学术上,当时有陈亮、叶适的功利之学、陆九渊的心学等与之抗衡;在政治上则屡遭打击,宋宁宗庆元年间(公元1195~1200年),理学更被定为"伪学"。直到理宗朝,程朱理学才开始受到统治者的重视。

程朱理学正式成为官学,是异族统治下的元朝时的事。元仁宗皇庆二年(公元1313年)下诏恢复科举考试,他在诏书中明确规定,"明经、经疑二问,《大学》、《论语》、《孟子》、《中庸》内出题,并用朱氏《章句集注》。"② 朱熹的《四书章句集注》成为士人必读的课本和科举考试的标准答案。同时元仁宗还下诏以周敦颐、程颢、程颐、张载、朱熹、张栻等理学家从祀孔庙。至此程朱理学正式登上了官方哲学的宝座,并占据这个位置几近六百年之久。

当一种学说仅仅是为少数学者信奉的理论时,其社会影响是极为有限的,但是等到这种学说成为全民族的意识,或者为大多数人接受,它就会转化为对社会生活各个方面都发生巨大影响的实际力量。因此程朱理学虽然早在北宋中期就已产生,但当它尚未成为官方哲学,亦即尚停留在少数学者信奉的理论阶段时,它对中国社会的影响还不显著。对社会生活真正有影响的还是传统儒学。但是14世纪初元仁宗将程朱理学提升为官方哲学,使这种

① 晁公武《郡斋读书志》卷一上。
② 《元史·科举一》。

情况发生重大变化。程朱理学上升为官方哲学意味着统治者接受了它；士人（知识分子）为了踏上仕途的需要也接受了它；广大民众在统治者和士人的思想灌输下，也被迫接受了它。三纲五常即是天理，违反纲常名教就是违背天理，成为社会上大多数人的观念，程朱理学的强化思想统治的消极作用这时便在现实生活中体现出来。

1. 三纲五常成为高悬人们头上的天理，使人们不敢越雷池一步，对君权、父权、夫权的绝对性不敢产生任何怀疑。程朱理学成为维护中央集权君主专制制度的最得力的工具。

2. 当程朱理学尚未上升为官方哲学时，亦即尚未被大多数人接受时，二程所谓的"饿死事小，失节事大"，不过是不起什么实际作用的理学家的语录，而一旦它被人们接受，成为信条，便真的成为杀人工具。《儒林外史》中秀才王玉辉即以此怂恿女儿绝食殉夫。小说的这一情节，绝不是吴敬梓的文学虚构，而是现实的真实反映。正是看到这一点，戴震才愤怒地喊出"后儒以理杀人"①。程朱理学以天理窒息了大多数人的欲望，使他们不敢有更高的生活要求，从而也使中国社会丧失了主观的发展动力。

3. 上升为官方哲学的程朱理学对中国社会的消极作用除了上述两点外，还有更重要的一点，即它把三纲五常天理化，实际上是把社会与自然、人文与科学、当然之则与必然之规律、伦理和物理、"德慧"与"术知"，完全混淆起来，并以前者吞并后者。在程朱等人看来，作为当然之则的纲常伦理不仅仅是一定社会形态下的人文规范，而且也是自然界的必然规律，即物理。因此尽管他们提倡格物致知，但并不是主张人们通过格物，取得对今天意义上的"物理"的认识，而是通过草木的春华秋实，"观天地生

---

① 《与某书》，《孟子字义疏证》中华书局1982年版，第174页。

物气象"①，体认天地之仁；通过小羊跪着吃奶，体认子女对父母的孺慕之情，即孝。虽然不能绝对地说，程朱等人所谓的格物致知与知识论无关，但这种旨在从物中体认出纲常伦理的格物致知，对自然科学和社会科学的发展，不会有什么积极促进作用。

4. 先秦和汉唐儒家既重修身，又重经世，他们都不认为，修身可以代替治国平天下，一个人即使道德修养达到极高境界，也不一定能把国家治理好。要想治理国家，还需一套经世济民之学。故孔子在修身之道之外提出系统的为政之道，孟子有"德慧"、"术知"之分，并提出比孔子更加完整的仁政学说。但是儒家这种经世致用的传统，却被程朱理学基本上丢弃了。在程朱等人看来，当然之则也就是必然之道；一个人有了"德慧"，自然也就有了"术知"；存养好心性，也就有了治国安民的本领。因此当程朱理学成为官方哲学之后，广大的士人不再去学习、研究经世致用之学，而把主要精力放在心性之学上。它所培养出来的人，多是些没有什么本事的腐儒，不可能有经世济民之材。"无事袖手谈心性，临危一死报君王"，可能是他们之中最好的。

当程朱理学于14世纪初正式成为中国官方哲学时，欧洲的文艺复兴运动开始了。东西文明发展史上的这两件大事差不多是同时出现的，然而它们的意义却是如此的不同：程朱理学以强化纲常名教来巩固中央集权的君主专制制度，文艺复兴运动却向中世纪的封建专制统治发起挑战；中国的统治者以理学家们的"存天理灭人欲"理论扼杀人们的感性欲求，欧洲的文艺复兴运动却高举人文主义大旗，无情地批判天主教的禁欲主义；当中国的儒家学者在程朱理学的影响下，袖手空谈心性时，欧洲的学者们却在古希腊科学精神鼓舞下，埋头于探索自然的秘密。总之，14世纪程朱理学成为官方哲学的结果是窒息了中华民族的创造力，使中

---

① 《河南程氏遗书》卷六。

国文明发展缓慢,而文艺复兴却使欧洲人从中世纪的蒙昧中觉醒,从而加速了欧洲文明的发展。如果说14世纪以前中国文明还能在世界上保持领先地位,那么从14世纪开始,经过文艺复兴运动洗礼的欧洲很快赶上并超过中国。

五、阳明心学及其思想解放作用

程朱理学上升为官方哲学之后,其自身便基本停止发展。体系严密的朱熹思想在很长一段时间里成为儒家学者难以突破的思想藩篱,他们以重复朱熹的思想为能事。"此亦一述朱,彼亦一述朱",是明代前期思想界情况的真实写照。

受程朱理学的束缚,明代前期思想异常沉闷,被程朱天理化了的纲常名教像一柄高悬在头上的达摩克利斯剑一样,使人们感受到沉重的精神压力。一些儒家学者对程朱理学本身的僵化以及它所制造的精神压迫渐渐感到不满,明中叶儒学内部出现的心学思潮就是反抗程朱理学的一种表现。

明中叶一些儒家学者之所以选择心学来对抗程朱理学,从思想根源说,是由于朱熹将理学发展到巅峰时就曾遭到以陆九渊为代表的心学学派的批评。在一定意义上说,心学是当时惟一可以用来对抗程朱理学的思想体系。从社会根源说,明中叶商品经济的发展使人们产生了某种程度的自主要求,这种自主要求也宜于以心学形式来表达。

明中叶最早倡导心学的是陈献章,而把心学发扬光大,在思想界和社会造成巨大震动的是王阳明(见插图5),所以黄宗羲在《明儒学案·白沙学案》中说:"有明之学,至白沙始入精微,其吃紧功夫全在涵养:喜怒未发而非空,万感交集而不动。至阳明而后大,两先生之学,最为相近。"

如上文所述,程朱理学的核心思想是将纲常天理化,亦即将道义上的当然之理等同于客观的必然之理。王阳明早年也曾信奉程朱这种将伦理等同于物理、穷格事物的必然之理能扩充心中道义原则（即当然之理）的观点，因此他曾同友人一起格竹子以致劳思成疾。王阳明由此猛醒：客观事物中哪里有什么作为道义原则的当然之理！"向之求理于事物者，误也。"在这一基本认识基础上，王阳明重新提出陆九渊已经提出的命题："心即理"、"心外无理"。

王阳明在儒学理论发展中的贡献是厘清了儒学中一向不很分明、被程朱等人搞得尤为糊涂的当然之理（即伦理）与客观必然之理（物理）的界限。他不再像程朱那样故意地把二者混淆在一起，都称做"理"。王阳明所谓的"理"只指前者。至于后者，不在他的理论范围之内。就学理而言，王阳明认为，心外无理，即心外无道义原则要比程朱把道义上的当然之理视作也是客观事物必然之理的观点正确。但这是仅就王阳明与程朱相比较而言的，不是说王阳明的观点完全正确。依今人的观点，他的观点也是错误的，其错误在于他把作为道义原则的理视作人心固有的，先验的。在这一点上，他与孟子差不多。事实上王阳明也正是以孟子的先验的"良知"概念指谓与理合而为一的心。

王阳明对理的理解与程朱不同，对《大学》的"格物"、"致知"的解释，也与朱熹不同。他认为"格物"就是正心，"去其心之不正"①，"格者，正也。正其不正以归于正也。"②"致知"也不是向外求物理，而是向内作工夫，扩充人固有的良知，并使之见诸实践。

王阳明心学的伦理学意义在于他认为一切道德行为都是按主体自己的意志做出的，这也就是他所说的"意之所在便是物"的

---

① 《传习录上》。
② 《大学问》。

真正涵义。王阳明决不是让人们背离儒家的纲常名教，相反，他和程朱等人一样是纲常名教的忠实捍卫者。他与程朱等人的区别仅在于他认为人心自有纲常伦理，因此人们按自我意志行事就是道德的，而程朱却认为，人只有按高悬头上的天理行事才是道德的。王阳明突出了人作为道德主体的地位，这对当时深受程朱所制造的精神压迫之苦的人们来说，不啻一种解放。

王阳明心学还有一点思想解放作用，是他本人所始料不及的。他也像孟子认定人心"同然"① 一样认定人心所具之理具有普遍性。在他看来，圣人心中所具有的道义原则，也是民众心中的道义原则。圣人按自己的意志行事，既然是道德的，那么普通民众按自我意志行事，自然也是道德的。但是王阳明所相信的人心"同然"，恰恰不能成立。这就为平民、甚至纲常名教的叛逆，宣扬自己的道德观和其他思想大开方便之门。王艮就是这样一个"操戈入室"② 者。他所开创的泰州学派有不少平民知识分子，如樵夫朱恕、陶匠韩乐吾、田夫夏叟等。王艮的思想使"愚夫俗子，不识一字之人，皆知自性自灵，自完自足，不假闻见，不烦口耳"③。即：平民百姓按自己的本性行事，就是道德。而属于泰州后学的颜山农、何心隐等人的思想更有冲决纲常名教罗网的趋势。

王阳明心学的后一方面思想解放作用，在文学上表现得尤为突出，明代后期的小说如《西游记》、《金瓶梅》、《三言》、《二拍》，徐渭、汤显祖的传奇如《牡丹亭》以及以三袁（袁宗道、袁宏道、袁中道）为代表的公安派的诗文等，都表现了一种与士大夫传统道德和价值观念不同的具有平民色彩或叛道倾向的道德观和价值观。

---

① 《孟子·告子上》。
② 《明儒学案·师说》。
③ 《王一菴先生语录》，《明儒学案》卷三十二。

六、基督教的传入和儒家文明
对西方科学的受容

明末，儒家文明发展又遇到一个新的情况——基督教的传入。

早在唐太宗贞观年间，基督教聂斯托利派就曾传入中国，称景教。景教在中国流行200余年，武宗灭佛时，殃及池鱼，景教也被废止。元朝时，基督教再度传入中国，在北京、杭州、西安等地建立教堂，称也里可温教。但是随着元朝的灭亡，基督教又一次衰亡。明末基督教传入中国，已是基督教第三次向中国进军。按理说，对儒家文明而言，基督教的传入已不是什么新鲜事了，但前两次输入，基督教非但未能站住脚，而且几乎未能留下任何成果。这一点表明当时的基督教文明还远远落后于儒家文明，它不能给儒家文明带来什么新东西，因此尽管儒家文明宽容地接纳了它，它却因自身不济而无法立足。基督教第三次传入却与前两次不同。在欧洲，天主教会虽然是科学和社会发展的最主要的障碍，但经过文艺复兴运动洗礼的欧洲，在经济文化等方面已经大大超过中国。因此，虽然来华的传教士利玛窦等人不可能掌握欧洲最先进的科学技术成果，但是他们所掌握的那些得到教会承认的科学技术也足以使只知道德性命之学的中国士大夫们感到惊佩不已。所以李之藻称利玛窦"博及象纬舆地，旁及勾股算术，有中国先儒累世发明未晰者。"[①] 李之藻等人从传教士身上看到了西方科技已超过中国，中国需要向西方学习。所以李之藻在上疏万历皇帝时，列举西方历法、水法、算法、测望、仪象、图志、医理、格物穷理之学、几何等，"多非吾中国书传所有"，而又"有裨世用"。于是一时间名公鸿儒如杨廷筠、李之藻、徐光启、方以智等

---

① 《畸人十篇序》。

人，纷纷与传教士们结交。历史跟中国开了一个令人啼笑皆非的大玩笑——天主教会在欧洲本是科学的凶恶敌人，它活活烧死宣扬哥白尼日心说的布鲁诺，两次宣判近代物理学奠基人伽里略有罪，然而几乎与此同时，它派到中国的传教士利玛窦等人却成为科学"福音"的传播者。

当然传教士们到中国并不是来传播科学的，"利用科学使中国学人入教"，才是他们的真正目的，传播西方科学只是他们的手段。他们深知中国人是一个理性的民族，他们必须以自己具有渊博的知识才能博得中国人的尊重，必须证明基督教是一种理性的宗教才能吸引中国人信教。

明末基督教传教士们为了达到传播基督教的目的，采取的另一手段是迎合儒家。利玛窦等人不但方巾儒服，习学儒家典籍，遵守儒家的礼仪，而且以儒家学说、概念与基督教教义、概念互释。

利玛窦等人采取的策略颇为有效，在不长的时间内，杨廷筠、李之藻、徐光启等人加入基督教并成为基督教在中国传播的支柱。但是入教的中国士人中的大多数，并不是放弃儒学而改奉基督教，相反，他们主要是看中了传教士们所带来的公理化、系统化、符号化的自然科学，它们正是儒家文明所缺乏的。这一点从利玛窦等人的自述中就可以看得出来。利玛窦认为，他来华后，一些中国士人访问他，结交他，主要是因为他被宣扬成一位大数学家和他带来了一些西方科学仪器如三棱镜、地球仪、浑天仪、世界地图等。真正想听他宣讲基督教教义的人为数极少。这也就是说，当时中国人接纳了基督教的传教士，主要是看中了他们的"学"，而非他们的"教"。所以在很长一段时间，人们称"天主教"为"天学"。称"学"不称"教"，深刻地反映了中国人对基督教的价值取向。

传教士们把科学作为手段，把吸引中国士大夫信奉基督教作为目的；中国士大夫则相反，把结交传教士、入教作为手段，把学习西方科学技术作为目的（当然也有少数人例外）。这一矛盾，使利玛窦等人的传教活动很难取得多少成果。特别是当中国士大夫对基督教教义有了较为深入的了解，发现基督教的价值观体系与儒学相牴牾，因而加以抵制、排斥之后，传教士的传教工作更是举步维艰。

但是传教士带来的科学技术却作为这次基督教传入的成果被保存下来。利玛窦带来的反映地理大发现成果的世界地图被一印再印；徐光启、李之藻等人翻译了欧几里德的《几何原本》（上卷）、《泰西水法》、《同文算指》、《测量法义》等。这些科学著作以及其中所包涵的科学观念和方法，都作为这次基督教传入的成果保留下来并融入儒家文明之中。

七、明末清初的实学思潮

明朝末年，中国又一次陷入严重的社会危机之中，国内的农民起义和关外的满族的侵扰，像两条绳索，紧紧勒住明王朝。在严重的社会危机面前，只知空谈道德性命的程朱学派末流束手无策。王阳明高扬主体精神，一度使儒学振作，但到了晚明，王学末流也流入空谈心性的地步。明王朝在农民起义和满清入侵的双重打击下灭亡了。对于士大夫阶层，这不啻是一次"天崩地解"，痛定思痛，他们对明王朝何以灭亡的问题，进行了认真反思，他们一致的结论是"空谈误国"，理学和心学的虚而不实是造成明王朝灭亡的重要原因。在此认识基础上，儒学内部出现了一股被史家称为"实学"的思潮。

"实学"这个概念，程朱在批判佛、老时就曾使用过，他们认为，儒学与佛、老的根本区别在于儒家所说的体用皆实，而佛、老之学的体用皆为空无。但明末出现的"实学"思潮不是与佛老空无思想相对立的思潮，而是针对理学和心学的弊端产生的。1. 针对理学和心学丢弃儒家经世致用的传统，明清之际学者提出，儒学必须是实用之学，是用来经世的；2. 针对朱学末流和王学末流只把道德性命作为谈资，而不身体力行，以致有的人口诵仁义行若狗彘的弊端，他们强调儒学是实践之学，它不仅是一种学问，而且更重要的是一种实践原则，人们不仅要懂得它，而且要按它的原则实地践履。3. 针对朱学末流和王学末流游谈无根，故弄玄虚的弊端，有的学者主张儒学是实证之学。实用、实践、实证是实学的三个基本内容。

（一）儒学是用以经世的实用之学

强调儒学是用以经世的实用之学是明清实学中较早出现的思想。明中叶罗钦顺、王廷相等人就已看到理学和心学的弊端，如王廷相指出，理学和心学"使后生小子澄心白坐，聚首虚谈，终岁嚣嚣于心性之玄幽；求之兴道致治之术、达权应变之机，则暗然而不知。"他认为"以是学也，用是人也"，"其不误人家国之事者几希矣。"① 由于较早看到理学和心学空谈误国的弊端，因此明朝中后期一些儒家学者即开始注重现实问题的研究，对田制、水利、漕运、赋税、兵政、边防、吏治、科举等提出改革方案。以陈子龙为领袖的复社还编印了《皇明经世文编》。明朝的覆灭进一步激发了儒家学者对现实问题的关注，顾炎武的《日知录》、《天下郡国利病书》，黄宗羲的《明夷待访录》等都是儒家的经世之作。清初儒家的经世之学的特点是超越了传统经世致用的局限，开始从总体上探讨、评价中央集权的君主专制制度的弊病，例如黄宗羲提出"为天下之大害者，君而已矣。"② 这些思想已具有民主精神萌芽。

---

① 《雅述·下篇》。
② 《明夷待访录》。

（二）儒学是要身体力行的实践之学

针对朱学末流和王学末流坐而论道、有学无行的特点，明清一些学者特别是北方颜李学派强调儒学的实践品格。颜元认为，儒学不能仅仅当作一种学问，儒学是人人都要按此实行的道德和治世的原则，宋儒恰恰忘记了这一点，"宋儒与尧舜周孔判然两家，自始至终无一相同。宋儒只是书生，故其学舍直曰'书院'；厅事直曰'讲堂'，全不以习行经济为事。"① 正因为强调实践的重要，颜元将其书斋"思古斋"更名为具有实践味道的"习斋"。他认为，只有通过实践才能将义理转化为现实，"人之为学，心中思想，口中谈论，尽有千百义理，不如身行一理之为实也。"② 儒家倡导的正德、利用、厚生，不是靠坐而论道就可以实现的，"天下皆读、作、著述、静坐，则使人减弃士农工商之业，天下之德不惟不正，且将无德；天下之用不惟不利，且将不用；天下之生不惟不厚，且将无生。"③ 即使有可以经世的实用之学，如果没有勇于实践的人加以实地应用，也只是秀而不实的花朵罢了。

（三）儒学是实证之学

儒家文明本来是有实证传统的。荀子的"薄物征知"说即是一种经验主义的认识方法。上文我们论述的古文经学的治学方法也是实证的，出身于古文经学的张衡、许慎即以这种方法在科学、文字学方面做过杰出贡献。即使程朱埋学也没有将这种传统完全丢弃，尽管他们强调即物穷理主要是穷尽伦理，但由于他们的天理概念也有"所以然"意义，因而即物穷理也有就事物本身求物

---

① 颜元《朱子语录评》。
② 《颜习斋先生言行录·习过》。
③ 《习斋记余》卷九。

理的认识论价值，程颐就曾说过格物包括穷"火之所以热，水之所以寒"之理。

但是到明代时，以"述朱"为能事的朱学末流"舍物以言理"，"宋儒咳唾之末，皆以为珠玉蓍龟"；而王学末流更是"束书不读，游谈无根"。他们都从不同角度抛弃了儒家实事求是的传统治学方法。明朝中后期一些儒家学者即对程朱陆王末流的这种学风表示不满，主张作学问必需实地考察、观察、实验、考证，要有根有据，从而在自然科学方面出现了李时珍、朱载堉、徐霞客、宋应星、方以智等科学家，他们在医药学、音律学、地理学、农业、水利等方面做出杰出贡献；在文史方面杨慎、焦竑、陈第等人提倡考据训诂，开清代考据学之端绪。

清初，顾炎武、黄宗羲等人在提倡儒学是经世的实用之学、实践之学的同时，也提倡实事求是的实证学风，并对古代的名物典章制度等下了一番考证功夫。在他们的推动下，同时也在满清统治者野蛮的文字狱的威胁下，一些著名的儒家学者：阎若璩、毛奇龄、胡渭、万斯大、万斯同等人转向考据学。然而考据学的真正繁荣，是在乾隆、嘉庆时期，故称"乾嘉学派"，其领袖人物是惠栋和戴震，其集大成者是阮元。清代的考据学反对宋明理学的空谈义理，推崇汉代古文经学，"说经皆主实证，不空谈义理。"①所以又称"汉学"。清代汉学家在古代文献的校注、辨伪、辑佚等方面做出巨大贡献。他们这方面的成就早已为学术界所肯定。然而他们对儒家文明的最主要的贡献却不在这里，而在于他们在研究中采取了比较、分析、归纳等多种手段，为儒家文明增添了一种与西方近代科学研究所使用的方法极为相近的方法论。

从明中叶到鸦片战争前夜的三百余年间，在以程朱理学为正统的后期儒家文明中出现的心学思潮、基督教的传入和实学思潮，

---

① 皮锡瑞《经学历史》。

为儒家文明的发展增添了主体意识、科学思想和实证精神等因素。儒家从国内外的变化中似乎意识到一个不同于中国古典社会的新时代即将到来。心学的异军突起，对基督教传教士带来的西方自然科学的受容、实学的兴盛，在一定意义上说是儒家文明为迎接新时代到来而做的自我调整。然而较之欧洲的文艺复兴以及接踵而至的启蒙运动，儒家文明为迎接新时代到来所做的准备是不充分的。也许再给一段时间，儒家文明有可能会独立地形成一种适合中国近代化道路的主体文化，但是时不我待，历史不再给这样的机会，1840年爆发的鸦片战争，打断了儒家文明的自我调适，也动摇了儒家文明的基础。在鸦片战争以后的中西文明对撞中，儒家文明已无力像汉唐时期那样以我为主地吸收接纳佛教的传入，甚至不能像明末那样去对待基督教的输入。儒家文明开始走向衰微。

第六章

儒家文明的基本特点

儒家文明在其发展中形成许多特点,对这些特点详加列举、论述不但徒劳无益,而且也不可能,人们可能作到的是择其基本特点而略加论述。儒家文明的基本特点体现在人与自然、人与人、现实与超越三种关系之上,它们都是在儒家思想影响下形成的。

一、天论、天人之学和人与自然关系的特点

在儒家天论、天人之学的影响熏陶下,中华民族形成一种与其他民族有所不同的人与自然关系的观念。他们以这种特殊的观念去思考自然、对待自然、处理自身与周围自然界的关系,从而也使儒家文明中的物质生产活动、自然科学以及文学艺术具有某些特点。

(一)天论

"天"是儒学的基本概念之一,儒家学者无不谈天。儒家的天概念有多重涵义,其天论是一个复杂的理论。《朱子语类》卷一载:

（沈）侗问经传中"天"字。（朱子）曰:要人自看得分晓,也有说苍苍者,也有说主宰者,也有单训理时。

朱子所说的天之三义基本概括了儒家"天"概念的内涵。相应于天的三义，儒家形成了关于天的三种理论：自然主义天道观、天命论、天理论。

　　为叙述方便，我们先看儒家的天命论。儒家的天命论是相应天的主宰义而建立的理论，它是对殷周时期宗教有神论的天命观念的继承，但作为一种哲学学说的儒家天命论又与殷周时期天命观念有所不同。在殷、周天命观念中，天是有意志、有喜怒哀乐等情感、能赏善罚恶的神，自然界和人世间的一切都由天支配。但是在孔子和孟子的天命论中，天的人格神的性质显然被淡化了。这一点从孔子的话："天何言哉？四时行焉，百物生焉，天何言哉"①，即可得到证明。同时孔、孟的天也不再是掌握善恶标准、对人世间善恶加以赏罚的正义执行者，例如天并不认可、保佑圣人、君子之所行，所以孔子只能是一个"知其不可而为之者"②；其弟子子路也感叹地说，君子"行其义也，道之不行已知之矣"③。天认可并保佑有德、否定并惩罚恶人，是殷周宗教有神论天命观念的最重要支撑点之一，孔子等人恰恰在这个问题上给予殷周宗教有神论的天命观念致命的一击。所谓"知其不可而为之"，君子"行其义也，道之不行已知之矣"，表明孔子等人已经认识到天是无目的的，无价值准则的。人不能完全听命于天，人应为所当为，不要理会是否得到天的许可。由此可见，作为哲学学说的儒家的天命观与作为殷周时期社会普遍观念的天命观念有原则不同。如果说殷周时期的天命观念是强调人们一切都听命于天，行德于民也是为了取悦于天，以求得天的庇护，那么儒家的天命论则只是将人力所不及的事物委之于天命，而在天命之外为人的自主活动划

---

　　①　《论语·阳货》。
　　②　《论语·宪问》。
　　③　《论语·微子》。

出一块地盘，在这块地盘上人可以修己安民，成德作圣，充分发挥自我的能动性。

儒家的自然主义天道观是相应天的"苍苍者"义亦即自然之天而建立的。其代表人物是先秦的荀子和后来的王充、柳宗元、刘禹锡等人。他们认为，天、地是两个最大的物质实体，又是万物的生成者，"天地合而万物生"①。天地万物的总合就是今人所说的"自然界"。荀子等人的天概念还有一义："万物各得其和以生，各得其养以成，不见其事而见其功，夫是之谓神；皆知其所以成，莫知其无形，夫是之谓天。"② 天的这一义大体相当于我们所说的"自然"或"自然而然"。

在将天理解为与地相对的"苍苍者"、理解为"自然"的基础上，荀子等人进一步清除了殷周时期人们附加在天头上的种种非自然属性。他们认为，天不具有意志、情感，天不是赏善罚恶的正义维护者，"天行有常，不为尧存，不为桀亡。"③"天不为人之恶寒也，辍冬；地不为人之恶辽远也，辍广。"④ 天是按自身规律运行的客观世界。

朱熹所谓也有将天"单训理"字的，这个"理"主要指道德原则——义理，这是儒家特有的一种对天的理解。儒家对于天的这种理解，可能是由殷周时期宗教有神论的天命观念蜕变而来的。在殷周时期的天命观念中，天是赏善罚恶的神。天既然能赏善罚恶，那么它本身也一定是善的。儒家剔除天身上的神性和赏罚能力，使天成为一种抽象的纯粹的善、道德原则。

儒家将天理解为抽象的纯粹的善、道德原则，在其创始人孔

---

① 《荀子·礼论》。
② 《荀子·天论》。
③ 同上。
④ 同上。

子思想中已露端倪，他说："天生德于予，"① 已含有将天理解为纯粹道德原则的意思。孟子认为人生而具备仁、义、礼、智四端，也含有这个意思。正因为人性之善来自于天的纯善，所以孟子说："尽其心者，知其性也；知其性，则知天矣。"② 但明确地把天理解为一种抽象的道德原则、一种纯粹的善，是战国末年的儒家著作《易传》和《中庸》。《易》、《庸》认为，天道即是天地交感生成万物的过程："天地感而万物化生"③，"天地之道，可一言而尽也：其为物不二，则其生物不测。"④ 而天地生物是一种伟大的道德原则："天地之大德曰生"⑤。《易》、《庸》的这种观点实际上是把天道视作一种客观化了的道德原则、一种义理。由《易》、《庸》提出的这种儒家特有的天道观在汉、唐时期成为儒家用以对抗和批判佛老清虚空寂思想的重要武器。北宋时，二程适应专制君主强化思想统治的需要，在《易》、《庸》和韩愈等人将天道视作天地之德、天地之仁、"天地之大义"⑥ 的基础上，正式提出天理论，为理学的诞生奠定了基础。

儒家关于天的三种学说，即天命论、自然主义天道观、天理论之间是存在矛盾的，因此在儒家内部始终存在着天论的斗争；但三种天论之间也具有某种统一性，因此在大多数儒家学者那里，我们可以看到天之三义并存，例如在孔子那里就是如此。

（二）天人之学

儒家非常重视对天、人之间关系的探讨。公孙弘甚至认为，儒

---

① 《论语·述而》。
② 《孟子·尽心上》。
③ 《周易·咸·彖》。
④ 《礼记·中庸》。
⑤ 《系辞下》。
⑥ 《周易·家人·彖》。

家的学问就是"明天人分际，通古今之义"①。司马迁也认为自己
发愤著书是为了"究天人之际，通古今之变，成一家之言"②。儒
家关于天、人关系的思想即所谓天人之学。儒家的天人之学是一
个内容颇为丰富的理论体系。

儒家认为，人类像万物一样，是天地的产儿，是天地万物的
一部分；天在生人时，赋予人维持其个体生存和种群繁衍的本能，
如目之能视，耳之能听，手之能提握，足之能行走，以及对异性
的爱慕等等，由于人的官能是天赋予的，因此也被称做"天"，例
如荀子即称人的耳目为"天官"③。儒家认为，人既然是天地的产
物，是天地万物的一部分，人身上有着天的赋予，那么人就必须
遵循天道才能生存。因此人应"则天"行事。

儒家又认为，人并不是被动地遵循天道，听命于天，人是天
地最高的产物。人之所以高于天地其他生物，在于人类具有其他
物类不具的道德，"水火有气而无生，草木有生而无知，禽兽有知
而无义，人有气、有生、有知亦且有义，故最为天下贵。"④ 人之
所以贵于万物，还在于人类有智慧，"夫倮虫三百六十，人为之长。
人，物也，万物之中有知慧者也。"⑤ 人类虽"力不若牛，走不若
马"，但是由于有道德和智慧，却能"牛马为用"⑥，"财非其类以
养其类"⑦。因此，人在天地万物面前，不是被动的服从者，而是
能够运用自己的智慧、依靠群体力量利用、役使天地万物的能动
主体。对于天人关系的这一方面，荀子的论述尤为精辟："大天而

---

① 《史记·儒林列传》。
② 《汉书·司马迁传》。
③ 《荀子·天论》。
④ 《荀子·王制》。
⑤ 《论衡·辨祟》。
⑥ 《荀子·王制》。
⑦ 《荀子·天论》。

思之，孰与物畜而制之？从天而颂之，孰与制天命而用之？望时而待之，孰与应时而使之？因物而多之，孰与骋能而化之？思物而物之，孰与理物而勿失之也？愿与物之所以生，孰与有物之所以成？"①

　　虽然儒家天人之学强调人类能够而且必须利用、役使天地万物，但在儒家那里却看不到现代西方文明中经常可以看到的那种人类对自然界表现出来的傲慢、敌对的态度。相反儒家认为，人身上体现着天地生物之德、之仁，"圣贤论天德，盖谓自家元是天然完全自足之物。"② 人心即是天心，因而人肩负着和天地一样的生养化育万物的责任。孟子的"君子之于禽兽也，见其生，不忍见其死"③、"亲亲而仁民，仁民而爱物"④；《中庸》的"赞天地之化育"以及后来理学家们的"民吾同胞，物吾与也"⑤、"仁者，以天地万物为一体"⑥ 等等，都表现了这一思想。

　　需要指出，儒家虽认为人可以"赞天地之化育"，但并不认为人可以取代天的职份；儒家虽主张"仁者以天地万物为一体"，但并不主张人要与天地万物处于物我不分的混沌状态。与某些人对儒家天人之学的错误理解相反，在儒家那里，天人之间的分界是非常清楚的。儒家认为，人类由于具有道德和智慧，因而能够为自己营造一个与自然领域有着明显分界的人文领域。这领域就是成德作圣、经世济民，也就是孔子所说的修己安人。在自然领域中，万物按天道运行，"天行有常，不为尧存，不为桀亡"；"天不为人之恶寒也，辍冬；地不为人之恶辽远也，辍广。"在人文领域，

① 《荀子·天论》。
② 《河南程氏遗书》卷一。
③ 《孟子·梁惠王上》。
④ 《孟子·尽心上》。
⑤ 《正蒙·乾称》。
⑥ 《河南程氏遗书》卷二上。

人则可以充分发挥主观能动性。自然领域的生灭变化，属天的职份；人文领域中的修己安人是人的职份，二者相关联，但不可混淆。荀子将儒家这一思想称之为"明于天人之分"①；柳宗元称之为"天人不相予"："生殖与灾荒，皆天也；法制与悖乱，皆人也。二之而已。其事各行不相予。"② 儒家的这一思想是其天人之学的重要内容。

有人认为，儒家中只有荀子、柳宗元等人才强调"明于天人之分"、"天人不相予"，而孔、孟强调天人合一。这也是对儒家天人之学的一种误解。其实孔、孟等人同样强调"明于天人之分"，晨门之所以认为孔子是一位"知其不可而为之者"，子路之所以说君子"行其义也，道之不行已知之矣"，就是因为孔子、子路"明于天人之分"。在孔子和子路看来，可与不可、道之行与不行是天之事，为仁行义是人之事。因此他们并不因天不可、天道不行，便放弃为仁行义。同样孟子关于性命之辨也是"明于天人之分"，在孟子看来，命是天之事，存心养性是人之事，对于属于天命范围的东西，"是求无益于得也"，对于属于人事范围的东西，"是求有益于得也"③。可见孔、孟等人也是"明于天人之分"的，只是他们表述方式与荀子等人不同而已。

既认为天人之间存在着联系，又认为天、人各有自己起作用的领域，因而二者之间存在着分别，是儒家天人之学的根本特点。其实儒家天人之学的这一特点在公孙弘的"明天人分际"、司马迁的"究天人之际"就已体现出来。《说文》释"际"云："壁会也"。"际"的本义是指两堵不同方向的墙壁的相交处。"际"既将两堵墙壁结合在一起，又是二者的分界。"明天人分际"、"究天人

---

① 《荀子·天论》。
② 《柳河东集·答刘禹锡〈天论〉书》。
③ 《孟子·万章上》。

之际"说的也是这个意思。那种认为儒家只强调天人合一，不强调天人分别；或者认为孔子、孟子等人强调天人合一，荀子强调天人相分的观点，都是片面的。

（三）人与自然关系的特点

儒家天人之学不等于人与自然之间关系的学说，但其中包含着一些非常重要的关于人与自然关系的思想：1. 人是自然的产物，是自然的一部分，与自然界处于"一体"即不可分割的联系之中；2. 人身上保持着种种自然属性，因此人也受自然规律的支配；3. 自然界是人赖以生存的条件，人只能从自然界取得维持其生存的物质资料，因此人必须利用和改造自然；4. 作为自然界最高产物的人是宇宙理性的体现，他们肩负着保护自然界的责任，这不仅是出于维护人类自身生存条件的需要，而且是出于一种道义原则。

儒家天人之学中所包含的这些关于人与自然关系的思想，影响了儒家文明中人与自然的关系，使其具有某些不同于其他文明的特点。

在儒家文明中，人与自然关系的一个显著的特点是：在儒家"财非其类以养其类"、"骋能化物"、"制天命而用之"等思想影响下，人们自觉地将自身确定在自然的利用者、改造者的主体位置上。因此儒家文明中人不像某些宗教文明中人们那样将衣食等生活资料的取得视作神、上帝的赐予，而是视作人发挥主体能动作用、"骋能化物"的结果。在儒家文明中不存在每饭必祷现象，因为在人们看来，这不是神、上帝的恩赐，而是对自身劳动的享用。

在儒家文明中，人明确地把自己看做宇宙最尊贵的存在，不存在人与其他物种"众生平等"的观念，更不认为存在比人更高贵的东西。人为了自身生存需要可以利用一切自然事物。"财非其类以养其类"不仅是必需的，而且也是合理的。因此在儒家文明中不存在其他宗教文明几乎都有的"禁忌"。这一特点使儒家文明在对自然的利用和改造方面所达到的深广程度是其他古代文明无法比拟的。

在某些宗教文明中，例如在中古时代基督教文明中，"创世说"是一种统治观念：上帝不但用几天时间创造了自然界，而且为自然界安排了和谐而完美的秩序。在这种观念统治下，任何与创世说相悖的科学理论都会遭到压抑和迫害。哥白尼便因害怕遭到天主教会的迫害迟迟不敢发表其"日心说"，而"日心说"的宣传者布鲁诺却未能逃过教会的迫害而被活活烧死。儒家文明与此不同，儒家的"天"是事物"自己如此"之义，"莫之为而为者，天也。"① 自然界不是上帝创造的，其秩序也不是上帝安排的。因此在儒家文明中，不存在科学和生产的禁区，不存在人不可认识、利用和改造的领域，人可以比较自由地探寻自然界的秘密，大规模的利用和改造自然。这种人和自然的关系有利于科学技术的发展和生产的发展。

在儒家文明中，人与自然的关系不仅存在人认识、利用和改造自然一面，而且还有保护自然和参赞天地化育一面。这后一方面也是在儒家关于人与自然关系学说的影响下形成的。

1. 保护自然。儒家认为，"人者，天地之心也。"② 作为宇宙理性体现者的人有责任保护自然界。人这样做也有利于人类本身，"数罟（密网）不入洿池，鱼鳖不可胜食也；斧斤以时入山林，林木不可胜用也。"③ 儒家所倡导的这种对自然资源不作掠夺性、破坏性的利用开发成为儒家文明中人与自然关系的重要准则。

2. 赞天地之化育。儒家认为，人在认识自然物性质和规律基

---

① 《孟子·万章上》。

② 《礼记·礼运》。

③ 《孟子·梁惠王上》。

础上可以赞助自然界万物的生化繁荣，"能尽物之性，则可以赞天地之化育。"《中庸》所提出的这一思想是一个非常重要的人与自然关系的思想，它要求人们不是消极地保护自然，而是积极地参与天地的生化；不是维持自然界的本来状态，即原始面貌，而是使自然变得更美好，更宜于人生。《中庸》为儒家文明所确立的这一人与自然关系的原则，在今天仍具有重要意义。

二、人学和人际关系特点

人与自然关系的特点对文明发展的影响主要表现在物质生产活动和科学技术等方面，而人际关系的特点则影响文明发展的其他方面，如政治、经济、法律、道德等。儒家文明中的政治、经济、法律、道德等之所以具有不同于其他文明的特点，与在儒家人学影响下中华民族形成极具特色的人际关系有密切的联系。

（一）道德是人的本质

儒家人学的核心问题是：人的本质是什么？与西方思想家不同，儒家主要不是从生理特征、有思维能力、能制造工具等方面界定人，而是把道德作为人的本质。故孔子说："仁者，人也。"[①]孟子说："仁也者，人也。合而言之，道也。"[②] 荀子说："人之所以为人者，非特以二足而无毛也。"[③] 在他看来人之所以为人也不是因为"有知"，而是因为"有义"："禽兽有知而无义"，人"有知亦且有义"[④]。孔、孟、荀在人性问题上观点不尽相同，甚至相

---

① 《中庸》引。
② 《孟子·尽心下》。
③ 《荀子·非相》。
④ 《荀子·王制》。

反：孟子持性善说，荀子持性恶说。然而这一点并不影响他们在人的本质问题上观点一致：他们都不把人的某种天赋作为人的本质。在他们看来，一个仅具某种天赋的人，亦即一个自然人，只能在其初具人的形骸意义上被称做人，其实他还不能真正算做人。因此孟子虽主张人生而具备善性，但他仍认为，"人之所以异于禽兽者几稀"①。至于荀子更是把自然人视作与禽兽无异的存在。将通过后天道德修养获得的最基本的道德——仁义规定为人的本质，是儒家的一致看法。

以仁义道德为人的本质，使儒家的人生价值观念也与其他文明系统中的思想家不同。儒家认为，一个人的价值不在于他拥有财富，不在于身居高位、声名显赫，甚至不在于他有多少知识、有多少发明创造，而在于他具有高尚的道德——仁义。故孟子说："仁则荣，不仁则辱。"② 又说：

> 欲贵者，人之同心也。人人有贵于己者，弗思耳。人之所贵者，非良贵也，赵孟之所贵，赵孟能贱之。《诗》云："既醉以酒，既饱以德。"言饱乎仁义也，所以不愿人之膏粱之味也；令闻广誉施于身，所以不愿人之文绣也。③

荀子也说：

> 荣辱之大分，安危利害之常体：先义而后利者荣，先利而后义者辱。……④

① 《孟子·离娄下》。
② 《孟子·公孙丑上》。
③ 《孟子·告子上》。
④ 《荀子·荣辱》。

孟、荀所说的荣辱、贵贱即人生价值。他们从人的本质是仁义出发，一致认为，一个人的价值只能以仁义衡量。

那么被儒家作为人的本质的仁义是一种什么道德呢？有若曰："孝弟也者，其为仁之本与！"① 孟子曰："仁之实，事亲是也；义之实，从兄是也。"② 由此可见，儒家所谓的仁义是以家庭血缘道德——孝悌为出发点和核心的道德。

以仁义道德为人的本质和人生价值尺度是儒家人学的核心，也是儒家建构人际关系的理论出发点。

（二）伦理关系是人与人之间最基本的关系

在儒家思想中，伦理关系是人与人之间最基本的关系，这是由他们关于人的本质和人生价值的理论决定的。儒家一般都耻于言利，因而他们都很少注意和谈论伦理关系之外和利联系在一起的政治、经济关系。在儒家心目中，人与人之间似乎只有一种关系——伦理关系，其他关系，如政治关系、经济关系都被他们在某种程度上伦理化了。例如君臣关系在今人看来，本属政治关系，但儒家却将其化为伦理关系，而且是三种最重要的伦理关系（君臣、父子、夫妇）中的一种。

由于儒家把许多人际关系都伦理化了，在儒家学说中伦理关系变得非常复杂。孟子将人伦关系概括为五种："父子有亲，君臣有义，夫妇有别，长幼有序，朋友有信。"③ 父子、君臣、夫妇、长幼、朋友，也就是后人所说的"五伦"。《白虎通·三纲六纪》将人伦关系概括为六种，即"六纪"："六纪者，谓诸父、兄弟、族人、诸舅、师长、朋友也。"其实无论是"五伦"还是"六纪"都

---

① 《论语·学而》。
② 《孟子·离娄上》。
③ 《孟子·滕文公上》。

不能概括儒家人伦关系的全部。儒家的人伦关非常繁多，如果再加上次生的人伦关系，简直难以胜数。

儒家的伦理关系，除朋友外，都不是平等关系，特别是其中最主要的三种关系：君臣、父子、夫妻更是如此，"君为阳，臣为阴；父为阳，子为阴；夫为阳，妻为阴。"① 而阳贵而阴贱，阳尊而阴卑，因此"君为臣纲，父为子纲，夫为妻纲"。

儒家主张人际关系和谐，"和为贵"② 是儒家的共同信条。但是君臣、父子、夫妻之间存在着严重的不平等，那么如何使两个处于不平等地位的人相互和谐？儒家认为，人际关系和谐主要依赖道德。例如父子之间的和谐，以父慈子孝加以维持，如果父不慈子不孝，父子之间就不会有什么和谐可言。再如在我们看来本属政治关系的君臣关系，由于儒家视作伦理关系，因而其和谐也不是依赖于君臣双方必须严格遵守的法律规定，而是依赖于道德，"君使臣以礼，臣事君以忠"③，"君之视臣如手足，则臣视君如腹心"。④ 如果君臣都不遵守道德规范，二者之间的和谐也就不再存在，"君之视臣如犬马，则臣视君如国人；君之视臣如土芥，则臣视君如寇仇。"⑤

（三）个体和群体

由于儒家把伦理关系视作人与人之间最主要的关系，把政治、经济等关系伦理化，因此儒家心目中的人，不是"社会关系的总合"，而是各种伦理关系的总合。在如何看待个体的问题上，儒家也不像西方思想家那样，将人视作具有自由意志的独立主体，而

---

① 《春秋繁露·基义》。

② 《论语·学而》。

③ 《论语·八佾》。

④ 《孟子·离娄下》。

⑤ 同上。

是把个体视作在各种伦理关系中占据特定位置的人。因此儒家特别强调一个人的"份","男有分,女有归,"① 在他们看来,男人(女人不具独立性,因此也不具个体性)的个体性即体现在"份"上。而所谓的"份"就是一个人在伦理关系中的特定位置和身份。

按儒家的"五伦"、"六纪",每个人都处在多种伦理关系之中,因而都具有多种身份。例如孔子是叔梁纥和颜征在之子;又是孔鲤之父;是亓官氏之夫;孟皮之弟;如果"问礼于老聃"② 是事实,那么他还是老子的学生;又是颜渊、子路等人的老师;同时他还是鲁定公的臣;……子、父、夫、弟、学生、老师、臣……这些都是孔子的"份",而孔子则是这些"份"的综合。这也就是说,在儒家那里,个体是其所处的各种伦理关系的纽结点,是被这些伦理关系限定的特殊存在。

从上述观念出发,儒家认为不存在独立的个体,个体无法逃脱人伦关系的羁绊。任何否定人伦关系的思想都会遭到儒家的痛斥。杨朱张扬"为我",企图抛弃人伦关系;墨子提倡"兼爱",企图把不同的伦理关系等量齐观,都受到孟子严厉的斥责。隐士洁身自好,逃避君臣关系这一伦,同样也遭到儒家的非议,故子路批评荷蓧丈人:"不仕无义。……君臣之义,如之何其废之?欲洁其身,而乱大伦。"③ 至于佛教主张"出家",即摆脱人伦关系,就更难容于儒家了。

在儒家那里,个体的特殊性不在于他是一个特殊的感性存在,因而有自己特殊的性格、兴趣、欲求和才干,而在于他处于特定的伦理关系之中,因而具有特定的身份,拥有特定的权利和负有特定的义务。儒家也强调自我意识,但他们所谓的自我意识,就

---

①　《礼记·礼运》。

②　《史记·孔子世家》。

③　《论语·微子》。

是达到对自己在各种人伦关系中的"份"以及"份"所代表的权利和义务的自觉。例如为人子的自觉到自己是人子并能尽孝；为人臣的自觉到自己是人臣并能尽忠，就是自我意识。而个体人格的完善，就是能够尽到他在人伦关系中的职份，故孟子说："圣人，人伦之至也。"① 荀子说："圣也者，尽伦者也。"②

儒家认为，个体身份不同，是群体得以成立和存在的条件。例如家庭是由夫、妇，父、子，兄、弟等不同身份的个体构成的，国家是由君主、各级官吏、民等不同身份的个体构成的。身份完全相同、地位完全平等的个体是无法构成家庭和国家的。所以荀子说："人何以能群？曰：分。"③ 而不平等的伦理关系则是将身份不同的个体结合在一起的粘合剂。在儒家那里不存在地位平等的个体通过契约而自由结合的观念。

由于构成群体的个体成员之身份不同，作为群体纽带的伦理关系是不平等的关系，因而儒家文明中存在着严重的不平等现象。居于伦理关系上位的那个人对于居于下位的，例如君对臣、父对子具有支配权。而在一个群体的各种人伦关系中都占居上位的那个成员，例如家庭中在夫妇关系中是夫、在父子关系中又是父、同时在兄弟关系中也是兄的人，则对整个群体具有绝对支配权（在家庭中他就是家长，在国家中君主的地位亦如此），他的意志就是整个群体的意志、群体其他成员的意志。

与此相关，在儒家思想中，本应统一于一身、等价的权利和义务被割裂开来：权利属于在群体中居于伦理关系上位的人，义务则由居于伦理关系下位的人承担，"有事弟子服其劳"④。权利和

---

① 《孟子·离娄上》。
② 《荀子·解蔽》。
③ 《荀子·王制》。
④ 《论语·为政》。

义务的分裂对中国社会，尤其是人的心态产生不可低估的负面影响。

（四）儒家人学对儒家文明的影响

儒家人学对中国社会生活的影响极为深远，儒家文明许多特点的形成都与这一影响有关。

首先，儒家关于人的本质的学说为中国社会各阶层普遍接受，其影响之深入甚至在民众的日常语言中都可以反映出来。例如当人们骂某某"不是人"的时候，实际上就是把仁义道德作为人的本质。儒家关于人的本质的学说不仅把中华民族陶冶成有高度道德教养的民族，而且为它培养了一大批杀身成仁、舍生取义的志士。

儒家以伦理关系为人与人之间最根本的关系，将政治、经济等关系伦理化的思想，影响了中国政治、经济的发展。在儒家文明中，本属政治关系的君主对臣民的专制统治和本属经济关系的"食于人者"对"食人者"的剥削，在儒家这一思想影响下，变得比较温和。

同时，儒家以伦理关系为最基本的人际关系的思想，进一步强化了中华民族的凝聚力。虽然自汉至清，中国的经济一直是以小农为主的自然经济，但是伦理关系的强大的凝聚力抵消了自然经济的分散性，使中国在绝大部分时间内都能保持国家的统一，并产生汉、唐等国力强大的王朝。而在同一时期内世界其他地区建立的帝国，如罗马帝国、查理帝国、奥斯曼帝国等却都是短命的。

儒家认为，每个人都生活在伦理关系之中，不存在能逃脱人伦约束的绝对独立的个体，这一思想使儒家文明有效地抵制了佛教的传播，并迫使佛教不得不中国化。

儒家强调个体自我意识就是对自己的"份"以及与此联系在一起的义务的自觉，这一思想也对儒家文明产生重大的积极影响：

它培养了中国人强烈的对群体的责任感——家庭责任感和国家责任感。由于在儒家那里权利和义务是分裂的、义务由居于伦理关系下位的人承担，因而这种对群体责任感在社会下层中表现得尤为强烈，所谓"天下兴亡，匹夫有责"，即反映了这一点。

儒家人学也对儒家文明的发展产生某些负面影响。

众所周知，政治、经济关系中存在着道德问题，例如一位政治家或者一位企业家在处理政治和经济问题时，其出发点和所使用的手段都有一个道德或不道德的问题。但这不等于说，用道德就可以处理政治和经济问题。儒家将政治、经济关系伦理化的结果是严重地影响了中国人思考和处理政治、经济问题的方式，使他们在考虑政治、经济问题时很难摆脱人伦关系的纠缠，总是企图以道德教化作为解决这些问题的途径，从而使儒家文明难以摆脱人治而走向法治；难以超越以家庭伦理关系为依托的自然经济，走向以平等的人之间进行等价交换为特征的商品经济。

儒家将政治、经济关系伦理化的消极影响，在中国的法制上表现得尤为突出。由于伦理关系与政治、经济关系混淆不清，"道德义务的本身就是法律"①的现象十分严重，例如违背父母的意志——迕逆，在儒家文明中便属十恶不赦的大罪之一。与道德直接成为法的现象相反，儒家文明中的法对政治、经济方面的权利和义务，反倒规定得十分模糊。

儒家人学对儒家文明的另一明显的消极影响是：儒家过分强调个体在伦理关系中的"份"，以致个体完全成为一种被各种伦理关系死死限定的存在，他的任何超出这种伦理限定的思想言行，都会被认为是不能允许的"过分"，"非分"。所以，尽管儒家也强调自我，强调人格独立，甚至认为儒学就是"为己"之学，但事实上在儒家文明中，个体自由基本上是不存在的，特立独行之士、试

---

① 黑格尔《哲学史讲演录》第一卷，三联书店1956年版，第125页。

图冲决伦常关系罗网的人，都会被认为大逆不道。这一点极大地限制了个体创造力的发挥。

三、"内在超越"和对宗教的批判与容纳

与基督教文明、伊斯兰教文明等宗教文明不同，儒家文明的指导思想——儒学是一种哲学。古今中外虽都有人把儒学称为"儒教"、"孔教"，但正如陈独秀所指出的："孔教绝无宗教之实质与仪式，是教化之教，非宗教之教。"① 儒学非但不是宗教，而且从本质上说它是一种具有非宗教性质的无神论思想。

儒学的非宗教的无神论性质在其创始人孔子那里即体现出来，"子不语怪、力、乱、神。"② 他的思想中只偶尔出现主宰意义的"天"，对于其他超自然、超时空的事物和力量，孔子一概采取"存而不论"的态度。

由孔子确立的儒学的非宗教、无神论性质，为先秦儒家所继承，孟子说："圣而不可知之之谓神"③，他把"神"解释为圣人深不可测的能力和影响，而非鬼神之"神"，故朱熹在注释孟子这句话时说："非圣人之上，又有一等神人也。"④ 荀子、《易传》则把"神"视作天地万物生成变化奥妙之处："万物各得其和以生，各得其养以成，不见其事而见其功，夫是之谓神。"⑤ "神也者，妙万物而为言者也。"⑥ 总之，在先秦儒家思想中不存在宗教意义上的"神"、"上帝"。

---

① 《驳康有为致总统总理书》，《独秀文存》一，亚东图书馆1922年版，第97页。
② 《论语·述而》。
③ 《孟子·尽心下》。
④ 《孟子集注》卷十四。
⑤ 《荀子·天论》。
⑥ 《周易·说卦》。

对于人死后事，先秦儒家也采取存而不论的态度，"未知生，焉知死？"①"未能事人，焉能事鬼？"②儒家对人死为鬼的怀疑，实质是否定超越现实人生的不死灵魂的存在，否定超越真实时空、作为灵魂居所的彼岸世界的存在，从而也否定了人死后进入天堂的幻想。幻想人死后可以进入天堂是宗教得以产生的心理基础，儒家否定了这一幻想，也就堵塞了宗教产生之路。

虽然两汉时期董仲舒等人出于论证和限制专制君权即"屈民而伸君，屈君而伸天"的需要，一度试图把儒学改造成神学，但如前文所述，董仲舒的企图由于背离了孔、孟、荀等人为儒学所确定的无神论的非宗教方向，因而很快就失败了，儒学重新回到注重世俗生活的理性的轨道上去。朱熹说："今且须去理会眼前事，那个鬼神事，无形无影，莫要枉费心力。理会得那个来时，将久我着实处皆不晓得。"③在他看来，如果一个人把思虑放在鬼神上，放在死后灵魂是否能进入天堂、极乐世界上，反倒耽误了"眼前事"，即现实人生的充实。这种注重现实人生，不去理会"无形无影"的鬼神和彼岸世界的思想，是儒学的根本精神所在。

但是现实社会充满争斗、虚伪、不公正、罪恶，现实人生也充满痛苦、烦恼，对死亡的恐惧，对自身犯罪的负疚感等等，因此任何一种文明都不可避免地会遇到一些人试图超越现实社会和人生的终极性问题，例如现实社会根本不存在的绝对正义在哪里可以实现？人所追求的终极真理、善、美在哪里可以找到？人在哪里可以享受到极乐？人的生命怎样才可以获得永恒？宗教文明，例如基督教文明，是通过设立一个外在的超越本体——上帝和上帝的世界即天国来解决这些问题的。上帝是绝对的真、善、美的

---

① 《论语·先进》。

② 同上。

③ 《朱子语类》卷三。

化身,上帝的世界只有正义、幸福和快乐,而没有任何不公正、痛苦。人只有回到上帝身边,在天国中才可以实现对真、善、美的追求,享受到真正的幸福和快乐,人也获得了永恒生命。正因为基督教是这样解决超越问题的,因此尽管歌德是一位伟大的人文主义者,但由于生活在基督教文明的背景下,他也难以脱"俗"。他在《浮士德》中就是这样描写浮士德的:浮士德追求肉体的快乐,造成了格蕾辛的悲剧;他追求古典之美,与海伦结合,又以海伦的悲剧告终;他又追求建功立业,但即使为人民造福的填海造田,也要借助靡菲斯特,即以恶为手段,结果造成一对老人的不幸,浮士德为此感到内疚。最后他的肉体死亡了,他的灵魂在格蕾辛和天使的引导下进入极乐的天国,和真、善、美融为一体,他也获得了永恒。

儒学对鬼神、彼岸世界采取不理会、甚至否定态度,显然是不能以基督教的方式解决这些超越性问题的。那么儒家又是如何解决这些问题的呢?在儒家那里也有一个超越的本体即天道或天理,天道或天理也是真善美的统一。但与高高在上、外在于人的基督教的上帝不同,儒家的超越本体天道或天理是内在于人的,它即是人的本性。这也就是《中庸》所说的"天命之谓性"、理学家所说的"性即理"。是以二程说:"道即性也。若道外寻性,性外寻道,便不是。"① "若知道与己未尝相离,……道在己,不是与己各为一物,可跳身而入者也。"② 自马克斯·韦伯以来学者们经常谈论的儒家文明的一个重要特点——内在超越即指此。

由于儒家的超越本体是内在于人的,因此可以在不脱离人伦日用,不脱离现实人生的情况下实现超越,而实现超越的关键则是通过道德修养达到对本性亦即内在于人的天道或天理的自觉,

---

① 《河南程氏遗书》卷一。
② 同上。

故孟子说:"尽其心者,知其性也;知其性,则知天矣。存其心,养其性,所以事天也。"①

儒家认为,人一旦达到对本性的自觉,他也就进入天人合一境界,与纯真、纯善、纯美融为一体,其人格得到完善,人生价值得到完全实现。同时他也会超越现实生活的痛苦和不幸,获得极大的人生幸福和快乐,"饭疏食饮水,曲肱而枕之,乐亦在其中矣。"②"一箪食,一瓢饮,在陋巷。人不堪其忧,回也不改其乐。"③"万物皆备于我矣。反身而诚,乐莫大焉。"④

对于如何超越人生的短促,达到永恒的问题,儒家也不像基督教那样以人死后灵魂可以升入天国的虚幻的说法加以回答。儒家承认个体死亡是人生不可避免的命运,在死亡问题上,人所能做的只是避免死于"非命"罢了。人终归要死的,但他通过道德修持所取得的完善人格,他所建立的功业可以不朽。同时儒家不追求个体生命的永恒,而重视生命的永恒延续,一个人虽难逃一死,但他的生命、事业可以在其后代身上得到延续,……曾祖、祖、父、子、孙、曾孙……构成一个永恒的生命链条。一个人的生命由于是其先人生命的延续,因而他要爱惜自己的生命,同时他也有义务传种接代,不使由先人延续下来的生命在自己这里中断,而这就是最大的孝,"不孝有三,无后为大。"⑤

当代学者对儒家的"内在超越"非常重视。儒学的这一特点也的确非常重要,它直接影响了中华民族重现世生活、重道德修养、重内省体验、安贫乐道等民族性格的形成,影响了中国人

---

① 《孟子·尽心上》。
② 《论语·述而》。
③ 《论语·雍也》。
④ 《孟子·尽心上》。
⑤ 《孟子·离娄上》。

"执无鬼"①而重祭祀祖先、重后嗣、重男轻女等民族风俗的形成。它也影响了中国文学艺术的内容和风格，影响了中国人的思维方式和科学的发展。

儒家的内在超越对中国文明影响最大的还是宗教。在宗教文明中，超越现实生活的假、丑、恶，达到真、善、美；超越现实人生的痛苦，享受幸福和快乐；超越有限的人生获得永恒，需要假设上帝、彼岸世界的存在，但是儒家的内在超越使这一假设成为多余。这也就是说，儒家文明具有非宗教性、反宗教性一面。

但是儒家的内在超越，并不能成为被所有人都能接受的普遍的超越之路。就以如何才能得到幸福和快乐而言，只有孔子、颜回、孟子等少数圣人、君子才能忍受"一箪食，一瓢饮，在陋巷"、"饭疏食饮水，曲肱而枕之"的贫困和痛苦，并从"反身而诚"中体验到最大的快乐，绝大多数人都做不到这一点，因此"小人长戚戚"②。

正因为看到这一点，儒家在为少数人设计出一条非宗教性的超越之路的同时，认为保留神对普通民众是必要的，所以荀子认为，举行诸如求雨、卜筮之类的宗教仪式还是有一定意义的，"君子以为文，而百姓以为神。"③《周易·观·象》也认为："圣人以神道设教，而天下服矣。"这也就是说，就整个社会而言，宗教仍然是必需的。宗教可以使愚昧的民众服从统治，使民众因害怕遭到神的惩罚而去恶向善，使民众因社会的不公正、生活的贫困而产生的愤懑、怨恨在一定程度上得到化解。

按照儒家的内在超越，儒家文明不需要关于神、彼岸世界的假设，不需要宗教，但为了教化民众，儒家文明又需要神、彼岸

① 《墨子·公孟》。
② 《论语·述而》。
③ 《荀子·天论》。

世界，需要宗教。这一深刻的矛盾使儒家文明中的宗教具有与其他文明不同的特点。这些特点是：1. 作为汉中叶以后中国文明指导思想的儒学对宗教采取既排斥又允许其存在的立场。君主们有的兴佛，有的灭佛；学者们有的排佛，有的佞佛，即体现了儒家文明对宗教既排斥又允许其存在的立场。2. 由于儒家不是出于信仰而是出于"神道设教"的需要才允许宗教存在，因而采取了对各种宗教兼容并蓄的态度，凡有助教化，无论是佛教、道教、伊斯兰教、基督教、民间宗教，儒家文明都允许其存在。3. 儒家学者和社会上层对某种宗教的推崇，主要不是出于信仰，而是出于功利考虑；一般民众的宗教意识也不很浓厚，他们之中大部分人对宗教的信仰都不十分虔诚，而且并不专一，他们既可求菩萨保佑，也可求太上老君赐福，在拜过菩萨和太上老君之后还可以到天主教堂做礼拜。这种现象在基督教、伊斯兰教文明中是不存在的。

中　　篇

儒家文明各领域

第 七 章

政　治

　　自西汉中期起，中国政治接受儒家思想指导而进入"儒家政治"阶段。"儒家政治"是儒家政治思想与中国现实政治相结合的产物：统治者放弃了黄老、刑名之学而以儒家政治思想为其政治观念；儒家也放弃了追求圣王的理想主义政治，为并非圣人的当代君主服务，成为"助人君顺阴阳，明教化者"①。

一、温和的君主专制政体

　　与古希腊城邦国家政体多样性不同，中国古代政体单一。

　　古希腊城邦林立，政治体制多种多样。古希腊城邦国家政体大体可分为三类：以斯巴达为代表的贵族政治，许多城邦都曾存在过的僭主政治，以雅典为代表的民主政治。几种政体并存，为希腊哲学家建立其政治哲学提供了丰富的思想资料。他们政治哲学的重要内容就是讨论哪种政体有利于维护城邦正义。与此不同，中国自国家诞生之日起，就采取了君主政体：传说中的圣王尧、舜、禹，其实就是后世君主雏形。被后世视作中国历史的黄金时代的夏、商、周三代的政体即君主政体。春秋时期，作为天下共主的周天子失去号令诸侯的权威，但中国并未由此产生出别的政体，各诸侯国的政治依旧是君主制。中国古代政体的单一，使孔

―――――――――

　　① 《汉书·艺文志》。

子和其他儒家学者不知在君主政体之外还有什么政体，他们也想像不出还会有不同于君主专制的政体存在。国"不可一日无君"①，是儒家不可动摇的观念。在这种观念下，儒家学者们在其政治思想中只能把君主政治设计得尽可能的完美，不可能超越君主政体，设计出另一种政体。儒家心目中尽善尽美的政治就是所谓的"圣王之治"，亦即由尧、舜等圣人充任君主对民众实行统治。

儒家的理想政治"圣王之治"，由于并未跳出君主政治的窠臼，因而才能受到专制君主汉武帝的"独尊"。故汉武帝及其以后的中国政治，并不因采用了儒家思想作为指导原则而改变其君主专制政治的性质，它依然是君主专制政治。

君主专制政治的本质特征是：君主具有至高无上的权力，国家一切重大事务最后都由君主一人作出裁制（所谓"独裁"、"专制"即指此），而君主的裁制决断则决定于其意志、性情。18 世纪法国启蒙学者孟德斯鸠在《论法的精神》一书中指出，"专制政体"是"由单独一个人按照一己的意志与反复无常的性情领导一切"②。中国的君主专制政治也正是这样。由于专制政体是君主按照其意志和性情对臣民进行统治，因而专制政治具有极大的随意性：一个意志和性情善良平和的君主，其统治必然是温和的，例如汉文帝为人仁爱宽厚，其统治即"专务以德化民"③；相反，一个意志和性情残暴乖戾的君主，其统治也必然是严酷无情的，例如秦始皇"少恩而虎狼心"④，他对臣民的统治也是专任刑罚。由于君主专制政治随君主意志和性情而转移，时而温和，时而残暴，因此具有极为显著的不确定性。这种不确定性不仅在两位性情不

---

① 《春秋公羊传》卷十三。
② 《论法的精神》上册，商务印书馆 1982 年版，第 8 页。
③ 《史记·孝文本纪》。
④ 《史记·秦始皇本纪》。

同的君主身上反映出来，甚至在同一位君主早年和晚年也会体现出来。中国君主专制政治在接受儒家思想指导之前，即是这样一种专制政治。

汉武帝之后的中国政治虽然仍为君主专制政治，但由于接受了儒家思想的指导，君主专制政治的"随意性"受到了一定的限制。儒家要求君主的"意"，必须是善良的、符合天意民心的，君主的"情"必须是发而中节的。这就是说，在儒家文明中，君主虽然还是按自己的意志和性情进行统治，但由于君主的"意"和"情"已被儒家限定，因此君主只能按善良意志和中和之性情对民众进行统治，而不能"恣情肆意"。换句话说，君主只能"为政以德"、行仁于民，否则就不是在儒家思想指导下的政治，而是暴政。就此而言，中国君主专制政治采取儒家思想为指导思想，实际上等于专制君主们在自己头上加上了一道"禁箍咒"。

为了使德政、仁政成为君主专制政治的普遍形式，儒家放弃了现实君主无法接受的"自圣而王"的"政治理想"，将其改造成："自王而圣"的"理想政治"，即不再主张只有尧舜等圣人才有资格为王，而是主张王只要效法尧舜，行德政、仁政于民，就可以成为圣人。此即儒家所谓的"致君尧舜"。儒家这一理论调整，对君主颇具吸引力。

但是仅仅以"自王而圣"的政治理想鼓励君主行仁政是不够的，君主专制政治的本质决定它很容易向暴君政治转化。因此，在鼓励君主行仁政之外，还必须从观念和制度等方面，对君主专制政治加以节制。

1. "屈君而伸天"。儒家认为，君主之所为乃"上承天之所为"①，即君主是代表天行事。儒家以此为君主政治的合理性论证。君主很乐意接受儒家的这一思想，因此他们的诏书开头总是这样

---

① 《汉书·董仲舒传》。

写道："奉天承运皇帝诏曰。"他们认为，"奉天承运"四个字是其政令合理性的根据。但君主"上承天之所为"也是对君主的一种限制：君主只有"上承天之所为"，其统治才是合理的，而"天之所为"即仁。因此，在儒家文明中，天一方面赋予君主专制权力，另一方面又限制君主滥用其权力。天对君主权力的赋予和限制是统一的，君主如果不受天的限制，那么他也就否定了天对他的权力的赋予，他的统治也就失去了合理性。

2. 臣下的谏诤。为了限制君主滥用权力，儒家主张君主应允许臣下对其政令、言行加以评议和谏诤，指出其失当之处。君主从王朝的长远利益出发，也接受了儒家的这一主张。一些有作为的君主更是从谏如流。汉武帝"举贤良方正直言极谏之士"，目的就是把敢于直言进谏之士收罗在自己身边。唐太宗也是诚心求谏，他说："人欲自照，必须明镜；主欲知过，必藉忠臣。主若自贤，臣不匡正，欲不危败，岂可得乎？"[1] 在儒家文明中，君主允许臣下谏诤并设有专司谏议的官职成为一种制度。该制度对纠正君主们的过失，抑制某些君主恣意妄为，发挥了重要作用。

3. 民众的反抗。对君主恣意妄为最有力的抑制来自民众。儒家学者很早就认识到民心向背是国家兴亡的根本原因，"桀纣之失天下也，失其民也；失其民者，失其心也。"[2] 也认识到民众具有左右君主命运的伟大力量，"君者，舟也；庶人者，水也。水则载舟，水则覆舟。"[3] 秦王朝覆灭的历史教训，证明孟、荀论断的正确。儒家文明形成之后，孟、荀关于民心向背关乎国家兴亡、民众力量可以左右君主命运的论述受到君主们的高度重视，唐太宗李世民在议论如何使唐王朝长治久安时，就曾数次引用荀子的舟

---

① 《贞观政要·求谏》
② 《孟子·离娄上》。
③ 《荀子·王制》。

水之喻。君主们担心失去民心，害怕被民众推翻，不得不对自己
有所约束。

　　儒家所设置的三重节制，有力地阻止了君主的恣意妄为，从
而也阻止了君主专制政治向暴君政治转化。

　　在儒家文明发展过程中，少数有才干、有抱负的君主接受了
儒家"自王而圣"的政治理想，"以百姓之心为心"①，效法尧舜，
主动地行德政于民。史书上虽然并未将他们称为"圣王"，但称之
为"明君"、"英主"，他们是当之无愧的。这样的君主多为开国之
君，唐太宗李世民就是其中杰出的一位。大多数君主则被动地接
受了儒家为他们设置的节制，不敢恣意妄为。他们所行大体上还
是儒家思想指导下的德政。这些君主就是史书上所说的"守成之
主"。在儒家文明发展中，也有少数君主骄奢淫逸，他们口头上不
敢反对圣人之道，所行却与儒家倡导的德政完全背道而驰。这些
君主就是所谓的"昏君"、"暴君"。一个王朝在这样的君主统治下
很快就会衰亡。儒家文明虽然也有"昏君"、"暴君"，但就总体而
言，其君主专制政治较之同时期其他文明的君主专制统治要温和
一些。

二、中央集权制和郡县制

　　与君主专制政体相适应，儒家政治实行中央集权，即一切权
力集中在以君主为首的朝廷手中，任何独立或相对独立于王权的
权力都不能存在。中央集权制是对三代政治制度的否定，是君主
专制国家成熟的标志。

　　三代中夏、商两朝国家其实是由一个最强大的统治部族和若
干不得不臣服于它的弱小部族结合而成的部族联合体，君主即是

──────────

　　①　《贞观政要·政体》。

统治部族的首领。各臣属部族都有自己的居留地、军队和领袖,其领袖不是由夏王或商王任命的。它们实际上是相对独立和半独立于王的政治实体,有的甚至仅仅在名义上表示臣服于王,例如商朝时周族就是这样。周族长期居住在渭水流域,有世代相袭的领袖古公亶父、季历等,其土地不是商王分封的,其领袖也不是商王任命的。周族之所以臣服于商王,是因为殷族强大,不得不臣服。同时臣服商王也可以得到他的保护,以抵御周围戎人的侵犯。一旦殷族力量削弱了,周族强大了,周族领袖姬发不但不再向商王表示臣服,反而联合其他部族,起兵讨伐商纣王,自己称王。

周朝统治者鉴于殷灭亡的教训,不再允许这种有自己土地、军队、领袖,仅仅向周表示臣服的独立、半独立的部族存在。为此他们实行封建,把当时中国的大部分土地、人民都分封给周王的叔伯、兄弟、从兄弟、甥舅等人,使国家实现了由部族联合体向家国一体的转化,国家的统一和王权都得到加强,所以《诗经·北山》说:"溥天之下,莫非王土。率土之滨,莫非王臣。"但后来的事实证明,以家族血缘亲情和宗法道德作为王室与各诸侯国、公室与大夫之家之间的纽带是极不牢固的。通过封建形成的大大小小的诸侯国最后都成为独立于王室的政治实体,它们拥有自己的军队、法律,国内事务由诸侯自己处理,王无权干涉。诸侯国对王室来说如此,大夫之家对于公室也是如此。这是宗法封建等级制度土崩瓦解的根本原因之一。

春秋时期,各国君主从王室衰微、国君被弑或废黜的教训中看到把土地、人民分给自己的兄弟也不可靠,其结果只能是在国内制造相对独立于公室的政治力量,使公室削弱。要想使君主权力稳固,惟一办法是将土地和人民完全控制在自己手中。于是各国君主采取各种办法废除封建制,废除封建造成的后果。郑庄公以先予后夺的办法除掉其弟共叔段就是一例。在废除封建制、强化君权斗争中,儒家是采取积极拥护的立场的,孔子的"堕三都"其实就是要铲除封建制所造成的后果。

战国时期，各国基本上都废除了封建制，把权力集中在中央政府手中，完成了由封建制向中央集权制的过渡，从而也基本上杜绝了春秋时"弑君三十六，……诸侯奔走不得保其社稷者不可胜数"[①]的现象。但战国时的中央集权仅仅是每个诸侯国内的中央集权，还不是全中国范围的中央集权。全中国范围的中央集权制度，亦即"大一统"的中央集权制度是秦始皇统一中国后正式确立起来的。至此中国才真正达到统一，王权的绝对性才真正得到保障。

郡县制是与中央集权制并生的一种行政区划制度，它是中央集权制的基础。这一制度也产生于春秋后期，是在各国废除封建制过程中产生的。

春秋后期，各国在不同程度上废除封建制之后，把原来分封给卿大夫、后收归公室的土地和人民按地域划分为若干行政区域，派官吏管理。例如公元前514年，晋灭掉强宗祁氏、羊舌氏，将他们的领地收回公室，"分祁氏之田，以为七县。分羊舌氏之田，以为三县。"[②]委任司马弥牟等十人为"县大夫"加以管理。这种"大夫"已不是一种宗法等级，而是君主可以随时罢免的官吏；"县"也不再是"大夫之家"，于是郡县制产生了。

战国时期，郡县制普遍为各国采用，秦国实施得尤为彻底，这是秦国强大的重要原因。秦始皇统一中国后，郡县制正式成为行政区划制度。他分全国为36郡，郡下属若干县。征服岭南后，又增设4郡。

郡县制的实行，把全国都置于以君主为首的中央政府的直接管辖之下，使相对独立于君主和朝廷的政治力量不复存在，也失去

---

① 《史记·太史公自序》。
② 《左传》昭公二十八年。

了产生的土壤,从而也使以君主为首的朝廷的权力得到空前加强。

汉承秦制,基本上保持了郡县制度。但汉高祖刘邦在消灭异姓王的同时,分封了不少同姓王,从而形成汉初的郡县与封建并行制度。文帝时,有人已经看出封建的弊端,如袁盎指出:"诸侯大骄必生患,可适削地。"① 晁错也上书孝文帝,"言削诸侯事",认为"不如此天子不尊,宗庙不安。"② 事情果然不出他们所料,景帝时吴、楚七国便以"清君侧"为借口,起兵造反。事实证明,封建是不利于中央集权的。是以景帝在平定七国叛乱之后,削减诸侯的实权,使诸侯有食邑而无实权。武帝进一步实施"推恩法",允许诸侯将自己的封地再分给子弟使其分化,从而基本上清除了汉高祖分封同姓王遗留下来的祸患。

对于废除封建制,加强以君主为首的中央政府的权力,绝大多数儒者都是赞同的,像淳于越那样主张封建的儒者并不多见。特别是《春秋》公羊学家提出的"大一统"思想,更是拥护中央集权的君主专制政治的主张。所谓"大一统",就是把全国各地区、各部门的权力"一统"于中央政府手中,"一统"于君主手中。坚持中央集权、坚持郡县制,反对封建制,反对国内存在相对独立的政治势力,成为儒家文明形成后中国政治的又一显著的特点。

就整体而言,儒家文明形成后中国政治体制基本上都保持了这一特点,各朝各代虽都有封爵,但爵位虚设,实际上是"分封而不锡土,列爵而不临民,食禄而不治事"③。只有晋是个例外。晋武帝从魏禁锢诸王,帝室孤立,他才得以夺取曹魏政权,建立晋朝的经验教训中得出虚设爵位不利于王权的巩固的错误结论,大搞封建,封同姓王27人,异姓侯更是不计其数,立国多达500余。

---

① 《史记·袁盎晁错列传》。
② 同上。
③ 《明史·诸王传赞》。

结果他死后不久，就出现了八王之乱。接踵而至的五胡乱华和南北朝对立也与此有关。历史再一次证明恢复封建制、削弱中央政府的权力是不利于中国统一和社会安定的。因此当唐太宗认为，"周封子弟，八百余年，秦罢诸侯，二世而灭"，"封建亲贤，当是子孙长久之道"，打算封同姓王和封长孙无忌、房玄龄等功臣为"世袭刺史"时，立即遭到李万药、马周等人的反对。他们在奏疏中指出：封建的结果只会是："数世之后，王室浸微，始自藩屏，化为仇敌。"而刺史世袭，是"欲以父取儿"，"倘有孩童嗣职，万一骄逸，则兆庶被其殃，而国家受其败。"善于纳谏的唐太宗，听从群臣的劝谏，"竟罢子弟及功臣世袭刺史"①。生活在安史之乱之后的柳宗元在《封建论》中为封建制和郡县制何者更有利于国家的长治久安最后作出定论，他指出，秦"裂都会而为之郡邑，废侯卫而为之守宰"，"时则有叛人而无叛吏"；汉一方面继承秦的郡县制，另一方面又"剖海内以立宗子"，结果是"有叛国而无叛郡"。自柳宗元《封建论》问世，再也无人主张恢复封建制。

秦汉以降的中国行政区划制度都可称为"郡县制"，但历朝都有一些变革：一是行政区划层次有所增减，二是行政区划名称有所变化，其沿革如下：

西汉时，随着疆域的扩大，郡数增多，汉武帝又增设"州"。开始"州"只是中央政府派出的刺史监察区域，后来发展成为郡之上的一级行政区域。州、郡、县三级行政区划大体保持到南北朝。隋时，文帝取消郡的建制，三级行政区划改为二级行政区划；隋炀帝改州为郡，恢复秦时的郡县制。唐时又改郡为州，由于疆域广大，州数众多，在州上增设"道"一层建制。唐玄宗开元年间又把重要的州升为"府"。此外唐还在边境地区设"都护府"。宋改"道"为"路"，"路"开始是一种经济区划，后来才变为行政

---

① 《贞观政要·封建》。

区划。"路"下设州、府、军，三者大体同级，下辖若干县。元代实行省、路、府（州）、县四级行政区划制度。明、清两朝采用省、府（州）、县三级行政区划。

中央集权制度的强化和与此有关的郡县制的实行，有利于中国的统一。权力"一统"于中央政府与国家的"统一"是密不可分的。所以自儒家文明形成之后，中国在大部分时间内，都能保持国家的统一。

三、官僚制和文官政治

与中央集权的政治制度和郡县制相配合，儒家政治在行政管理和司法方面实行官僚制度。官吏的主体是文官，他们大多出身于"儒家者流"。所以儒家政治又可以说是以出身于儒者的文官为主体的官僚政治。

（一）官僚制度

儒家政治中，无论是总理全国政务的公卿① 大臣还是掌管地方行政的官吏，都不再是西周时的大小贵族。这是对春秋以来政治改革成果的继承。

我们知道，西周国家其实是一个家族的放大：天子是"天下之大宗"，同姓诸侯是王室的小宗，卿大夫又是公室的小宗；异姓诸侯一般都与王室有姻娅关系。天子逝世，王位由嫡长继承，诸侯、卿大夫也是如此。因此西周国家各级管理者之间，如果追根溯源，其实是嫡长和庶幼兄弟或甥舅关系；上一代和下一代之间则是父子世袭关系。有人把这种制度称为"任人唯亲"，这是错误的。因为在封建制度下根本不存在"任"与"免"的问题。

---

① 此处"公卿"指"三公九卿"，不是封建制度中作为爵位的"公卿"。

　　春秋战国时期，随着封建制的废弃和郡县制的产生，各国君主才开始按自己的意志"任命"某人为某郡、某县的行政长官。"任人唯亲"、"任人唯贤"这时才真正出现。所谓"任人唯亲"是指一些受宗法观念影响较深的国君，认为与自己血缘关系密切的人最为可靠，因此在用人时多任用这些人，而不论其贤愚。所谓"任人唯贤"是指一些立志于富国强兵的国君在用人时只任用有才能、有道德的人，而不论其与己亲疏。这种"任人"制度开始时可能只在郡县实行，后来推广到各国中央政府。

　　无论是"任人唯亲"，还是"任人唯贤"，被君主任命担当中央政府和地方行政职务的人，在性质上已不同于宗法等级制度中的卿大夫。第一，他们是由君主"任命"的，因此君主也可以随时罢免他们，而国君对卿大夫是无权这样做的。第二，他们的职务不能世袭。第三，他们在任职期间，君主给予一定数量的报酬，即"禄"，而卿大夫则有世代继承的固定采邑，"大夫有采以处其子孙"①。因此这些被君主任命担当中央政府或地方行政职务的人，已不再是宗法贵族，他们可称之为"官僚"。大体上说，春秋是中国官僚制度产生时期，战国是其发展时期，秦王朝是其正式确立时期。

　　秦始皇所建立的官制为后世官僚体制确定了基本框架。在中央官制方面，秦始皇设丞相，掌全国政务；太尉掌管军事；御史大夫掌监察，形成行政、军事、监察三权分立体制。丞相、太尉、御史大夫合称"三公"，三公下设"九卿"，分掌礼仪、警卫、刑罚、财政、税收等。在地方官制方面，郡一级也按中央设守、尉、御史，县则只设令或长。

　　汉朝基本上沿袭秦时的官制，只是官职的名称上有一些变化。儒家文明形成后，全盘接受秦和汉初的官僚体制。这一体制后来

---

　　① 《礼记·礼运》。

历朝虽都有些改变，但总的来说，未出秦汉官制的大格。其中值得一提的是隋朝在尚书省下设六部。唐时把尚书省所辖六部固定为吏、兵、户、礼、刑、工。每部设尚书一人，侍郎二人；部下设四司，每司设郎中一人，员外郎一人，主事若干人。这种机构编制和官员设置对后世影响很大，其影响超越中国和东亚，近现代各国政府机构和官吏设置都受其影响。另一重要变动是明、清两朝都取消丞相职务，君主对六部的领导不再经过丞相这一层次。明、清时官制的这一变动，体现了王权的进一步强化。

（二）文官政治

春秋时开始出现的官僚只有少数是贵族，绝大多数来自当时最有知识的士阶层。各国统治者为满足对人才的需要，都把士阶层当作求得贤才的"人才库"，故春秋战国时期各国养士风气十分盛行。

由于官僚大多数都来自士阶层，而士即中国古代知识分子，因此中国古代官僚制从形成时起就带有"文官"性质，甚至在一向以穷兵黩武著称的秦国也是这样。战国时，秦通过商鞅变法，确立了郡县制，每县设县令一人，掌全县政事，由文职人员担任。立有战功的人可以受爵封侯，收取食邑内租税，却不能过问所在郡县的政事。这种官与爵、文与武的分立，有利于中央集权制度的巩固。秦始皇在统一中国之后将其继承下来。

然而文官政治在汉初几乎被刘邦废止。

汉高祖刘邦在结束秦朝暴政上功不可没。但这位流氓出身、蔑视知识分子的开国君主在国家制度建设方面却无法与雄才大略的秦始皇相比。他不但分封了许多同姓王，形成汉初的郡国并立局面，而且大封功臣，"汉兴，功臣受封者百有余人。"[①] 他不但分封

---

① 《史记·高祖功臣侯者年表》。

功臣，而且以这些功臣为公卿大臣。刘高祖、汉惠帝、吕后统治的30年间，朝廷主要大臣，差不多都出自这受封的百余名功臣。在担任宰相这一最重要的官职的功臣中，除萧何、陈平、张苍外，其余如樊哙、王陵、周勃、郦商、灌婴、申屠嘉，都是"鼓刀屠狗卖缯"①之徒，"斩将搴旗之士"②。他们不学无术，甚至目不识丁，担任丞相时，大多尸居其位，碌碌无为。如周勃为相时，文帝问他："天下一岁决狱几何？"他回答："不知。"又问："天下一岁钱谷出入几何？"他仍答："不知。"③汉初实行"无为"政治，诚然与统治者受黄老之学影响有关，恐怕也与周勃等人"不知"所当为、因而碌碌无为有关。对于汉王朝来说，周勃等人碌碌无为，实是幸事。如果他们认为自己什么都知道，什么都懂得，因而积极有为，反而可能给汉朝带来灾难。

文、景朝，高祖所封"功臣侯者"大多已经逝世，士阶层中一些人重新受到君主和朝廷的重视，"功臣侯者"独霸卿相的局面逐步被打破。汉武帝时，官僚政治基本上从汉初的功臣武夫政治回到文官政治轨道上来。

（三）儒家出身的文官成为官僚的主体

官僚制度虽然从诞生时起，便带有文官性质，但汉武帝之前，文官人多不是来自儒家。

儒家创始人孔子对新兴的官僚制是赞成的，他提出的"举贤才"④就是反对建立在"亲亲"原则之上的世卿世禄制度。他首创"私学"的目的也是为了培养大量"贤才"，以满足各国设置各种

---

① 《史记·樊郦滕灌列传》。
② 《史记·刘敬叔孙通列传》。
③ 《史记·绛侯周勃世家》。
④ 《论语·子路》。

官吏的需要。孔子的很多学生也正是为了登上仕途才投身孔子门下，"子张学干禄"①，子夏说"学而优则仕"②，都说明这一点。史料记载表明，孔子弟子中不少人学成后也的确入仕从政，成为各国新兴官僚集团的成员，如宰予曾为齐临淄大夫，子游为鲁武城宰，子贱为单父宰等等。但是在汉武帝之前，儒学一直不曾受到统治者的重视，受此影响，儒者也很少有人担任过重要官职。战国时，在政治领域发挥重要作用，担任过重要官职的商鞅、吴起、李悝等人都是士阶层中的法家人物。秦王朝时，儒者最多只能充任备皇帝咨询的博士，而法家李斯却高踞相位。汉初，儒者中只有叔孙通因制定朝仪有功，被擢为太常，这可以说是汉武帝之前儒家所担任过的最高官职了。

　　但是汉武帝实行罢黜百家、独尊儒术政策却使官僚的成分发生一次重大变化。魏其侯窦婴、武安侯田蚡虽以贵戚而擢升相位，但汉武帝提拔他们，主要是因为二人"俱好儒术"③。他们当权后立即提拔儒者，"推毂赵绾为御史大夫，王臧为郎中令"，④使中央政府基本上为儒者所把持。司马迁曾这样评论汉武帝前后官僚成分的变化：

　　　　……孝惠、吕后时，公卿皆武力有功之臣。孝文时颇征用（儒者），然孝文帝本好刑名之言。乃至孝景，不任儒者，而窦太后又好黄老之术，故诸博士具官待问，未有进者。

　　　　及今上（即汉武）即位，赵绾、王臧之属明儒学，而上亦乡之，于是招方正贤良文学之士。……及窦太后崩，武安

---

①　《论语·为政》。

②　《论语·子张》。

③　《史记·魏其武安侯列传》。

④　同上。

侯田蚡为丞相，绌黄老、刑名百家之言，延文学儒者数百人，而公孙弘以《春秋》白衣为天子三公，封以平津侯。天下之学士靡然乡风矣。①

到公孙弘为相时，中央政府的权力已基本掌握在儒家手中。然而由布衣一跃而为相的公孙弘对此并不满足，他认为国家权力自上而下都应掌握在儒者手中。因此他在一次对策中向汉武帝提出，"小吏浅闻"，无法向下级和民众贯彻皇帝的旨意，因此建议"选择其秩比二百石以上，及吏百石通一艺以上，补左右内史、大行卒史；比百石已下，补郡太守卒史：皆各二人，边郡一人。先用诵多者，若不足，乃择掌故补中二千石属，文学掌故补郡属，备员"②。汉武帝同意了公孙弘这一以儒者补充中央和地方官吏空缺的办法，使儒者成为官僚集团的主体。所以司马迁说："自此以来，公卿大夫士吏斌斌多文学之士矣。"③班固说："自孝武兴学，公孙弘以儒相，其后蔡义、韦贤、玄成、匡衡、张禹、翟方进、孔光、平当、马宫及当子晏咸以儒宗居宰相位。"④

随着儒家文明的形成，中国的政治舞台上，儒者出身的文官开始担当起主角。方苞在《书儒林传后》对此评论道："古未有以文学为官者。以德进，以事举，以言扬。《诗》、《书》六艺特用以通在物之理，而养其六德，成其六行焉耳。""其以文学为官，始于叔孙通弟子，以定礼为选首；成于公孙弘，请试十于太常。"方苞认为儒术自此而遭到玷污。但从政治上说，以儒者为主体的文官政治，总的说要优于飞扬跋扈，贪鄙粗俗的武夫当政。第一，儒

① 《史记·儒林列传》。
② 同上。
③ 同上。
④ 《汉书·匡张孔马传》。

家强调修身，因此文官政治较为清廉；第二，儒家强调为政以德，文官政治因而较为温和；第三，文官都有一定的文化素养，有些人就是著名的文学家、科学家、学者，因而文官政治有利于文化的发展；第四，文官受"大一统"思想影响，不会像武人那样拥兵自重，因此文官政治有利于国家统一。正因为如此，后世各朝也都采取了这种文官体制，宋代为避免重蹈唐末藩镇割据的覆辙，甚至以文官充任将帅。

四、官吏的选举
——举荐和科举

在官僚政治中，大大小小的官吏都不是终身的，也不能世袭。如何把"贤才"擢升上来，补充因死亡、罢免、升迁、致仕造成的官吏空缺，是官僚政治必须解决的问题。选举制就是为解决这一问题而产生并逐步完备起来的。

所谓"选举"，即"选贤与能"①，"举贤才"，把贤才从众人中选拔出来，推举上去，授以官职，辅佐君主治理民众。选举是与官僚制相伴生的社会现象，当官僚制产生时，选举也出现了。

最早出现的官吏选举方法是举荐。春秋战国时期各国都采取这一办法。当时的儒家、墨家、法家等学派所提出的"举贤才"、"尚贤"等主张，既是一种用人原则，也是一种选举方法。作为选举方法的"举贤才"、"尚贤"，其实指的就是举荐。举荐也通行于两汉，称"察举"。魏晋以后虽然又出现其他办法，但举荐作为一种选举方法一直延续到明清。《儒林外史》中庄绍光应皇帝征辟，就是礼部侍郎徐某荐举的②，只是举荐不再是选举的主要方法。

---

① 《礼记·礼运》。
② 参见该书第三十四回。

举荐存在明显的弊端。首先举荐者受其知识水平、道德、爱好、性情等种种限制，因此其价值标准和取向是特殊的，具有很大的主观性，故"舜有天下，选于众，举皋陶。"① 而爱踢球的宋徽宗却"选于众，举高俅"。其次，举荐者受各种社会关系限制，在推荐时一般都要举荐与其关系密切或有利于己的人。再次，举荐还要受眼界的限制，只能"举尔所知"，虽然"尔所不知，人其舍诸"②？即你不知道的贤才，别人也会推荐。但一位身居高位的人和一个普通的人的推荐，结果是不一样的。从推荐者而言是如此，从被推荐者而言也是如此。首先，被举荐者可能是一个善于伪装自己的人，例如东汉时赵宣在墓道中为父母守丧二十余年之久，博得极大声名，州郡几次举荐他出来做官，都被他拒绝，孝子之名越来越大。可是后来却发现他在墓道中竟连生五子。像赵宣这样善于伪装自己但未被揭露因而最后被举荐为官的人，恐怕是大有人在。其次，被举荐者可能是巧言令色、阿谀逢迎之徒，他们比那些刚正不阿的君子更容易取得有权势的人的好感，因而更能被举荐上去。因此，举荐这种选举官吏的办法，诚然也能选举出一些贤才，但选举出来的人更多的是庸才和奸佞小人。汉朝民谣说："举秀才，不知书，举孝廉，父别居"，即是对举荐制弊病的揭露。

公孙弘可能看到举荐制的弊端，因此他向汉武帝提出在太学中实行明经考试录用人才的办法，"一岁皆辄试，能通一艺（经）以上补文学掌故缺；其高弟可以为郎中者，太常籍奏。即有秀才异等，辄以名闻。其不事学若下材及不能通一艺，辄罢之，而请诸不称者罚。"③ 汉武帝批准了这个建议，这种以考试录用官吏的

① 《论语·颜渊》。
② 《论语·子路》。
③ 《史记·儒林列传》。

办法,使选举具有了客观标准。不过这种办法只在太学中采用,终两汉之世,官吏仍然主要来源于各地郡守,国相的举荐。

魏晋南北朝时,在各郡、国向中央政府举荐人才这一办法之外,又新增由中央政府派员到各地鉴别和选拔人才一法。这些派往各地选拔人才的官员称"中正"。"中正"将各地士人按品德才干分为上上、上中、上下,中上、中中、中下,下上、下中、下下九品,以备国家量才使用。这种选举办法叫"九品官人法"。"九品官人法"同样存在着中正官(其实既不"中"也不"正")因受上述各种限制而选拔不当的缺陷。另外这种办法实施不久,选官的权力便被门阀士族把持。他们品评人物并不按人的道德、才干的高低,而是按门第高低,结果出现了"上品无寒门,下品无势族"的情况。

鉴于举荐制、"九品官人法"都存在弊端,隋大业年间开始实行设科考试以选举人才的办法,这就是所谓的科举制度。隋朝只设进士一科。唐朝增秀才(不同于明、清时的秀才)、明经、明法、明算等科。其中最重要的是进士科,其次是明经科。进士及第者,再经吏部选试,合格者即可委任一定的官职。吏部试不合格者,则不加委任。隋唐时官吏选举虽然增科举取士一途,但豪门大族的势力依然十分强大,重要的官职多为出身豪门士族的人把持,所以唐朝出现"父子相继居相位,或累数世而屡显,或终唐之世而不绝"①的现象。出身寒门的人,即使中了进士也不一定能通过吏部考试,即使通过了吏部考试,也只能充任中下级官吏。例如韩愈虽大才,却难以通过吏部考试,可能就与他出身寒门有关。

门阀士族在唐末农民起义和五代战乱中,几乎消灭殆尽。宋代统治者为了不使这股削弱中央集权的势力死灰复燃,在官吏选举方面,非常重视科举制度。科举考试更加制度化,如考期固定

---

① 《新唐书·宰相世系表》。

为三年一届，殿试成为定制等等。考试内容也有改进，如改诗赋取士为经义取士。但宋代科举较之隋唐最大的变化是科举考试成为选举官吏最主要的办法。这一点从下述两点清楚反映出来：1. 录取进士名额较唐代有几倍甚至十几倍的增加，例如宋太宗淳化三年（992年）三月戊戌，"得汝阳孙何以下凡三百二人，并赐及第。五十一人同出身。""辛丑，又复试诸科，擢七百八十四人，并赐及第，百八十人，出身。""进士孙何而下四人，皆受作将作监丞、大理评事通判诸州，余及诸科授职事州县官。"① 一月之内录取进士1317人，并皆授官职，这一事实表明科举已成为选举官吏的最主要途径，也表明科举出身的官吏已成为官僚集团的最主要成分。2. 宋代最重要的官职大多为进士出身的人占据，靠恩荫走上仕途的大官僚子弟因被视作非正途出身，在官场上都不很得意。

　　明清两朝继承了宋时进士及第之日即是"入仕之期"的制度，同时把官吏的选拔扩大到举人一级，从而更加牢固地确立了科举出身的知识分子在官僚集团中的主体地位。

　　从整体上说，科举取士制度优于举荐制。科举取士标准比较客观，可以避免举荐制中举荐者的主观局限和被举荐者的伪装蒙骗；科举取士也优于按出身取士的"九品官人法"和恩荫制。从宋代开始科举考试差不多就是向整个社会开放的（只有娼优皂隶子弟不能参加科考），而被录取并由此登上仕途的大多都是平民子弟。据史料记载，宋理宗宝祐四年（公元1256年）举行的礼部考试中，得进士601人，其中平民出身的417人，官僚家庭出身的仅184人。科举考试中第的绝大多数是平民知识分子，有利于官僚集团的平民化。而平民知识分子比较了解民众的疾苦，为官也比较公正清廉，因此有利于吏治。然而从科举取士实施的情况来看，也存在一些弊病。问题主要出在以什么考察士子，无论是以

---

　　① 《续资治通鉴长编》卷三十三。

诗赋取士还是以经义取士,成绩优异者并不一定是有真才实学、品德高尚的人。而以诗赋、经义取士却给他们敞开了仕途的大门。特别是明朝开始的八股取士更是弊端丛生,许多有真才实学的人往往因不屑学写八股或八股写得不好而被排斥在仕途之外。因此,科举取士也不能完全达到“选贤与能”的目的。科举取士还有一个弊病,即宋时取消了唐朝的“明法”、“明算”等科目,这就不可避免地使熟悉儒家经典的人成为惟一可以通过科举踏上仕途的人,其他方面的人才则被排斥在科举和仕途之外,从而造成官僚集团知识结构单一,缺少经济管理、法律和科学技术人才。科举取士的这一弊端对中国经济、法制和科学技术的发展都有明显的消极影响。

五、《春秋》决狱和法律的儒家化

先秦儒家主张实行德政、礼治,“道之以政,齐之以刑,民免而无耻;道之以德,齐之以礼,有耻且格。”① 但作为阶级压迫工具的国家的本质决定了刑法在国家政治生活中具有重要的地位。法家因强调法的重要,受到各国统治者的青睐。在他们的参与下,春秋战国时期各国都陆续制定和公布刑律。如郑国子产铸刑书,晋铸刑鼎。战国初,李悝“集诸国刑典,造《法经》六篇”。② 商鞅在实行变法时即参照《法经》制定了秦律。秦始皇统一中国后,以秦律为基础统一全国法制。汉虽然革除了秦的某些严刑苛法,但萧何的《九章律》实是“捃摭秦法”③ 制定的,故直到汉武帝执政前,中国的法律都是在法家思想指导下制定的。

---

① 《论语·为政》。
② 《唐律疏议·名例》。
③ 《汉书·刑法志》。

儒家文明形成后，统治者一方面强调实行德政、仁政，另一方面继续以刑法为维持社会秩序的手段，二者的关系是德主刑辅。在法被定位在辅弼德、礼的地位之同时，立法和司法的指导思想也发生根本性变化——由以法家思想为指导转向以儒家思想为指导。这一指导思想的改变，使法逐步儒家化了。

法的儒家化开始于董仲舒等人的"《春秋》决狱"。所谓"《春秋》决狱"即以儒家的经义，特别是《春秋》的微言大义判决案件。我们知道，汉儒所说的《春秋》微言大义，其实是他们根据《春秋》的只言片语阐发出来的，有些甚至是他们穿凿附会出来的。因此，"《春秋》决狱"实质上是以儒家思想审理案件，定罪判刑。"《春秋》决狱"的根本原则是"本其事而原其志"①。何谓"原其志"？"原其志"就是推究违法者的动机，动机善良的违法者可以减罪、免罪，动机险恶的则相反。故《盐铁论·刑德》说："《春秋》之治狱，论心定罪，志善而违于法者免，志恶而合于法者诛。""《春秋》决狱"得到汉武帝的认可。因此，朝廷每遇大案，拿不定主意时，便派掌管刑狱的廷尉张汤等人向董仲舒请教。

"《春秋》决狱"及其根本原则——根据违法者主观动机判定其是否有罪为最高统治者认可，对中国的立法和司法都产生重大影响。

（一）道德的法律化和法律的道德化

"《春秋》决狱"对立法和司法的最明显影响是使道德法律化了，也使法律道德化了。

道德法律化是指道德成为法律，特别是最主要的两种道德——忠和孝更具法律效力。这种以德为法的律令从汉武帝时就

---

① 《春秋繁露·精华》。

已开始实施。例如元狩元年（公元前122年）衡山王刘赐谋反事发自杀。在这之前其太子刘爽曾派人到长安告发其父谋反，但结果却以"告父王不孝""弃市"①。汉宣帝时进一步根据孔子的"子为父隐"的原则，诏令子隐匿父母、孙隐匿祖父母、妻隐匿丈夫都不算犯罪。三国时魏律明确鼓励出于孝悌之心的血亲复仇，而对不孝不悌则加重惩罚：殴打兄姊者判五年徒刑。晋代孝在法律中的地位更加突出，刑律规定，父母状告子女迕逆，要求处死，官府应按父母要求执行。南北朝时期，北方少数民族统治者在接受儒家思想之后，对孝尤为重视，北魏法律规定：为父母服丧三年期间，出来做官者判刑5年；子孙告发父母、祖父母，判死罪。北齐更进一步定重罪十条，犯这十罪者，即使遇到大赦也不予赦免，而这十条重罪，大多属"道德罪"。自汉朝以来道德法律化的成果，最后都被唐律所吸收。唐律集中地反映了道德即法的儒家化法律的特点，黑格尔说："在中国人那里，道德义务的本身就是法律、规律、命令的规定。所以中国人既没有我们所谓法律，也没有我们所谓道德。"② 黑格尔对中国的看法很多都带有种族偏见，但他对儒家文明中的道德即法的看法是正确的。

所谓法律道德化，是指法律的制定和执行符合道德。儒家化法律的这一特点突出地表现在北魏时确定的"存留养亲"上。所谓"存留养亲"，就是犯死罪者或判流刑者，若祖父母、父母年龄在70以上，家中无他人赡养，经"上请"，可暂不执行死刑或流刑，犯人发放回家，待老人死后，再加执行。贞观六年唐太宗放390名死囚回家与家人团聚，第二年秋再回狱"即刑"，即反映了法律道德化的特点。

---

① 《汉书·淮南衡山济北王传》。

② 《哲学史讲演录》第一卷，三联出版社1956年版，第125页。

（二）礼成为立法和司法的基础

司马迁说："《春秋》者，礼义之大宗也。"①《春秋》的根本精神是维护尊卑贵贱差别的礼制。以《春秋》决狱，其结果势必是把礼的原则引入法中，使其成为法的基础。

维护尊卑贵贱差别的礼之原则渗入法中，在汉代创立的"上请"制度中就已表现出来。所谓"上请"就是凡皇室贵戚勋爵高官犯罪，地方官无权判决，要报请皇帝裁决。"上请"制一改法家的"法不阿贵"的原则，使权贵在法律上享受特殊待遇。魏晋时，在"上请"制基础上又出现"八议"，即议亲、议故、议贤、议能、议功、议贵、议勤、议宾。"八议"的实质仍然是在法律上给皇亲国戚、功臣故旧等以特殊照顾。北魏时所创的"官当"制同样也是在法律上给予权贵特殊待遇。所谓"官当"即有爵位者和三品以上官吏，犯罪时可用爵位、官品抵当刑罚。集前代法律大成的唐律，也集汉以来礼的原则向法渗透的成果，以同罪不同罚的法律体现礼维护尊卑贵贱的原则。按唐律，尊卑长幼相犯，尊长犯卑幼者免罪或减罪；卑幼犯尊长者加重罪罚。夫妻相犯、良贱相犯、主奴相犯皆如此。

礼的原则渗入法中并成为法的基础，使法变成维护礼教的工具。在儒家文明中，法律面前人人平等是不存在的，王子犯法与民同罪，不过是民众的愿望。

六、人治主义政治

在儒家文明中，法在治国理民、维护社会秩序中发挥着重要的作用，尽管统治者和儒家学者强调德主刑辅，但实际上法的作用更大一些。虽然如此，儒家政治却不是法治政治。

---

① 《史记·太史公自序》。

为什么说儒家政治不是法治呢？亚里斯多德曾给法治明确地下过一个定义："法治应包含两重意义：已成立的法律获得普遍的服从，而大家所服从的法律又应当本身是制订得良好的法律。"①儒家政治与此恰好相反。

我们先看儒家文明中的法是否是亚里斯多德所说的"制订得良好的法律"。

中国文明是通过一条与西方文明不同的道路发展起来的。在其发展过程中，不曾产生"法权"观念。虽然春秋时一度出现过诸侯会盟，其盟约带有"法权"萌芽性质，但几个诸侯之间的盟约，其范围之狭小决定由它不可能发展出普遍的"法权"观念。这一点直接影响到中国法的性质。中国古代所谓的法都不是作为"法权"具体体现的法律意义上的法。我们在前文曾引用黑格尔一段话，其中有一句说中国人"没有我们所谓法律"，这话并不错。中国古代的法的确与西方和现代法律有本质的不同。

中国古代的法不是西方人和现代人所谓法律，那么它究竟是什么？中国古代的"法"主要指刑律。故《说文》释"灋"②云："刑也。平之如水，故从水；廌所以触不直者去之，故从廌从去。"先秦诸子所谓的"刑"即中国古代的"法"，例如孔子说："道之以政，齐之以刑，民免而无耻。"③其中的"刑"，就是法。春秋各国颁布的"刑书"，如子产"铸刑书"、晋"铸刑鼎"，就是公布法。中国古代的法有时也涉及民事、经济方面内容，例如王安石变法时实施的"均输法"、"青苗法"、"免役法"、"市易法"、"方田均输法"等等，都是理财即经济方面的立法。但总的说，中国历史上像王安石变法时期那样颁行多种单行的经济法规的情况并不多

①　《政治学》，商务印书馆1981年版，第199页。

②　古文"法"字。

③　《政治学》，商务印书馆1981年版，第199页。

见。王安石也因太重视经济立法、违反中国古代立法的主旨而遭到士大夫阶层中大多数人的反对。

作为刑律的中国古代的法，也与西方和现代的刑法不同。西方和现代的刑法是对侵犯、危害他人权利的惩罚，而中国古代的刑律，则是对"恶"的惩罚。中国进入儒家文明时期之后，法的精神尤其如此。所谓"本其事而原其志"，所谓"论心定罪，志善而违于法者免，志恶而合于法者诛"，都鲜明地体现了中国古代刑律的根本精神：惩恶扬善。

中国古代的法，包括以儒家思想为指导制订的法，自成体系，与西方法系不同。它，特别是儒家化了的法是不能作为"法治"的法的。第一，它所涉及社会生活的面太狭窄，以它无法规范社会生活。中国古代，包括儒家文明时期，无法可依的领域太多，这些领域都需要官吏以己意"便宜"处置。第二，董仲舒的"原志"定罪、桓宽的"论心定罪"，实际上把法置于次要的参考地位，司法中重要的不是法而是司法者，他的道德水平、价值取向、认识能力直接关系、甚至决定审判的公正与否。荀子说："有治人，无治法"①，这是对中国古代没有用来实行"法治"的法所下的极为准确的断语。

下面我们再来考察一下在儒家文明中，法是否获得了普遍的服从。

亚里斯多德所说的"法律获得普遍的服从"，是指所有的人，包括执政者本人。而在儒家文明中并非如此。

在儒家文明中，君主是惟一的立法者，虽然法律的起草者一般是大臣们，但真正的立法者是君主，"法自君出"。法即是君主意志的体现。

在儒家文明中，不仅法是君主意志的体现，而且君主意志就

---

① 《荀子·君道》。

是法，因此君主随时随地发出的"诏"、"令"都具有法的效力，甚至他的每一句话都是臣民必须遵循的法，因此"君无戏言"。关于君主的意志即法、甚至君主的话即法，汉武帝时廷尉杜周有深刻的体会。《汉书·杜周传》载，有人责备杜周不按法办案，只按汉武帝意旨治狱："君为天下决狱，不循三尺法，专以人主意指为狱，狱者固如是乎？"杜周回答道："三尺安出哉？前主所是著为律，后主所是疏为令。当时为是，何古之法乎！"杜周的话意思是：君主之"所是"就是法令。由于各君主的是非观念不同，因此这代君主的律令与上一代君主的律令自然也就不同；甚至同一位君主在不同时间其"所是"也会有所不同，因此作臣子的只能把君主"当时"之"所是"作为依据的"法"。

君主之"所是"即法，实质上是承认君主具有不受任何法律约束的权力。任何法律，哪怕是他自己制订的法律，对君主本人都是无效的，他的任何行为都是合法的，因为法即是他的意志。因此在儒家文明中，只有违法犯罪的臣民，没有违法犯罪的君主。韩愈说，"天王圣明，臣罪当诛"，就是儒家政治现实的反映。

在儒家文明中，君主还是最高的司法者，"狱由君断"。而君主断狱，往往并不根据"已成立的法律"，而是依其"所是"。他的好恶是非，甚至一时的喜怒哀乐，都决定臣民的生死存亡，吉凶祸福。

显然，儒家文明中的政治是不符合亚里斯多德所说的"法律获得普遍的服从"这一"法治"原则的，因此它不是"法治"。那么儒家政治是一种什么政治呢？在儒家政治中，"治人者"——君主和官吏，特别是君主，比法更重要、更根本，因为法即君主之意志，法即君主之"所是"。只要君主的意志善良、君主之"所是"合乎天理民心，就可以国泰民安。因此在儒家文明中，政治的清明依赖的不是法律的完善，不是君、臣、民对法的共同遵守，而是君主和官吏们的道德的完善。儒家政治是一种"人治"。

七、王朝更迭和不变之道

孟子说："五百年必有王者兴。"①这句话与后世预决吉凶的谶语不同，这是孟子对三代周期性出现的朝代更迭现象的总结。儒家文明形成后，中国政治的这种现象依然存在，而且周期大大缩短，各朝代寿命一般在二三百年左右：西汉二百余年，东汉不到二百年，两晋合起来约一百五十年，唐二百九十年，两宋约三百年，明二百七十余年，清二百六十余年；也有更短的，如元九十余年，隋仅存在三十余年。

儒家文明中，各朝代的灭亡原因是很复杂的，有的灭亡于贵戚大臣的政变，例如西汉亡于王莽篡位；北周亡于小皇帝周静帝的王位被其外祖父杨坚篡夺；五代十国时的后周亡于赵匡胤发动的陈桥兵变。有的灭亡于农民大起义，例如隋、元等朝即是被农民大起义推翻的。有的则亡于少数民族的入侵，例如南宋王朝就是为蒙古的铁骑所灭；明则灭亡于农民起义军和清兵的双重夹击之下。新王朝建立的情况也各不相同。新王朝开国之君，有的是前朝重臣大将，有的是草莽英雄，有的是北方少数民族的统治者。

但是不管朝代更迭原因是多么复杂，新王朝的君主是汉人还是少数民族，是出身高贵还是出身微贱，一个王朝要想存在，必须以儒家思想作为指导思想。故元世祖忽必烈虽是以剽悍勇武著称于世的蒙古族人，但他即位第三年便"修宣圣庙成"②。他之所以立国号为"元"，"盖取《易经》'乾元'之义。"③是以史书称他

---

① 《孟子·公孙丑下》。
② 《元史·本纪·世祖二》。
③ 《元史·本纪·世祖四》。

"信用儒术，用能以夏变夷"①。程朱理学被定为官方哲学，即在元代。满清皇帝玄炫（即康熙）更是尊奉儒学，以至时下一些著作已将他提到"著名"的"理学家"高度。

总之，在汉武帝定儒学于一尊之后，朝代可以更迭交替，君主可以姓刘姓李，姓赵姓朱；可以是汉人，也可以是胡人，但指导思想必须是儒家思想。儒家思想像一条红线贯穿于自汉至清的中国政治之中。这也就是说，在汉武帝以后的中国政治中，君主的统系是可以改变的，而指导政治的"道"都是不变的"一统"。"君统"可变而"道统"② 不变，这是儒家政治发展的总特点。儒家政治的这一特点决定了中国虽然王朝更迭交替频繁，但都不具社会变革意义。后一朝代对前一王朝某些政令措施虽有改变，但都无关宏旨。因此，后一王朝基本上是前一王朝的复制品。

---

① 《元史·本纪·世祖十四》。

② 这里的"道统"与韩愈、程颐所说的"道统"不同。

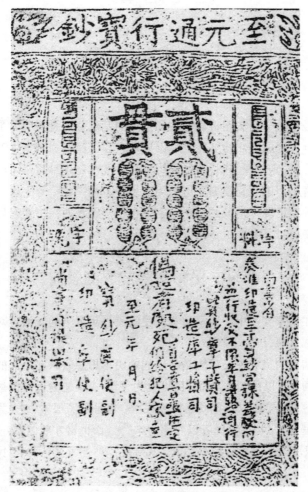

6　中国是世界上最早使用纸币的国家。图为元代纸币

第 八 章

经　济

经济是一切文明得以存在和发展的基础，又是文明的重要组成部分。儒家文明建立在土地家庭占有和以家庭为基本生产单位的农业经济之上，其特有的思想观念、政治制度最后都可以在这种经济形态中找到根据。但是儒家思想、儒家政治等上层建筑不是这种经济纯粹消极的反映，它们也积极干预西汉中期以后的经济发展，对其发生正负两方面的影响。

一、重农主义和高度发展的农业文明

在儒家文明中，儒家学者和受儒家思想影响的统治者对农业都非常重视。

儒家的重农主义思想是与他们的民本思想联系在一起的。儒家认为，国以民为本，而"民以食为天"，农桑能为民提供最基本的生活资料，所以农桑既是民生根本，也是国家根本，"夫为国者以富民为本"①，"富民者以农桑为本"②。而民富才能国富，"百姓足，君孰与不足？百姓不足，君孰与足？"③儒家又认为，"民富乃

---

① 《潜夫论·务本》。
② 同上。
③ 《论语·颜渊》。

可教"①，"民穷则背善"②，所以孔子回答冉有提出的"既富矣，又何加焉"的问题时说："教之。"③

总之，儒家把富民视作富国和对民实行道德教化的前提，又把发展农业生产视作富民的根本。

受儒家重农主义思想影响，各朝各代君主都重视农桑，把发展农业生产放在国家经济生活的首位。

对儒家文明的诞生作出决定性贡献的汉武帝即非常重视农业生产的发展。在中国历史上汉武帝以穷兵黩武著称，但他多次向北方游牧民族匈奴人用兵，实质是为了保卫中原的农业文明不受游牧民族的侵扰。因此当匈奴人的威胁基本解除之后，他立即下诏："方今之务，在于力农。"④ 为了发展农业生产，汉武帝大兴水利。他统治期间修建的渭渠、龙首渠等皆灌可田万余顷。此外，"朔方、西河、河西、酒泉皆引河及川谷以溉田；而关中辅渠、灵轵引堵水；汝南、九江引淮；东海引钜定；泰山下引汶水，皆穿渠为溉田，各万余顷。它小渠披山通道者，不可胜言。"⑤ 对为害中国农业最大的黄河的治理，汉武帝也非常重视。公元前109年，"河决于瓠子"。汉武帝亲临河上，令随行的官吏、将军与民夫、士卒一起负土背薪。在他的监督下，堵住了黄河的决口，使中原地区在很长一段时期免遭黄河水患。汉武帝晚年还非常重视农具的改良和新农业技术的推广。他任命发明"代田法"的赵过主管农业，研制新农具（见彩图4）和农业新技术，并诏令："二千石遣令长、三老、力田及里父老善田者受田器，学耕种养苗状。"⑥ 可

---

① 《潜夫论·务本》。
② 同上。
③ 《论语·子路》。
④ 《汉书·食货志上》。
⑤ 《史记·河渠书》。
⑥ 《汉书·食货志上》。

以说这是世界上最早的有组织的大规模的新农具和新农业技术的推广活动。

汉武帝的重农思想和推行的重农政策，有力地推动了农业发展，使儒家文明从一开始就走在世界农业发展的前列。

儒家文明时期另一位明君英主唐太宗也像汉武帝一样重视农业发展。他训诫臣下："凡事皆须务本。国以人为本，人以衣食为本，凡营衣食，以不失时为本。"①《贞观政要·务农》载，唐太宗的太子成年将行冠礼，按阴阳家的理论推定，冠礼应放在二月为宜。唐太宗认为，二月正是春耕大忙开始的季节，将太子冠礼放在二月举行，必然影响农耕，为"不夺农时"，他毅然将太子冠礼改为十月，并说："吉凶在人，岂假阴阳拘忌？农时甚要，不可暂失。"② 由于唐太宗实行一系列重农主义政策，使农业生产在贞观年间达到一个新的水平，贞观十六年，"天下粟价率计斗值五钱，其尤贱处，计斗值三钱。"③

汉武帝、唐太宗是中国进入儒家文明时期后两位最杰出的君主。其功业是其他君主不能相比的。但在重农这一点上，凡守成之主莫不如此。例如汉昭帝在中国历史上算不上一位有什么作为的君主，但他实行重农政策，却与其父汉武帝相同，他在位时下诏："天下以农桑为本。日者省用，罢不急官，减外徭，耕桑者益众，而百姓未能家给，朕甚愍焉。其减口赋钱。"④

即使"其俗不待蚕而衣，不待耕而食"⑤的北方少数游牧民族统治者，在入主中原、接受儒家思想之后，也不能不由农业文明的破坏者一变而为重农主义者。例如被称为"马背上的民族"的

---

① 《贞观政要·务农》。
② 同上。
③ 同上。
④ 《汉书·昭帝纪》。
⑤ 《元史·食货志一》。

蒙古族皇帝元世祖忽必烈"即位之初，首诏天下：'国以民为本，民以衣食为本，衣食以农桑为本。'于是颁《农桑辑要》之书于民，俾民崇本抑末。"① 为发展农业生产，忽必烈"又颁农桑之制一十四条"。② 其中重要的有："择高年晓农事者"为社长，"以教督农民为事"③；兴修水利，造水车，凿灌溉水井，发展多种经营等等。

在儒学重农主义影响下，在统治者鼓励农桑政策的推动下，中国上古时代即已堪称发达的农业获得进一步的发展，成为近代到来之前世界上农业最发达的国家之一。儒家文明时期中国农业所取得的成就，如农产品种类之丰富、农具和耕作技术之先进，集约化程度之高以及水利灌溉系统之完备等等，在很长一段时期内在世界上都是首屈一指的。

二、"制民之产"和"限民名田"

土地是最主要的农业生产资料，土地问题是中国经济发展中最主要的问题。由于儒家文明是在土地家庭私有制确定多年之后才形成的，因此它自诞生那一天起就面对着土地私有制业已存在这一经济事实。

春秋末和战国初发生的土地由宗族公有制即井田制向土地家庭私有的转化是一次历史性的进步，它极大地调动了农民的生产积极性，使农民有兴趣改良农具和农业生产技术，从而也使中国农业发展到一个新的水平。对此无论是儒家学者还是中央集权的专制君主都是拥护的。但是土地私有制的确立也带来一系列严重的经济后果。首先，随着土地私有制的确立必然会出现不同的家

---

① 《元史·食货志一》。
② 同上。
③ 同上。

庭所占有的土地有多有少、有好有坏的问题，所以《通典·食货一》说："废井田，制阡陌，任其所耕，不限多少。"其次，土地私有化的结果必然是土地可以自由买卖。第三，土地占有"不限多少"和土地可以买卖必然造成土地高度集中在少数人手中，大批农民失去土地，亦即"富者田连阡陌，贫者亡立锥之地"[①]的现象。这种情况秦朝时就已经相当严重。第四，无地的农民只能租种地主的土地维持生存，成为地主的佃户，甚至沦为雇工，例如秦末农民起义领袖陈胜"少时尝与人佣耕"[②]。汉承秦的土地制度，秦时已相当严重的土地兼并自然也"循而未改"[③]，失去土地的农民，为了生存，只得"耕豪民之田，见税什五。故贫者常衣牛马之衣，而食犬彘之食"[④]。其生活极端贫困。第五，农民不堪忍受贫困，必然要进行反抗，从而引起社会动荡。

儒家学者肯定土地的私有，却不愿看到土地私有所引起的必然的社会后果。那么如何解决这一矛盾？他们提出两个方案。

（一）"制民之产"

儒家的这一方案是由生活在儒家文明形成之前战国中期的孟子提出的。孟子认为，要想使民一心向善，必须有固定的足以养活其父母妻子的私有财产——"恒产"："无恒产而有恒心者，惟士为能。若民，则无恒产，因无恒心。苟无恒心，放僻，邪侈，无不为已。……是故明君制民之产，必使仰足以事父母，俯足以畜妻子，乐岁终身饱，凶年免于死亡。然后驱而之善，故民之从之也轻。"[⑤]根据当时地广人稀和农业生产力发展水平，孟子认为，一

---

① 《汉书·食货志上》。

② 《史记·陈涉世家》。

③ 《汉书·食货志上》。

④ 同上。

⑤ 《孟子·梁惠王上》。

个八口之家大约需占有百亩左右土地，"五亩之宅，树之以桑，五十者可以衣帛矣；鸡豚狗彘之畜，无失其时，七十者可以食肉矣；百亩之田，勿夺其时，八口之家可以无饥矣；谨庠序之教，申之以孝悌之义，颁白者不负载于道路矣。"① 为保证农民所占有的土地恒定不变，孟子主张恢复井田制。显然，孟子所要恢复的井田制，其实并不是西周的井田制。西周的井田制是公有制，孟子的井田制，是"制民常产"②，是私有制。

（二）"限民名田"

这一方案是董仲舒提出的，他说："古井田法虽难卒行，宜少近古，限民名田，以澹不足，塞兼并之路。"③ 董仲舒的"限民名田"是在承认不同家庭私有土地多寡不均的前提下，对大土地所有者所占有的土地的数量加以限制，以免出现过度兼并现象的经济主张。

孟子的以恢复井田制为内容的"制民之产"主张和董仲舒的"限民名田"主张，是儒家为解决土地问题提出的两种基本方案。其他儒家学者为解决土地私有所引起的社会经济后果而想出的种种办法，皆不出这两个方案。在儒家学者看来，孟子的方案最好，最为理想；董仲舒的方案是不得已而行其次的方案，所以海瑞说："欲天下治安，必行井田，不得已而限田。"④

土地家庭私有是中央集权的君主专制制度的经济基础，但专制君主像儒家一样不愿看到土地私有而引起的各种社会后果。因为土地过度集中在少数豪强手中，必然会形成与中央集权制度相

---

①　《孟子·梁惠王上》。
②　朱熹《孟子集注》卷五。
③　《汉书·食货志上》。
④　《明史·海瑞传》。

抗衡的政治势力；必然要使中央政府直接控制的人口减少；同时大量农民失去土地必然会引起社会不安定，从而威胁中央集权的专制君主的统治。因此当作为儒家思想与中央集权的君主专制制度结合产物的儒家文明形成之后，专制君主也接受了儒家解决土地问题的两个方案。

先看根据孟子的"制民之产"而实行的几种田制。

如果不拘泥于孟子"制民之产"的具体细节，那么可以将其视作一种由国家向农民比较平均地分配土地的制度。国家可以这样做，必须以国家掌握大量无主土地、人口数量较少而且增长不快为前提。

东汉末年至唐朝建立，在长达数百年的时间内中国基本上处于混乱无序状态。其间虽有晋和隋两个统一王朝出现，但都为时甚短，其余大部分时间是农民战争、军阀混战、少数民族的侵掠（即"五胡乱华"）、几个政权的对峙和像走马灯似的朝代更迭。连绵不绝的战争使中国人口锐减，土地荒芜。农业向称发达的中原地区，遭到战争的破坏尤为严重，几乎成了地广人稀、遍地蒿莱的荒原。据史料统计，东汉桓帝时全国人口约为五千万，而三国时仅剩下七百多万。所以三国时魏国有人说，现在魏国人口不过是汉初文景时期一大郡罢了。晋时虽有所增加，也不过一千五百万左右，接踵而至的八王之乱和五胡乱华又使人口骤减。这一时期统治者面临的问题不再是农民因土地高度集中而无地可耕，而是无主的荒地太多。这一特殊的历史条件为实施儒家的"制民之产"的主张提供了可能。三国时期魏的屯田制、晋朝的占田制、南北朝时期北魏、北齐以及隋、唐初的均田制，都可以视作儒家"制民之产"经济主张的实施，尽管统治者实施这些田制的真正目的是为了解决军队的粮食供应和增加朝廷收入。

1. 屯田制。

曹操在平定黄巾军之后接受枣祗的意见，依汉武帝经营西域的办法，首先在许昌附近屯田，收获颇丰。于是将其作为一种普遍的制度加以推广，各郡国皆设置屯田官，招募无地或无耕牛的农民耕种荒地。屯田制度下的农民实际上是国家的佃农，用官牛的农民与官府按四六分成，用自己家牛者按五五分成。

2. 占田制。

晋初定天下，无主荒地很多，这些荒地皆收归国有，在此基础上，晋武帝司马炎实行占田制。所谓"占田制"就是国家按一定规则将国有土地分配给农民和贵族、官吏。

（1）对农民的土地分配。据《晋书·食货志》记载，"男子一人占田七十亩，女子三十亩。其外，丁男课田五十亩，丁女二十亩；次丁男半之，女则不课。"所谓"丁男"、"丁女"，指年龄在16岁至60岁之间的男女农民；所谓"次丁"指年龄在13岁至15岁和61岁至65岁之间的农民。

（2）对贵族和官吏的土地分配。晋恢复封建，所封诸侯皆有领地。为了使他们往来京师便利，"占田制"规定："国王公侯，京师得有一宅之处。近郊田，大国田十五顷，次国十顷，小国七顷。"[1]官吏则以九等品级占田，一品占田五十顷，官品每低一级占田数少五顷。对官吏的佃户也有规定：一、二品的佃户不得超过五十户，三品十户，四品七户，五品五户，六品三户，七品二户，八、九品一户。占田制对贵族品官之家占田和使用佃户加以限制，目的是为了堵塞他们对农民的兼并。

3. 均田制。

五胡乱华之后的中原地区，人口大量减少，无主土地极多。在此前提下，魏孝文帝得以实行均田制。太和九年（公元485年）他下诏"均给天下民田"[2]。均田制大致轮廓如下：15岁以上男子受

---

① 《晋书·食货志》。
② 《魏书·食货志》。

露田（即无树木田地）40亩，女子20亩，牛亦受田，一头30亩，一家至多不得超过4头牛。露田不得买卖，死后归还官府，称"还受"。此外，男夫受桑田20亩，死后不还受。为保障贵族、官吏、豪强的利益，均田制规定，受田时"奴婢依良丁"①。贵族、官吏、豪强所拥有的奴婢越多，其所受之田也越多。

魏孝文帝实行的均田制对后世影响很大，不但北齐、北周依样实行，隋、唐两个统一王朝也实行均田制。只是北齐、北周、隋、唐在实行时都有一些变化。其变化情况这里不再叙述。

上述三种田制，都是在儒家文明发展的一个特殊时期——战争频仍、人口大量减少、国家掌握大量无主闲置的土地时期实行的。这三种田制，特别是其中的均田制在实行之后要想延续下去，国家手中必须握有大量土地储备，仅靠农夫死后"还受"是不够的，因为人口死亡率要远远低于出生率。这也就是说，只有在兵燹不止，人口数量基本保持恒定的情况下，均田制才能延续，这也正是北齐、北周、隋、唐初能实行均田制的原因。但是一旦社会安定下来，人口数量急骤增长时，均田制必然要被废弃，因为这时国家手中土地储备用完，已无田可"均"，而君主是不能、也不敢将贵族、官僚、豪门士族多占的土地拿来均田于民的。所以唐朝最初承隋末战乱尚能实行均田，但很快便无法实行下去。

再看抑兼并：

儒家文明除上述一段时期外，其余时间都是土地兼并严重的时期。土地兼并造成国家直接控制的人口减少，从而也使国家征收的赋税和可以征用的民力减少，同时兼并也使社会矛盾尖锐。统治者从长治久安考虑出发，在土地兼并严重到危及王朝生存时，一般都要采取一些打击、堵塞土地兼并的措施。其中以汉武帝时打击兼并最为有力。元光年间为堵塞大商人的土地兼并，汉武帝下

---

① 《魏书·食货志》。

令："贾人有市籍者及其家属，皆无得籍名田，以便农。敢犯令，没入田僮。"① 不久之后，为抑制豪强对农民土地的兼并，汉武帝又以行政手段几次迁富豪、兼并之家于茂陵和边远地区。汉武帝的这些措施有力地摧抑商人和地方豪强的兼并，但贵族官吏对农民土地兼并问题始终未能解决。其他朝代如唐中期实施的两税法，北宋的王安石变法，明朝张居正实行的改革等也都具有抑制兼并的作用。但正如我们在前文指出的，土地兼并是土地私有化带来的必然后果。因此尽管儒家学者主张"限民名田"、"塞兼并之路"，一些统治者为了长远利益对兼并加以抑制、打击，然而儒家文明自始至终都存在土地兼并现象。它是造成农民起义和改朝换代的最主要的经济原因。

三、地主庄园经济和小农经济

儒家文明形成后始终存在的土地兼并，造成大土地所有者地主和因失去土地不得不租种地主土地的佃农。然而在儒家"限民名田"思想指导下实行的抑制兼并的政策也不是毫无效果，它阻止了地主对土地的无限度的兼并，使自耕农在中国社会人口中，始终占有较大比例。大土地所有者地主和自耕农的同时存在，使儒家文明内部存在两种农业经济形式：地主庄园经济和小农经济。

（一）地主庄园经济

地主庄园在不同时代、不同地区有不同叫法：庄田、田庄、庄院、山庄、田园、田业、墅、别墅、别业以及魏晋南北朝时具有武装自卫性质的坞、壁、堡，其实都是指地主庄园。庄园是大土地所有者的由连成一片的大块土地及上面的附着物——各种房屋

---

① 《史记·平准书》。

组成的生产单位。一户地主可以有一座庄园，也可能拥有几座庄园。庄园可以由地主自己管理，也可以由代理人"庄头"（或称"监庄"）管理。《红楼梦》第五十三回"宁国府除夕祭宗祠，荣国府元宵开夜宴"，即有关于地主庄园情况的描述：宁国府在黑山村有"八九个庄子"，庄头为乌进孝。荣国府在距黑山村一百多里有"八处庄地，比爷这边（指宁国府）多着几倍"，庄头是乌进孝的弟弟。《红楼梦》说的是清代地主庄园，其他朝代也大体如此。

庄园的土地由佃户租种，佃户在不同时代和不同地区也有不同叫法，客户、寄庄户、庄客、佃客等都指佃户。佃户多是破产的农民，也有赎身获得自由的奴婢。佃户收获的一部分要作为地租上缴给庄园主人，地租占全部收获量的多大比例，各代各地也都不同，汉代佃户"耕豪民之田，见税什五"①，即地租占全部收获的50%。佃户除向地主缴纳地租外，还要负担一定数量的劳役和缴纳土特产品。《红楼梦》第五十三回中有一份乌进孝上缴给贾府物品的账单，其中有一些山珍海味，可能就是佃户缴纳的。

地主的庄园以农业为主，同时也经营手工业和其他副业，产品除供应地主需要外，剩余部分则作为商品出售，例如晋代名士潘岳的庄园就是这样。潘岳不但卖其庄园中出产的鲜鱼、蔬菜、羊酪，还用水碓为他人舂米，收取"舂税"。唐及以后各朝代地主庄园经营的手工业和副业更多，商品率也更高。

中国古代的地主庄园与西欧封建领主庄园性质不同。中世纪西欧领主庄园具有种种封建特权，它没有向国家输纳地租和提供劳役的义务，国家也不能干预庄园内部的事务。中国古代地主的庄园，则在中央政府的管辖之下，至少在法律上不具西欧封建领主庄园的那种特权。同时佃农与地主的关系也不同于西欧封建庄园中农奴与领主的关系。胡寄窗教授对此有一段论述，他认为，在

---

① 《汉书·食货志上》。

中国地主庄园中，"耕者主要是佃农身份，对出赁土地给他们的地主只有较轻微程度的人身依附关系。这种情况愈到封建后朝愈是如此。……因此，在中国封建地主经济体系下，既不存在西欧古典封建制下的'领主'，也不存在那样的'农奴'。我国的封建地主经济具有自己的特点，和古典封建制不尽相同，它是研究秦汉以来的经济问题必须首先掌握的一个要点。"①

　　地主庄园经济从道义上说是一种极不合理的经济，它使农民生活极端贫困，也使地主阶级生活腐朽糜烂。但是站在历史角度上看，佃农的剩余劳动也为少数人提供了闲暇，造成了一个从事文化创造活动的有闲阶级。正如《红楼梦》中所描写的那样：由于贾府有为数众多的庄园，因而贾宝玉、林黛玉等人才得以在大观园中吟诗作赋、泼墨弄弦、谈玄参禅，儒家文明中，也是由于有着众多的地主庄园，因而才得以产生出灿若繁星的诗人、文学家、画家、音乐家、思想家。谢灵运的山水诗、陶渊明的田园诗、王维的诗画更是这种庄园生活的直接产物。

（二）小农经济

　　在儒家文明中，尽管土地兼并现象十分严重，但是自耕农一直是农村人口的主要部分。宋朝是中国历史上土地兼并最为严重的朝代之一，然而据史料统计，全国总户口中也只有1/3的农户为客户即佃户。占全国总户数2/3的主户中，拥有庄园的地主是很少的，大多数是自耕农。

　　中国古代农村人口中，自耕农众多，这也是不同于西欧封建社会的一大特点。造成这一现象的原因除上述的君主专制国家实行抑制土地兼并政策，为小土地所有者留下存活的余地外，中国古代实行析产制也是重要原因。析产制不断地把一个大土地所有

---

① 《中国经济史简编》，中国社会科学出版社1982年版，第185—186页。

者变成多个小土地所有者。

中国古代的自耕农中，有的拥有较多的土地、耕畜和工具，生活比较富裕；有的则土地较少，耕畜、农具缺乏，生活比较贫困。但男耕女织，生活上基本自给自足是他们的共同特点。

自耕农必须成年累月的劳动才能勉强维持全家温饱，他们没有闲暇时间从事文化创造活动，因此从他们之中不可能产生出对中国文化发展做出重要贡献的杰出人物。但是作为一个社会阶层他们是很有创造力的。中国古代很多民歌和民间文艺作品以及很多不知发明者是谁的发明创造，其实就是这个社会阶层的集体创作和发明。

自耕农除以集体创作和发明对中国古代的文学、艺术、科技发展做出贡献外，还以缴纳赋税和承担徭役的方式对中国文明发展做出巨大贡献。

众所周知，中央集权的君主专制国家为维持其存在必须养活一个庞大的官僚集团和一支庞大的军队，为此就要征收赋税，"税以足食，赋以足兵。"① 同时中国的水旱频繁的自然环境和不时遭到北方游牧民族侵扰的人文环境，要求国家经常征用大量人力修筑水利工程、防御工程和戍边。自耕农则是赋税和徭役的最主要负担者，因此自耕农在全部人口中所占的比重是衡量一个朝代强弱兴衰的基本指标。汉王朝所以强盛，就是因为汉武帝严厉地打击了大商人和豪强等兼并势力，为自耕农创造了较大的生存空间；唐王朝之所以强盛，同样也是因为均田制经过长时间的实施形成了人数众多的自耕农阶层。他们为这两个王朝的强大提供了丰富的财源和人力资源。

自耕农对儒家文明发展的贡献还不止此。由于自耕农是徭役的主要承担者，故儒家文明中凡是耗费人力较多、由国家主持兴

① 《汉书·刑法志》。

建的工程，其成果，例如作为中国文明标志的明长城、隋时开凿的大运河以及各朝代兴建的大型的水利设施、宫殿苑囿等等，在一定意义上说，主要是由自耕农创造出来的。

总而言之，农业是儒家文明发展的物质基础。其中"士文化"（也有人称之为"文人文化"、"精英文化"）即建立在地主庄园经济之上，而自耕农的个体经济则是民间文化、强大的国力和伟大的水利、建筑的物质基础。

四、手工业和商业

在儒家文明中，手工业和商业的发展不像农业那样受到社会的重视，在有的朝代商人甚至受到压制和打击。工商业的发展在儒家文明中之所以遭到如此命运，与儒家的重农抑商思想和中央集权的君主专制国家特点有关。

先秦儒家是从理智和道德两种角度来看待工商业的。站在哲学家的理智立场上，他们认为农业和手工业的分工对社会发展是必要的，因此农业和手工业之间、不同地区之间产品交换对于社会也是必要的。儒家的这一思想在《孟子·滕文公上》集中地反映出来。因此先秦儒家对工商业发展予以肯定。但是当他们从道德视角审视工商业时，则对以追逐私利为目的的工商业者采取鄙夷的态度，并主张加以抑制，"有贱丈夫焉，必求龙断而登之，以左右望而罔市利。人皆以为贱，故从而征之。征商，自此贱丈夫始矣。"[1] 在孟子看来，商人"罔市利"而令人厌恶，国家应对唯利是图的商人征收赋税，以示惩罚。

先秦儒家对工商业的另一重要观点是他们在将工商业与农业相比较时得出的：农业创造社会财富，而工商业者不耕而食，不

---

[1] 《孟子·公孙丑下》。

蚕而衣，因此他们不但不创造社会财富，反而消耗社会财富，故荀子认为，"工商众则国贫"①，由是他提出"省商贾之数"可以"富国"的主张②。

中央集权的君主专制国家在对待工商业问题上与儒家的态度基本上是吻合的。它一方面认为，工商业对社会是必需的，因此允许工商业存在；但另一方面它又认为，私人工商业者与它争利，因此对工商业的发展加以限制，"重租税以困辱之"③。

由于儒家和中央集权的君主专制国家在对待工商业的态度上基本一致，因而在作为二者结合产物的儒家文明中，工商业在社会生活中地位不高，被视作"末业"、"贱业"。国家虽然允许工商业存在和发展，但其发展受到严格的限制：国家对有关国计民生的行业实行专卖；设"均输"、"平准"机构调节天下货物价格，使"富商大贾无所牟大利"④；必要时国家可以用行政手段没收富商大贾的财产；在法律上将商人置于社会最卑贱的地位⑤。

（一）官营工商业

在中国人观念中，商贾追逐私利是可鄙的，而把工商之利收归国家，则是义之所在。因为国家之利，乃是公利，公利即义。因此中国有工商业官办传统。儒家文明诞生后，这一传统被继承下来。

1. 盐铁专卖

盐、铁是人们必不可少的生产资料和生活资料，盐、铁的生产经营是中国古代两大重要的工商行业。汉文帝时曾一度开放盐

---

① 《荀子·富国》。
② 同上。
③ 《史记·平准书》。
④ 同上。
⑤ 《汉书·食货志上》："今法律贱商人。"

铁,允许私人生产、经营。在很短时间内私人盐铁业即达到很大规模;据《盐铁论·复古》说法,当时"豪强大家,得管山海之利,采铁石鼓铸、煮盐,一家聚众,或至千余人"。出现了卓王孙等一大批冶铁商。汉代煮盐业除海盐、池盐外,还有四川的井盐。一口盐井需凿穿几百米岩层,费时几年、几十年,由此可以看出当时的盐商有很大的资本,获利也极大。汉武帝为了不使盐铁之利落入私人工商业者手中,改革文帝时比较宽松的工商政策,断然实行盐铁国家专卖。盐铁实行官营后,其弊病立即暴露出来:官盐生产成本较高,价格比从前私盐贵一倍多,贫民无钱购买,经常淡食;铁官只管造器,不管是否合用,且多造大器而不造小农具,很多农民只好重新用耒耜翻地。盐铁专卖虽然变富商大贾的私利为国家"公利"(其实是统治者私利),但对中国社会发展的作用,总的说是消极的,它不但阻碍了工商业的发展,也不利于农业生产力的提高。汉武帝在实行盐铁专卖后不久又实行"榷酒酤"[1],即将古代另一大工商行业酒的制造和买卖变为官营。

儒家文明诞生后的第一位君主汉武帝实行的盐、铁、酒专卖,为后世继承,只是各朝各代禁榷的商品有所变化,例如唐宋时允许私人兴办矿冶,但又实行"榷茶"。

2. 官营手工业

殷、周时期,中国就有官营的大型手工工场。大型青铜器都是由这些手工工场制造的。儒家文明诞生后继承了这一传统。官营手工业生产产品有两类:一是宫廷和贵族用品,一是军队装备。朝廷设专门机构和官吏管理这些官办手工工场。官营手工工场的工匠都是能工巧匠,技艺极高,工场的分工极为精细,产品也非常精美。例如汉代在蜀郡、广汉郡设工官制造漆器、金银器。一个文杯(漆器)要经过一百人之手,一张屏风要经万人之手。今

---

[1] 《汉书·武帝纪》。

天人们常常称赞中国古代手工产品如何精美，其实主要不是指当时作为商品、因此为广大民众使用的手工产物，而是指这些专供皇室和贵族使用的产品；今天人们还常常把留传至今的这些东西称为"无价之宝"，所谓"无价"，其实也不是指今天这些东西如果拍卖价格极高，而是指这些东西生产时是不计工本的，也不是作为商品来生产的。不是商品，哪有什么价格！

因此官营手工业基本上与商品经济无关。但不可否认它的技术和所生产的产品也是儒家文明的伟大成果。另外，官营手工业的高超技术经常流传到民间，因而对中国古代工艺水平的提高也具有一定的积极意义。

（二）举步维艰的私人工商业

在儒家文明中，特别是在其前期，私人工商业颇受歧视，被认为是"末业"、"贱业"。私人工商业者社会地位极低，"法律贱商人"，他们被视作市井小人，其子女在唐以前不得做官；晋时商人还得在头巾上写上姓名、所卖商品，一脚着白鞋，一脚着黑鞋。

儒家文明中特有的轻商、贱商观念，使私人工商业的发展不但受到抑制，而且有时遭到严重打击。儒家文明刚一形成，私人工商业就遭到这样一次厄运。

汉武帝在其统治期间，不但实行盐铁酒的禁榷政策，而且诏令："贾人有市籍者及其家属，皆无得名田，以便农。敢犯令，没入田僮。"[①] 汉武帝的这一措施，有遏制土地兼并的积极作用，但也打击了私人工商业的发展。不久之后更大的打击又降临在商人头上：汉武帝为解除北方匈奴人的侵扰，对匈奴人多次用兵，造成国库空虚，他采用卜式的建议，诏令商贾拿出资产一半以佐官府。商贾如果不如实报告家产，经举报籍没家产，"于是商贾中家

---

① 《史记·平准书》。

以上大率破"①。中国人谈起秦始皇焚书坑儒，莫不认为是一场浩劫，但出于"贱商"价值观念，对汉武帝的这一使商人破产的做法则拍手称快。然而今天站在发展商品经济角度上重新评价汉武帝这种做法，我们可以毫不夸张地说，它对中国文明发展的滞后作用，决不下于秦始皇的焚坑。

经过汉武帝的这次打击，西汉时私人工商业一蹶不振。东汉时期私人工商业虽有恢复，但汉末直至唐初的中国社会大混乱，使私人工商业发展再次遭到打击，中国几乎重新回到《诗经·氓》所说的"氓之蚩蚩，抱布贸丝"阶段。三国时期魏国即废止货币不用达三十余年；吴国始铸大钱，后也废弃不用，销毁铸为武器。东晋南北朝时期货币的使用仍不普遍。魏晋南北朝时期谷帛交易的抬头，反映了中国商品经济的倒退。

然而儒家思想只是要求君主专制国家限制私人工商业的发展，而不是取消私人工商业。因此当唐王朝建立之后，私人工商业又开始复苏，并很快超过历史最高水平。唐朝私人工商业的发展得力于下述几方面因素：1. 安史之乱之前，唐王朝社会基本是稳定的；2. 唐实行均田制，农民较之唐以前的任何朝代都要富足，有剩余产品出售；3. 隋时凿通的贯穿中国南北的大运河，为不同地域物产交换提供了便利条件；4. 唐朝国力强大，疆域辽阔，敢于开放海陆边界，从而为中原地区与少数民族地区、中国与周边国家以及海外贸易提供了便利，汉朝时便已开辟的陆海两条丝绸之路变得更加畅通无阻。在这些因素的综合作用下，私人工商业取得迅速发展，除传统的纺织、金属冶炼及武器、工具制造、造纸、造船、陶瓷等得到进一步发展外，又出现了雕板印刷、制糖等新的行业。

宋朝的私人工商业在唐朝高度发展的基础上又有新的发展。

---

① 《史记·平准书》。

宋朝私人工商业的发展得力于城坊制度的废弃和对某些产品禁榷的放开。坊制的废弃，使私人工商业的经营不再受时空限制，而开放某些产品禁榷，如"国家罢榷茶之法，而使民得自贩"①，使私人工商业经营范围得以扩大，过去只能由国家经营的商品，现在可以由私人工商业者经营。宋时工商业发展表现在：1. 手工业由唐时的一百一十二行发展到四百余行。纺织、金属冶炼、武器和农具制造、造纸、造船、火药、陶瓷、活版印刷等行业都出现了较大作坊，并形成若干手工业中心；2. 商人们不仅在国内做生意，而且把生意做到国外，南洋、中南半岛、印度、红海沿岸到处都有宋朝商人的足迹；3. 交易量大，铜币已不能作为大宗交易的支付手段。为了满足商品经济发展的需要，金银更加频繁地被作为货币使用，同时出现了世界上最早的纸币——"交子"（见插图6）。宋朝工商业发展达到当时世界最高水平，当它遭到北方两个强悍的少数民族入侵的严重破坏后，其仅存的硕果——杭州地区工商业的繁荣仍令威尼斯人马可·波罗赞叹不止："城中有商贾甚众，颇富足，贸易之巨，无人能言其数。"②

宋朝私人工商业发展所取得的成就，接近或达到儒家思想指导下的中央集权制君主国家所允许的最高界限。它的进一步发展不可避免地要与儒家思想指导下的中央集权制君主国家发生冲突。女真人和蒙古人的入侵使这一冲突延缓下来，将它推迟到蒙古人建立的元朝之后的明朝。

五、城市和市民

中国古代商人、手工业者集聚、活动的场所称"市"。中国古

---

① 《王临川集》卷七十，《议茶法》。
② 《马可·波罗游记》，中华书局1955年版，第571页。

代"市"有两种，一是城"市"，一是草"市"。草"市"差不多都设在交通要道，后来的小市镇就是由草"市"发展而来的。关于草"市"，我们省略不谈，只论城"市"。

顾名思义，城"市"即城中之市。中国古代的城都是各级行政治所，例如京城是全国最高行政机构所在地，县城是一县行政机关所在地。城中有纵横街道将其分成若干街区，由于街道是呈直角十字交叉的，因此每个街区大体都是方形的，故称"坊"。唐及以前每一坊周围都有围墙。为治安需要，夜里坊门都是关闭的。城有大有小，故坊数有多有少，唐朝长安城的坊就有106个之多。每一个坊即是一个居民区，今天人们常说的"街坊邻居"，就是古代坊制在语言上的孑遗。城中有的"坊"专供商人、手工业者居住和从事经营活动，这就是"市"。唐长安城的东市、西市就是如此（见彩图7）。市坊中也有街道，将其分隔成井字形，称"市井"，居住在这里的从事商业和手工业活动的人则被称为"市井之徒"或"市井小人"。"市"区内不同的行业必须集聚在一起，排列成行。这排列成行的同业作坊或商店最初称"肆"，子夏说："百工居肆以成其事"[1]，即指此。后来径称"行"。唐长安东市就有220行。每一行都有官府指定的"行头"管理。"行头"不是官职，而是这一行的商人或手工业者，他协助官府监督同行其他人并向官府告发其他人的不法行为。

上述和坊制联在一起的市制，在唐末始被突破，在宋朝才被正式废弃。从宋代起，商店和手工业作坊可以开设在城中任何地方，任何时候都可以经营。这样"市"不再是城中一个特定的街区；行也不再是同类作坊和商店的空间排列，而是分布在不同城区的同一行业；"行头"的职能也因同行分布在全城各处而有所变化：他们不再是替官府监视同行，向官府告发同行的人，而成为

---

[1] 《论语·子张》。

同行利益的代表。市制的废弃对商人、手工业者卑贱的社会地位的改变尤为重要。由于他们不再是只能在"市井"中居住和从事经营的人，而是可以在城中任何地方居住和从事经营的人，因此他们的身份和地位和其他人大大接近了，他们的子弟在宋代可以通过科举登上仕途。

我们之所以不厌其烦地叙述中国城"市"的体制和变化，目的是要说明儒家文明中的城"市"以及居住于"市"中的民，即市民（亦即商人和手工业者），在性质上是与西欧中世纪的城市及其市民有重大区别。

众所周知，西罗马帝国灭亡之后，罗马人在西欧建立的城市几乎完全没落了。作为近代城市前身的中世纪西欧城市"不是从过去历史中现成地继承下来的，而是由获得自由的农奴重新建立起来的"①，也就是由身份自由的商人和手工业者建立起来的。这些城市一般都以金钱赎买或武装斗争形式取得自治权：商人和手工业者，即市民，有自己的市议会；城市管理者由市议会选举；市民的权利受城市自治机构保护，其身份是完全自由的。各国君主非但不限制他们的发展，反而要依赖他们，以打击封建领主。所以恩格斯说："王权和中产阶级的联盟开始于 10 世纪；在整个中世纪期间，远非永远形成联合的形势；王权与中产阶级的联盟屡为冲突所中断，但终能变得更牢固、更强有力，从而帮助王权取得最后胜利。"②

同西欧中世纪的城市和市民比较一下，我们就会发现：

第一，中国根本就没有西欧中世纪那种由商人和手工业者自己建立的"城市"。而只有城"市"。汉唐时期尽管工商业颇为繁

---

① 《马克思恩格斯全集》第 3 卷，人民出版社 1960 年版，第 57 页。

② 恩格斯：《论封建制度的解体及资产阶级的兴起》，《封建社会历史译文集》，三联书店 1955 年版，第 13 页。

荣发达，但长安、洛阳等也只是君主专制国家为了政治和军事需要而建立的"城"，"市"不过是"城"中单独辟出的供工商业者居住和从事经营活动的特定坊区。宋朝以后虽然坊制和市制被突破了，但开封、南京、北京、杭州等的性质依然没有发生根本变化。

第二，中国古代也从未有过市民自治的城市，只有由君主委派的官吏管理的"城"和"市"。

第三，中国古代也不曾出现过身份自由、自己管理自己的城市，君主们也要仰仗其财富的市民阶级。中国的市民① 在汉唐时期是备受歧视的市井小人。宋以后工商业者地位虽有提高，但他们仍是受官府直接管辖的君主的臣民。

儒家文明中的城"市"和市民与中世纪西欧的区别归结到一点，就是中国的工商业自汉中叶起即在儒家思想指导下的中央集权君主专制统治下生存和发展。这一政治框架给它一定的生存和发展的空间，但也给它严格的限制。因此尽管中国工商业在很长的历史时期内在世界上保持领先地位，但是当中世纪西欧出现了商人和手工业者自治城市之后，就已预示了西欧的工商业必定会赶上和超过中国，并先于中国把西欧引入近代资本主义社会。中国的工商业在达到宋朝时那种繁荣程度之后，要想获得进一步发展，就必须突破儒家文明加在其头上的观念和政治的限制。

六、资本主义的萌芽和市民反抗
君主专制统治的斗争

明王朝的建立，结束了文化比较落后的蒙古贵族统治。游牧

---

① 中国的城市与中世纪西欧出现的自治城市不同，故中国"市民"这个概念并不是指所有居住在城市，有城市户籍的人，而是指从事工商业及相关行业的人。

民族带给农业文明的创伤很快得到修复,工商业也逐步恢复到宋代水平,并于明中叶超过了宋代。手工业中,纺织、金属冶炼、造纸、造船、陶瓷、印刷等行业又登上了一个新的高度,出现了苏州、杭州、扬州、嘉定、松江、常州、湖州等丝棉纺织业中心,景德镇等陶瓷业中心,佛山等冶铁业中心。商业上,国内贸易在手工业发展基础上获得进一步发展;海外贸易较之宋代更为发达;洪武年间即设市舶司于太仓(后罢)、宁波、泉州、广州,"宁波通日本,泉州通琉球,广州通占城、暹罗、西洋诸国。"①《初刻拍案惊奇》卷一《转运汉遇巧洞庭红,波斯胡指破鼍龙壳》所讲述的文若虚如何到海外发了大财的故事,即反映了明朝海外贸易兴盛情景。

资本主义生产关系的产生是商品经济发展的必然结果。学术界一般认为,中国资本主义的萌芽即出现在明朝中期工商业最发达的长江下游地区。

中国资本主义萌芽首先出现在长江下游地区不是偶然的。宋朝时,当中原地区遭到女贞、蒙古铁骑两次蹂躏,农业、手工业、商业发展成果被破坏殆尽时,江南,特别是长江下游在南宋小朝廷的统治下,其经济发展成果非但未遭破坏,反而又有新的发展。虽然南宋最终还是为蒙古铁骑所灭,但这时蒙古贵族已在中原地区生活多年,暴戾之气已被儒家文明化去许多,不再像其崛起初期那样具有极大的破坏性。因此我们在《马可·波罗游记》中可以看到苏、杭等地区在元朝时仍保持相当繁荣的景象。明朝建立后,长江下游地区的农业、手工业和商业因基础较好,首先得以恢复和发展。马可·波罗在游记中所说的在元朝就已积累了大量财富的商人,这时变得更为富有,他们已经具备了将其财富转化为耗资较大的工业资本的可能;江南地区的丰富的物产,尤其是

---

① 《明史·食货五》。

蚕丝和棉花，则为突破家庭手工业、创办较大规模的手工业工场提供了充足的原料来源；同时江南地少人多，向为"狭乡"，随着农业生产力的提高，势必产生大量的农业剩余人口，从而为手工工场提供充足的雇佣劳动力。总之，明朝中期的长江下游地区，产生资本主义萌芽的各种条件具备，因此在丝棉纺织行业中，出现了拥有几台、几十台织机、雇佣手工业工人生产、分工较为精细的手工业工场。

明中叶长江下游地区出现的资本主义萌芽，标志着儒家文明内部工商业发展已进入了一个新的阶段。上文我们曾指出，儒家思想指导下的中央集权的君主专制国家对工商业的态度是：允许其存在和有限度的发展。而明中叶及以后工商业的发展显然已超过了限度，于是工商业者与儒家思想指导下的中央集权的君主专制国家之间的矛盾冲突出现了。这一矛盾的实质是：在早已上升为国家理念的儒家思想中，商人追逐的利益仅仅是私利，私利即不义，即使商人的利益是通过合法手段、严格按着商业道德规范取得的，也是如此。代表公利亦即正义的国家有权对工商业者攫取的过多的私利加以剥夺。因此汉武帝可以下诏命令商人拿出一半家产以佐官府。明王朝对工商业者的做法，平心而论，要比汉武帝的做法"客气"得多，从明中叶起，朝廷只是巧立名目，加大征税比率。从史料记载看，还没有出现汉武帝时那种"商贾中家以上大率破"的现象，但明代工商业者已经成为相当强大的社会力量，对于朝廷这种远较汉武帝温和得多的加重税收的做法，也不能忍受。从明中叶起城市手工业者商人反抗矿监、税使的城市"民变"事件不断发生。其规模大者有几十次，一般规模者，达几百次之多。

城市"民变"，不同于中国历史上的农民起义。农民起义是农民对偏离儒家思想的中央集权的君主专制政治的校正；而城市"民变"是工商业者对儒家思想指导下的中央集权的君主专制政治的抗议。因此，城市"民变"如果发展下去，有可能使包容性很强的儒家学说逐渐地把工商业者的思想、价值观念、社会理想等吸收、接纳进来，而中央集权的君主专制国家也会因指导思想儒家学说内涵变化而对工商业的发展逐渐采取比较宽容的态度。

　　但是明末的农民起义和满清入关却打断了这一可能出现的历史进程，工商业最发达的长江下游地区成为抵御满族入侵最坚决最顽强因而遭受的破坏也最严重的地区。中国工商业发展再一次受挫，而且这次损失比元灭南宋更为严重。满清贵族是在未接受儒家文明洗礼的情况下从东北一直打到东南沿海，较之蒙古贵族更具破坏性，"扬州十日"，"嘉定三屠"，使这两个工商发达的城市几乎成为废墟，其他工商发达的城市的情况比扬州、嘉定也好不了多少，而接着实行的海禁，使明时已相当发达的海上贸易化为乌有。康熙、雍正、乾隆三朝大大小小上百次的"文字狱"，更使清初的思想文化环境极不利于工商业发展。待到中国工商业缓慢地恢复到明朝水平，差不多已经临近鸦片战争前夜。时代已不允许中国独自走完由封建社会向资本主义转化的过程。

第 九 章

教　育

从一个社会的教育状况，可以看出这个社会的文明程度。儒家文明的重要表现形式之一，就是重视全民教育的普及与提高。而全民教育的普及与提高，则为中国社会的持久发展与文明进步提供了保障。

一、国家对教育的重视和教育的普及

在历史上，中国是一个具有悠久的教育传统的国家。早在远古时代，随着原始民俗的形成，教育就开始萌芽。传说中的尧的时期，人们为了活动筋骨，宣泄郁气，便制作了歌舞，古时叫做"乐"，它是器乐、歌咏、舞蹈等相结合的综合性艺术，其中包含了不少有益于人们身心健康发展的内容。不仅如此，人们还以"乐"教育青少年，这就是《尚书·舜典》所说："夔，命汝典乐，教胄子。"① 这里所说的"典乐"，就是掌管祭祀庆典的音乐歌舞；"教胄子"就是教育后代。中国远古的教育，首先是音乐舞蹈的教育，即"乐教"。

降至夏、商、周三代，教育更受重视。夏即有夏后启教民的记载。据传说，夏后启之所以能够战胜有扈氏，就是依仗着"教

---

① 《史记·五帝本纪》亦记载："以夔为典乐，教稚子。"

善"① 之功。而其"教善"的内容，则包含了"亲亲长长"之类的人伦道德。从夏后启所施行的教育看来，夏代教育已经具有服务于奴隶主征伐天下的目的。商代是中华古典文明成熟的时期，教育也有较大发展。史称"殷人尊神"，"乐"是"娱神"的手段，所以，商代的乐教相当发达，"以乐造士"② 是商代教育的特点。西周是中华古典文明发展的高峰，教育也演进到一个新的阶段。周公在《尚书·酒诰》这篇重要文告中反复强调一个"教"字，大谈文王之教，主张以"教"育"德"。他从"敬德"思想出发，高度重视教育的作用，从而推动了教育事业的发展。

在春秋时代以前，中国的教育都是官学教育，即所谓"学在王官"。儒家创始人孔子主张"先富后教"，即首先让人民富裕起来，然后加以教育。他还带头开办私学，吸收社会各阶层人士及其子女入学，实行"有教无类"，以礼、乐、射、御、书、数，即所谓"六艺"作为教育内容，培养社会需要的各种人才。从此，教育扩展到了民间。以孔子为代表的儒家，不仅继承了夏、商、周三代重视教育的优良传统，而且奠定了中国古代教育的基本模式。

秦灭六国，结束了春秋战国以来诸侯纷争的局面。为了巩固国家的统一，秦王朝采用法家的主张，大力推行文化专制主义。其主要措施是：改化黔首，匡饰异俗；书同文字，经纬天下；禁止挟书，以吏为师。秦始皇"焚书坑儒"的结果，无疑加速了中国历史上第一个中央集权制帝国的灭亡。

与秦始皇不同，汉武帝为了维护和巩固中央集权制帝国，采取了"罢黜百家，独尊儒术"的文化政策。在教育上，采用儒家经典作为养士和取士的重要依据，也就是实现了教育的儒学化，从而完成了教育制度的重大改革。此后，中国古代教育便与经学结

---

① 《吕氏春秋·先己》。
② 《文献通考·学校考》卷四十。

下了"不解之缘"。无论官学还是私学，都以传授经学为第一要务，学风与士风为之丕变，"通经致用"成为教育的首要目标和准则，谱写了中国古代教育史上别开生面的一页。

汉代对于教育的重视，除了推行"独尊儒术"的文教政策以外，朝廷特别任命太常专门掌管文教。太常位居"九卿"之首，原为主管宗庙礼仪的官员，后又负责管理文教。这种教育行政体制，明显地保留着"政教合一"的性质。此外，皇帝还亲自到太学进行视察，称做视学。据史书记载，东汉以后皇帝常到太学视学，例如，东汉开国皇帝光武帝，于太学建立之初，就巡幸太学，赏赐博士弟子。后来，他再次到太学视学，并集合诸博士开展学术讨论，与太学师生"雅吹击磬，尽日乃罢"①。以后，安帝、灵帝、献帝等，都曾仿效光武帝，到太学视学，以示最高统治者对教育的关怀与重视。

汉代以后，凡是崇尚儒学的王朝，都比较重视教育。南朝宋武帝面对因动乱而荒废了的学校教育，曾感慨地说："自昔多故，戎马在郊，旌旗卷野，日不暇给，遂令学校荒废，讲诵蔑闻。"他下诏兴学，选儒官。南朝宋文帝"雅好艺文，使丹阳尹庐江何尚之立玄学，太子率更令何承天立史学，司徒参军谢元立文学，散骑常侍雷次宗立儒学，为四馆。"②儒学馆为"四馆"之一。据文献记载，雷次宗"开馆于鸡笼山，聚徒教授，置生百余人。会稽朱膺之、颍川庾蔚之，并以儒学监总诸生"③。影响很大。北朝北魏道武帝"初定中原，虽日不暇给，始建都邑，便以经术为先"。孝文帝更是仰慕汉族文化，大力兴办儒学，史称"孝文钦明稽古，

---

① 《后汉书·光武帝纪上》、《后汉书·桓荣传》。

② 《文献通考·学校考二》。

③ 《宋书·雷次宗传》。

笃好坟籍，坐舆据鞍，不忘讲道"①。他还"立孔子庙于京师"。一切礼仪制度均效法汉人，大大加速了鲜卑族的汉化进程，促进了民族的大融合。北齐文宣帝曾下令全国各地郡学，立孔子庙，并明令定期举行祭祀，开全国各郡学祀孔的先河。

隋王朝建立以后，曾下诏广泛征集儒家经典，并加以整理、分类，分统于经、史、子、集四类，成为后来史籍分类的正统方法。同时，借助于全国的统一，积极促进南北儒学的合流，促使儒学中的"南人简约，得其英华，北学深芜，穷其枝叶"的不同特点逐渐融合。在经学教育方面有所改革和发展。

唐王朝开国伊始，高祖即"颇好儒臣"，下诏兴学崇儒，在国子学立周公孔子庙，四时致祭，使"学者慕响，儒教聿兴"。唐太宗更是"锐意经术"，即帝位后，先后设立弘文馆、崇贤馆，选拔儒术通明、学堪师范的儒家学者，委以重任，同他们讲论经文，商讨政事。唐太宗还命令国子祭酒孔颖达等人撰成《五经正义》，几经审订，颁行天下，定为全国各级各类官学的统一教材与明经科举考试的准式。

宋王朝为了抑制豪门，强化皇权，吸引庶族地主参政，扩大统治基础，便极力"兴文教，抑武事"，多次掀起兴学运动。仁宗庆历年间，范仲淹发起第一次兴学运动，州县普遍立学，并改革科举。神宗熙宁、元丰年间，王安石发起第二次兴学运动，改革学校制度，创立太学"三舍法"；颁《三经新义》，统一学校和科举内容。徽宗绍圣年间，蔡京发动第三次兴学运动，不仅声势、规模超过前两次，而且取得了一些实际效果。宋真宗曾作过一首《劝学诗》："富家不用买良田，书中自有千钟粟。安房不用架高梁，书中自有黄金屋。取妻莫恨无良媒，书中有女颜如玉。出门莫愁无随人，书中车马多如簇。男儿欲遂平生志，六经勤向窗前读。"

---

① 《北史·儒林传序》。

颇能反映其"重文"的政策导向。宋真宗时，创立了学田制，宋神宗时又诏给诸路学田，学田遂普及于诸路，从而为办学提供了经费保障。

辽、金、元的统治者为了加速本民族的文明进程，都采取了大力推行"汉化"教育的文教政策。尊孔崇儒则是这一政策的核心。辽主鸿基曾亲颁《五经传疏》给国学。辽兴宗重熙年间重用契丹族儒学大师萧韩家奴，以"明礼义，正法度"相标榜。金代的汉化教育更加深入，"城郭宫室、政教号令，一切不异于中国"①。元王朝建立后，元世祖不仅重视推行汉法，而且亲自挑选蒙古贵族子弟入太学接受教育，还创立社学以普及教育，并诏令地方长官利用孔庙的祭孔活动，进行儒家伦理道德教育，加强社会教化。

明王朝建立后，一直把尊经崇儒作为国策。明太祖于洪武初年下诏："天下甫定，朕愿与诸儒讲明治道。有能辅朕济民者，有司礼遣。"② 并遣使向全国访求贤才，诏纳明经儒士，给予高官厚禄。礼致耆儒，尊崇程朱理学，成为明代文教政策的指导思想。明太祖于洪武十五年（公元1382年），又更定学田制度，规定地方府、州、县均设置学田，以供办学经费和师生伙食之用；并实行所谓"赡贫供课"制，扶助贫困学生上学。这对教育的普及化与平民化起了一定的作用。

清王朝统治者同样尊崇程朱理学，以之作为支配人们思想和行动的最高权威。康熙皇帝曾亲书匾额"学达天性"四字，赐崇安武夷五曲书院暨婺源阙里紫阳书院悬挂；又书匾额"大儒世泽"四字及对联"诚意正心阐邹鲁之实学，主敬穷理绍濂洛之心传"，赐考亭书院悬挂。他还下旨把朱熹列为十哲之一，配享孔子。并命大学士熊赐履、李光地等理学大臣辑《朱子全书》，又亲自作

---

① 《宋史·陈亮传》。
② 《明史·太祖二》。

序，颁行全国。

由于国家对儒学和教育的重视，从而使教育得到较大的发展及一定程度的普及。早在春秋时代，孔子所创办的私学，弟子就达到三千人。汉代，建立了太学，太学生最多时达到三万人。唐代，太学学生额定为五百人，四门学学生额定为一千三百人，地方经科学校学生约有八万三千余人。宋代，熙宁四年创太学三舍法，三舍学生共二千四百人。徽宗崇宁元年三舍学生达三千八百人。地方官学的学生更多。此外，宋代还广建书院，据统计，书院达三百九十七所。元代以后，全国城镇和乡村，广泛建立社学，明洪武年间，单是姑苏府，城、乡所建社学即达七百三十所。民间教育相当普及。

中国历代王朝的重教与重儒是联系在一起的。重视儒学，必然重视教育。儒学通过教育而获得推广，教育又依靠儒学而得到普及。

二、学校制度

中国很早就建立了学校。从官学到私学，从中央的太学到地方的县学，从书院到私塾，学校的类型多种多样，制度是比较完善的。

在儒家经典《周礼》和《礼记》中，都载有"成均"与"成均之法"。据汉儒董仲舒称："成均，均为五帝之学。"郑玄因袭此说，认为成均是五帝时学校的名称，并由"均，调也"之义推论"成均"之学以乐教为主；成均的乐教传统，流传后世，成为古代教育的借鉴，以致西周大司乐所掌仍为"成均之法"，以"乐"教育贵胄子弟①。这实际上是中国古代学校萌芽传说的最早记载。

---

① 唐贾公彦《周礼·春官·宗伯下》"大司乐疏"。

在古代文献中，学校有庠序之称。一般都把有虞氏之学叫做"庠"，而把夏后氏之学叫做"序"。孟子说："庠者，养也。""庠"原本是贮藏大米的仓库，因其贮藏过养人之物，遂发展成为"善养人"的处所。孟子又说："夏曰序"①。"庠"和"序"是我国原始社会末期学校的雏形。

从文献记载看，周代设有"五学之制"，即：太学又称辟雍，为承师问道、天子自学、举行盛典之所，由太师、太保、太傅掌管；南学成均为学乐之所，由大司乐掌管；北学上庠，为学书之所，由诏书者掌管；东学东序，为学干戈羽龠之所，由乐师掌管；西学瞽宗，为演礼之所，由礼官掌管。"五学之制"突出地反映了古代"学在王官"的状况。

春秋战国时期，出现了经济下移、政治下移与学术下移三位一体的社会变革。所谓学术下移，就是由"学在王官"进至"学在民间"，私学开始兴起。儒学创始人孔子是创办私学最有成效的一位教育家，他设"杏坛"讲学，弟子三千，有成就者七十二人。战国时期齐国的稷下学宫，是一所诸侯国官办的高等学府，允许私人自由讲学，成为后世书院的嚆矢。英国著名学者李约瑟称之为"稷下书院"，他说："在中国，书院的创始可追溯到这个很早的时期。其中最有名的是齐国首都的樱下书院。"②春秋战国以后，我国的教育体制一直分为官学与私学两种形式。

汉兴，适应我国中央集权制的官立太学制度正式确立。汉儒董仲舒在贤良对策中建议兴办太学，他说："臣愿陛下兴太学，置明师，以养天下之士，数考问以尽其材，则英俊宜可得矣。"③汉武帝采纳了他的建议，并责成丞相、太常等贯彻执行。元朔五年

---

① 《孟子·滕文公上》。
② 《中国科学技术史》，第1卷第1分册，科学出版社1975年版，第199页。
③ 《汉书·董仲舒传》。

（公元前 124 年），公孙弘遵循武帝的旨意，拟定了创办太学的具体方案：第一，建立博士弟子员制度，在原有博士官的基础上兴建太学。第二，规定博士弟子的限额、身份以及选送办法，招收博士弟子五十人。博士弟子由太常或地方官选补，享受免除徭役和赋税的优待。第三，规定博士弟子成绩中、上等的可以任官。这一太学制度，为中国历代王朝所沿袭，成为培养上层统治人才的高等学府。

汉代中央官学除了太学以外，还有官邸学和鸿都门学。官邸学是贵族子弟学校。临朝执政的邓太后，认识到贵族子弟不受教育，将是"祸败所从来"。为了"褒崇圣道，以匡失俗"，邓太后决心立学设教，于安帝元初六年（公元 119 年），开邸第设学，诏征王室和邓氏子弟入学，邓太后还亲临监视，勉励子弟认真学习。鸿都门学则是一所文艺专科学院，创建于东汉灵帝光和元年（公元 178 年），因校址设在洛阳鸿都门而得名。据说曾招致近千名学生，以尺牍、小说、辞赋、字画为主要学习内容。

至于汉代的地方官学，则有郡国学校。郡国学最早创建于蜀郡。据记载，文翁在担任蜀郡太守期间，为了改变当地落后风习，一方面选拔郡县小吏中的优秀之士，派遣京师，学习儒经和汉代的"律令"，学成归蜀，以引进中原先进的文化；另方面又在成都创建官立学府，招收生徒，免除其徭役，学成之后，授以重任①。

三国时期，魏国的太学制度又有新举措，创立了"五经课试法"，规定初入学者叫"门人"，经过两年学习之后，考试能通一经者，才称为"弟子"，成为正式的太学生。考试不及格者，革除学籍。通五经者授予一定的官职。

西晋创立了国子学。据史籍记载："咸宁四年（公元 278 年），武帝初立国子学，定置国子祭酒、博士各一人，助教十五人，以

---

① 《汉书·循吏传》。

教生徒。"① 限五品官以上贵族子弟方可入国子学。这种规定显然是为当时的门阀制度服务的。

南朝宋文帝元嘉十五年（公元 438 年），曾下令在京师开设单科性的四馆，即玄学馆、史学馆、文学馆、儒学馆。梁武帝萧衍亦广开学馆，并于天监五年（公元 506 年），"置集雅馆以招远学。"② 集雅馆既是学校，又兼研究院性质。这是古代学校制度的又一新发展。

隋代又创立国子监，设祭酒专门掌管教育，属下且有主簿、录事等官员负责领导官学。除了中央设有国子学、太学、四门学以及书学、算学和律学等专科学校外，地方亦设有州郡县学。

唐代官学分中央官学和地方官学两级。中央设有国子学、太学、四门学、弘文馆、崇文馆以及律学、书学、算学、医学、天文历学、畜牧兽医学等专科学校。地方则设有郡县学。以经学教育为主的官学归国子监领导，且于国子监下设立广文馆。其他专业性的官学，皆归各有关业务部门领导。官学体制基本上确定下来。

宋代进一步完善了官学体制。中央官学中的国子学、太学、辟雍、广文馆、四门学、武学、律学、小学等，归国子监管辖；诸王宫学、宗学、道学，直属中央朝廷管辖；算学、书学、画学、医学则分属太史局、书艺局、图画局、太医局管辖。地方官学有府学、州学、军学、监学及县学。

元朝的国子学，特设蒙古国子学、回回国子学。这显然是适应入主中原的蒙古族统治者的需要而设立的。

在地方官学中，值得一提的是庙学与社学。庙学出现于金、元之际。据记载：金章宗明昌元年（公元 1190 年）"诏修曲阜孔子

---

① 《晋书》卷二十四《职官志》。

② 《南史·武帝纪》。

庙学"。泰和四年（公元1204年），又"诏刺史，州郡无宣圣庙学者并增修之"①。到了元代，庙学普遍发展，并制定了完备的典礼，遂成"一代庙学之制"②。庙学实际上是进行儒学教育的各级各类学校。它与地方学校的不同之处，在于它是以孔庙为校址，以祭奠为中心进行的一种临时性的教育，除学生之外，民家子弟亦可旁听。可以说是一种在民间进行普及教育的形式。元世祖至元二十三年（公元1286年），又创立社学。官方规定：全国各县所属村庄，五十家为一社，"择高年晓农事者立为社长"，要求每社建立一所学校，选择通晓经书者为学师，"农隙使子弟入学"③。以便对农民加强道德教化，普及农桑耕种技术。

降及明清（见彩图8），官学大致可区别为国子监、府州县学和社学三级三类。据史籍记载：当时"学校有二：曰国学，曰府、州、县学。府、州、县学诸生入国学者，乃可得官，不入者不能得也"④。诚如张业在《国子监题名记碑》中所说："国家以贤才为元气，贤才盛则盛，贤才衰则衰，才学者贤才所由以盛衰也。"⑤明清统治者设立国学的目的，是为了培养"经纶抚治的文臣"。社学，清又称义学，也是官方管辖下的民间教育场所。

至于私学，汉代以来一直比较发达。据司马迁记载，孔子死后埋葬于鲁城北泗上，有弟子及鲁人一百多家移居于孔子墓附近，其村落命名为"孔里"。其地世世以岁时奉祠孔子冢，而诸儒也在这里从事儒学教育活动，至汉二百余年不绝。司马迁的父亲过鲁时曾见到诸生习礼盛况，"适鲁，观仲尼庙堂车服礼器，诸生以时

---

① 《金史·章宗本纪》。

② 《四库全书总目提要·庙学典礼》。

③ 《元史纪事本末·科举学校之制》。

④ 《明史·选举志一》。

⑤ 《钦定国子监志·金石志·官师题名碑》。

习礼其家，"以致流连忘返①。又据《汉书》记载，汉高祖刘邦在即帝位之前，带兵围鲁，鲁儒依然讲诵习礼不辍，"高皇帝诛项籍，引兵围鲁，鲁中诸儒尚讲诵习礼，弦歌之音不绝。"② 私学教育之盛况，于此可见一斑。

汉承其后，私学教育相当发达。汉代私学大体上有三种基本类型：进行蒙学教育的书馆，学习经书的乡塾和从事专经教育的精舍。东汉特别重视经学教育。当时，私人教学的基地，多取名为"精舍"，或称"精庐"。它是后世书院的前身。清代阮元曾将他所创立的书院命名为"诂经精舍"，表示了对汉代私人讲学之风的追慕之情，从中亦不难看出精舍与书院之间的联系。

魏晋时期的私学教育，已经比较普及。私学既有蒙学性质的"书舍"，也有精研儒家经典的学校。有的私学既收束修，又可以免资入学。学生可以自由择师，亦可寄宿。例如，著名私学教育家范蔚，"家世好学，有书七千余卷。远近来读者恒有百余人，蔚为办食衣。"③ 这种私学更近似于后世的书院。南北朝时期的儒家私学，多为一些名儒所创办。这些儒家私学大师一般都不求个人荣利，绝意仕途，毕生从事私学教育。这也是私学昌盛和发达的一个重要原因。

唐末五代时期，由于官学的衰微，一些好学之士，便隐居教授，"相与择胜地立精舍，为群居讲学之所"，从而直接导致了书院的建立。

书院始建于唐代。最初，由官方设立的丽正书院和集贤殿书院，是唐朝朝廷收藏、校勘图书的场所，主要职责是刊辑经籍，并负责荐举贤才和提出某些建议，以备皇帝参考。作为学校性质的

---

① 《史记·孔子世家》。
② 《汉书·儒林传》。
③ 《晋书·范平传》。

书院则是私人建立的。开始时，一些学者将个人读书治学之所称为书院；后来，逐步发展成聚书建屋、受徒讲学的书院。例如，刘庆林建皇寮书院从事讲学①；陈衮建义门书院，"聚书千卷，以资学者，子弟弱冠，皆令就学"②；梧桐书院乃"罗靖、罗简讲学之所"③；等等。

宋代是书院大发展的时期。宋初，白鹿洞、岳麓（见彩图15）、应天府（睢阳）、嵩阳、石鼓等书院就已经十分著名。终宋之世，书院数量不断增加，有人统计，宋代书院达 397 所之多。一般说来，书院兼有三项任务：一是藏书，二是供祀，三是讲学。就藏书而言，应天府书院有藏书数千卷。白鹿洞书院刚刚修复，朱熹即将刘仁季赠送的《汉书》四十四通，送白鹿洞书院收藏，并奏请赐监本《九经注疏》藏于洞。就供祀而言，由供祀孔子扩大到供祀一个学派的先辈。南宋书院除供祀孔孟等儒家先圣先师外，特别重视供祀周、程、邵、张等大师，一则推重学统，"续千载不传之绪"，提高本学派的地位；再则纪念本师，标明或保持本学派的学术特点和学风。有的书院供祀的对象达数十人，从书院的供祀对象往往可以判断其政治倾向和学术宗旨。就讲学而言，书院以讲学作为主要活动，这也是书院作为教育机构的主要标志。南宋书院在讲学活动中有很多特点，例如：重视选择名师讲学；讲学内容具有学派特点，一个书院往往是某一学派研究和传播的基地；不同学派可以交互相聘，开展讲学活动，进行学术论辩；书院讲学，强调以自学为主，师生共研习、同商量。书院的讲学活动大大促进了两宋学术文化的发展。

宋代也是书院制度化的时期。南宋著名教育家朱熹亲手拟定

---

① 光绪《江西通志》卷八十一。
② 同治《九江府志》卷二十二。
③ 光绪《江西通志》卷八十一。

了《白鹿洞书院教条》。这是书院制度化的主要标志。《白鹿洞书院教条》明确规定,书院以"父子有亲,君臣有义,夫妇有别,长幼有序,朋友有信"为为学之目;以"博学之,审问之,慎思之,明辨之,笃行之"为为学之序;并提出了一系列修身、处事、接物的基本要求。它成为书院的标准学规。从孔孟私学,经稷下学宫、精舍或精庐,到书院制度,代表着中国私学教育发展不同阶段的典型形态。而制度化的书院堪称私学教育发展的最高形态。

原本作为私学教育机构的书院制度,到了元代,却开始走向官学化。元朝政府除对原有书院采用保留和鼓励的办法外,还帮助一些有名的官吏和学者广建书院,"设山长以主之,给廪饩以养之,几遍天下"①,对书院的师资任用、组织管理,乃至经费供给等都加强了控制。元朝书院山长,和官学的学正、学录、教谕一样,须经礼部、行省或宣慰司任命或在朝廷备案。这就促使书院发生了官学化的变化。

明代书院的发展比较曲折。嘉靖、万历以后,曾连续四次禁毁书院。第一次发生于嘉靖十六年(公元1537年)。起因于湛若水被指斥"倡其邪说,广收无赖,私创书院",而下令罢各处私创书院。第二次发生于嘉靖十七年(公元1538年),以官学不修,多建书院,耗财扰民为借口,诏"毁天下书院"。第三次发生于万历七年(公元1579年),以"空谈废业"和"摇撼朝廷"为名,封闭全国书院。第四次则因东林学派"讽议朝政,裁量人物",魏忠贤党人残害东林,并矫旨拆毁天下书院。但有禁毁就有反禁毁,每次禁毁不久即有所恢复,书院还是办了不少,据不完全的统计,约有745所。书院的活动亦盛况空前。例如,东林书院经常招集士绅讲学,"每月集吴越士绅会讲三日,远近赴会者数百人。"②当时,

---

① 《日下旧闻》。
② 《东林书院志·顾宪成行状》。

朝野士大夫争相响附，尤其是吴皖赣浙四省学士，几乎无一不属于东林之士，即令首倡并研究西方科学的李之藻、徐光启、杨廷筠等人，也常到东林书院讲学。东林书院的讲学活动不仅重视"涤荡凝滞，开发性灵"，活跃思想；而且标榜"风声雨声读书声声声入耳，家事国事天下事事事关心"，关心国事。确实为学术界吹入了一股新鲜空气。

　　鉴于明朝书院屡禁不绝的教训，清朝政府变抑制而为提倡。雍正十一年（公元1733年），谕知各省设立书院。这是清代提倡书院之始。清政府明令所设书院皆由封疆大臣控制，并由政府拨给经费，书院应为"读书应举"服务。实际上是以官办书院代替私人书院。这样，对书院的控制就容易得多了。清代书院以考据学派大师阮元办的"诂经精舍"和"学海堂"最为著名。杭州诂经精舍，首尾近百年，使两浙人文之盛冠于全国；广州"学海堂"也促使岭海人物蒸蒸日上。

　　中国古代的学校制度，自春秋战国以来，一直是官学与私学并举，二者遍布全国，为实践儒家"八岁入小学，十五入大学，择其才可教者聚之"的教育理想提供了一定的条件。

三、教育内容和方法

　　中国古代教育不仅学校制度比较完备，而且在教育内容和方法上也极富特色。

　　上古时代的中国原始教育，是以"声"为工具进行的，经历过所谓"声教讫于四海"的乐教阶段。同时，以"仪"为工具的原始礼教也很发达。宗教活动的仪式（礼）和原始音乐舞蹈（乐），构成了当时教育的主要形式和内容。这种原始的施教形式和内容，是由原始思想富有具体形象性和神秘性的特点所决定的。

　　夏代是我国文明时代的开端。上古原始社会的"礼"与

"乐"传至夏代，内容和性质都发生了变化。据记载，夏代已建立宗庙、社稷，举行郊天之祭，用于祭祀的夏礼远比虞舜时期隆重。夏代之乐，也远比上古时代发达，《大夏》之乐就是一个例证，它在西周被列为"六艺"之一。屈原曾描绘说："启九辩与九歌兮，夏康娱以自纵；不顾难以图后兮，五子用失乎家。"① 反映出乐在夏代已逐渐变为奴隶主享乐的工具。

商代的礼乐教育也非常发达。传说商汤曾命"伊尹作为《大护》，歌《晨露》，修《九招》、《六列》"②。商人在祭祀成汤时，敲钟击鼓，跳起万舞，嘉宾纷至，人人欢欣鼓舞，场面非常热闹。所谓"万舞"，是一位名字叫"万"的乐师所教的舞蹈。商代甲骨卜辞还把大学与宗庙神坛相提并论，说明商代的大学是施礼观化的场所。

夏商礼乐流传至西周，有的便成了礼教与乐教的重要内容。礼乐对西周一代思想文化以及教育的发展，影响十分深刻，以至形成了以尊礼重乐为特点的教育，并实行"诗书礼乐以造士"③。史称周公制礼作乐，制定了一整套典章制度和乐舞，其中包括人们的生活方式、宗教礼仪以及文化教育等方面的规范。周公以制礼作乐作为治国安民的重要措施，说明西周礼乐虽然仍服务于宗教的需要，但已逐渐政治化与伦理化了。

孔子沿着周公开辟的方向继续前进，最终完成了礼乐的政治化与伦理化，并将礼乐教育具体化，为我国古代教育做了奠基的工作。孔子十分重视礼乐，提出"不学礼，无以立"④，"立于礼，成于乐"⑤，以礼与乐作为人格修养的两大纲领。同时，孔子还把

---

① 《楚辞·离骚》。
② 《吕氏春秋·古乐》。
③ 《文献通考·学校考》卷四十。
④ 《论语·季氏》。
⑤ 《论语·泰伯》。

制礼作乐的权力操纵在谁手里，当做国家兴衰的准绳；把礼乐的使用当做严等级、定名分的标志。为了有效地进行礼乐教育，孔子系统地整理了《诗》、《书》、《礼》、《乐》、《易》、《春秋》等古代文化典籍，作为基本教材。孔子的教学科目主要是礼、乐、射、御、书、数等"六艺"；而教学内容则包括四个基本方面，所谓"子以四教：文、行、忠、信"①。即以文学、品行、忠诚和信实教育学生，重视对学生进行道德教育、文化知识教育和技能技巧的培养。可以说，这是一种德行兼备、知能兼求的教育。

孟子继承了孔子重视德育的传统。他从性善论出发，在政治上主张行"仁政"，在教育上则要求"善教"，以善教辅助仁政。他说："善政，民畏之；善教，民爱之。善政，得民财；善教，得民心。"② 孟子所谓"善教"，就是老者能衣帛食肉，老百姓能不饥不寒，然后再兴办学校，施行教化。教育的内容则是"申之以孝悌之义"③。孝悌是礼教的核心。孟子把社会中的人伦关系概括为父子、君臣、夫妇、长幼、朋友等五伦，并提出处理五伦关系的准则，就是所谓"父子有亲，君臣有义，夫妇有别，长幼有序，朋友有信"④。其中，以父子间的尊卑关系和兄弟间的长幼关系最为重要。对父兄的尊敬就表现为孝悌。孝悌是人们先天的"善端"发展而成的仁、义、礼、智"四德"的实际内容。同时，乐教也是从属于孝悌的。孟子还提出了道德教育的方法与内容，例如："存其心，养其性"，"反身而诚"，"求放心"，培养"浩然之气"，等等。

荀子从性恶论出发，主张"化性起伪"。何为"伪"？荀子解

---

① 《论语·述而》。
② 《孟子·尽心上》。
③ 《孟子·梁惠王上》。
④ 《孟子·滕文公上》。

释说："可学而能，可事而成之在人者谓之伪。"① 只要是人为的东西，都是"伪"，"伪"是人为的意思。所谓"化性起伪"，就是人为地改变人性。由于人性是恶的，因此必须通过圣人来教化，用"礼义法度"和道德规范来引导人们不断向善，追求进步。荀子很重视读经，他说："学恶乎始？恶乎终？曰：其数则始乎诵经，终乎读礼。"② 把读经的重点放在"礼"上，以读礼为学习的终点。他还认为"乐合同，礼别异"③，礼乐统管人心，是学习的总纲。荀子既是战国后期礼乐教育的大力提倡者，也开启了两汉时期经学教育的先河。

两汉特别提倡经学教育。所谓经学教育，顾名思义，就是以儒家经书为主要内容的教育。儒家经书是传统文化的集结，所以经学教育不可避免地侧重于传授儒家传统思想。但是，汉代的经学教育有两点值得注意：其一，汉代经学教育标榜"通经致用"。它不但要求通晓儒家经书，而且要求运用经学治世济民。汉代学者援经治事、理财甚至决狱者，屡见不鲜。说明汉代经学教育具有一定的实用性。其二，汉代经学教育兼容多种学科。经学实际上是一门尚未分化的学问，这就使汉代的经学教育，具有兼容哲学、伦理、历史、文学以及自然科学等多方面的内容。当时的经师们也有意识地吸取自然科学的成果，以充实儒学的内容，增强儒家政治、伦理、哲学观点的说服力。今文经学派就在吸收谶纬迷信思想的同时，大量运用自然科学知识，为其神学谎言作论证，使之神秘化。例如，在天文学知识方面，京房《易》论述了世界上最早的太阳黑子的天文观测记录，纬书《周易·乾凿度》阐述了有关宇宙演化的理论，《尚书纬·考灵曜》保存了有关地动说的

---

① 《荀子·性恶》。
② 《荀子·劝学》。
③ 《荀子·乐论》。

材料。在农业知识方面,《礼记·月令》开农家月令的先声,为统治者排列了遵照天时进行政治活动的时间表;《周礼·地官·司徒》提出了"土宜之法",用以安排农事("以任土事")。在音律学方面,蔡邕在讲说《礼》经时,探究了音律学原理和乐器音律测定问题,他说:"古之为钟律者,以耳齐其声。后不能,则假数以正其度,度数正则音正矣。""钟以斤两尺寸所容受升斗之数为法,律亦以分寸长短为度。"① 京房创造了六十律,制作了弦律。在数学方面,诚如范文澜所说:"汉儒用数理讲《周易》,纬书兼讲天文历数学,因之数学成为儒学的一部分。"② 在历史上,刘歆、马融、郑玄、贾逵等汉代经师,都是精通算学的学者。这类天文学、农学、音律学、数学知识,在汉代经学教育中都得到了较好的传授。儒家就是"有六艺以教民者"③。郑玄曾将教育内容归结为两大类:德行和道艺,即道德行为的培养和知识技能的传授。他概括说:"学,修德学道。"④ "道"包括"艺"在内,如马融所说:"道,六艺。"⑤ 这是符合汉代教育的实际的。

在隋唐时期的官学教育体系中,占据主导地位的仍然是经学教育。隋、唐不仅实现了政治上的统一,而且结束了汉代以来儒学多门、章句繁杂的局面,建立了统一的经学。经学教育也出现了新的气象。一是盛行义疏之学。隋代的刘焯、刘炫,"所制诸经义疏,缙绅咸师宗之。"⑥ 唐代许多经师,学识广博,善于发挥自己的独立见解。陆德明、徐文远说经,随端立义,各出己意,既博且辩,常令听者忘倦。国子祭酒孔颖达更是一代儒宗,他奉诏

---

① 蔡邕《礼记·月令》章句。

② 《中国通史简编》第二编,人民出版社 1964 年版,第 235 页。

③ 《后汉书·郑玄传》。

④ 《郑氏逸书·易注》。

⑤ 《郑氏逸书·孝经注》。

⑥ 《隋书·儒林列传序》。

编撰五经正义，几经更定，颁行全国，成为各级各类经学专科学校的统一教材。二是重视传授科技知识。隋唐一些经师在科学上有很深的造诣。史称"刘焯于《九章算术》、《周髀》、《七曜历书》十余部，推步日月之经，量度尚海之术，莫不核其根本，穷其奥秘。著《稽极》十卷，《历书》十卷，《五经述议》，并行于世。"又称刘炫"与术者修天文律历"，曾编著《算术》一卷①。他修订了《周髀》关于每百里日影差一寸的说法，为僧一行进行人类历史最早的子午线实测工作打下了基础。二刘在讲经的同时，兼传科技知识，孔颖达就是刘焯的门人。唐初傅弈和吕才等学者，还依据儒学经义，反对以佛教为代表的宗教迷信，指斥佛教"入家破家，入国破国"②，传授了自然科学知识。这是唐代儒学对科技教育所做的特殊贡献。

　　宋代的儒学教育又有新的发展。宋初范仲淹兴学时，特别将当时著名教育家胡瑗创立的"苏湖教法"推广到全国。"苏湖教法"的核心是"分斋教学"制度。所谓"分斋"，就是在太学中分"经义"和"治事"两斋。经义斋的学生必须学习六经经义，通晓儒家经典，具备较高的学术、道德修养。治事斋中又分为治民、讲武、堰水、历算等科，每个学生可以选学一个主科，兼学一个或几个副科。胡瑗这一分斋教学制度把行政、军事、水利、历算等实用学科正式纳入正规教学，改变了以儒学经典为主的单一的教学制度，是一项重大的创举。胡瑗的分斋教学原则和主副科制度，有利于更好地贯彻儒家传统的"因材施教"的教学指导原则。学问的门类原本多种多样，每个人一般不能兼习所有学科，只能依据各人的特长，学好一门或数门科学。分斋教学将志趣爱好、所习科目相同的学生集中在一起，相互研讨，相互磨砺，便于学生

---

① 《隋书·刘焯刘炫列传》。

② 《广弘明集》。

各尽其材，迅速成长。同时，胡瑗还注意探索新的教学方法。例如，他创造了一种直观教学法，将《周礼》、《仪礼》、《礼记》中所记载的礼仪器物，绘制成图形、图表，悬挂于讲堂之上，使学生从这些图形、图表中，人人得窥三代文物之懿，理解和掌握古代礼制的内容。又如，他带领学生考察游历，一次自吴兴率学生游历关中，至潼关，道路峻隘，舍车步行。既至关门，回顾黄河抱潼关，委蛇汹涌，而太华、中条环拥其前，一览数千里，形势雄伟，令人感奋不已，大大激发了师生对祖国壮丽河山的热爱。

宋代儒学教育的内容也发生了一个重大的变化，那就是"四书"教育。从北宋程颢、程颐开始，特别表扬儒家经典《礼记》中的《大学》、《中庸》两篇，至南宋朱熹又把它们与《论语》、《孟子》合为"四书"，并完成《四书章句集注》。从此，"四书"与"五经"并立，成为学校教育的主要内容。朱熹总结古代教育的经验，主张依学生的年龄、心理特征和思维水平，把学校教育划分为小学、大学两个阶段，他说："人生八岁，则自王公以下，至于庶人之子弟，皆入小学，而教之以洒扫、应对、进退之节，礼、乐、射、御、书、数之文；及其十有五年，则自天子之元子、众子，以至公卿大夫元士之适子，与凡民之俊秀，皆入大学，而教之以穷理、正心、修己、治人之道。此又学校之教，大小之节，所以分也。"[1] 小学教育是为培养圣贤打"坯模"，大学是进一步在上面加"光饰"。朱熹还提倡一种特殊的读书法，据记载，其"门人与私淑之徒，会粹朱子平日之训，而节取其要，定为读书法六条：曰循序渐进，曰熟读精思，曰虚心涵泳，曰切己体察，曰着紧用力，曰居敬持志"[2]。对后世产生了很大影响。

此外，宋代更加重视"蒙学"教育。我国古代提倡"蒙以养

---

[1] 《大学章句序》。

[2] 程端礼《程氏家塾读书分年日程》。

正"或"养正于蒙",就是在儿童智慧刚刚萌发时施以教育,用正当的方法启迪儿童健康成长。因此"小学"教育被称为"蒙学"教育。蒙学教育在知识教学上重视对基本知识熟读牢记。宋代编订了各种蒙学教材。综合性的蒙学教材《百家姓》和《三字经》,即为宋人所作。《三字经》文字简练,句句成韵,通俗易懂,读来朗朗上口,便于背诵。它先谈教育和学习的重要性,次及道德教育的基本纲领,然后介绍名物常识、读书次序、历史知识、勤勉好学范例,娓娓动听。例如,它说:"人之初,性本善。性相近,习相远。苟不教,性乃迁。教之道,贵以专。昔孟母,择邻处,子不学,断机杼。窦燕山,有义方。教五子,名俱扬。""养不教,父之过。教不严,师之惰。""三纲者,君臣义,父子亲,夫妇顺。曰仁义,礼智信,此五常,不容紊。"篇幅虽短,却包含了极其丰富的内容,而且非常系统、准确,实属罕见。它从宋末,经元、明、清,直到近代仍广为流传。在宋代流行的蒙学教材还有梁周兴嗣所著《千字文》,也是一种韵文体,四字为句,全文共二百五十句,无一字重复,以识字为主,包括天文、史地、动植物、农业知识、道德规范,如说:"天地玄黄,宇宙洪荒。日月盈仄,辰宿列张。寒来暑往,秋收冬藏。闰余成岁,律吕调阳。""乐殊贵贱,礼别尊卑。上和下睦,夫倡妇随。"《三字经》、《百家姓》、《千字文》等蒙学教材,简明扼要,通俗易懂,押韵上口,便于记诵,又很实用,所以流传甚为远广。

明制以科举为盛,学校惟储才以应科举。明代的太学教育,一依古制,"本之德行,文以六艺"[①]。其教学内容有《御制大诰》、《大明律令》、《四书》、《五经》、《说苑》等书。关于《四书》中的《孟子》一书,朱元璋特别命令,删除"民为贵,社稷次之,君为轻","君有大过则谏,反复之而不听则易位"等触犯君权独尊的

---

① 《南雍志》卷一《事纪》。

条文，达 85 处之多，编成《孟子节文》，刻版颁行全国学校，并规定删去部分"课士不以命题，科举不以取士"①。清承明制，科举以经义取士，"使士子沉潜于《四书》、《五经》之书。"② 至于广泛设立于全国城镇和乡村的社学，其教学内容，除传统小学所教的《三字经》、《百家姓》、《千字文》，以及《孝经》、《四书》之外，特别强调讲习冠婚丧祭之礼，进行礼仪教育。此外，新编了许多蒙学教材，流传较广的有：明吕得胜、吕坤父子编的《小儿语》、《续小儿语》，清王相编的《女四书》（包括《女诫》、《女论语》、《内训》和《女范捷录》），清程允升著、经邹圣脉增补的《幼学琼林》等等。程度较高的蒙学还要学习《东莱博议》、《唐宋八大家文钞》、《古文观止》等古文和《声律启蒙》之类的读物。

应该提到的是，清代著名教育家颜元，曾提出一套实学教育主张。在教育内容上，他反对"重心轻身"的教育，主张身心兼顾、性形并重的教育；反对书本教育，主张实事、实用的教育；反对"重文轻武"的教育，主张"文武兼备"的教育。在教学方法上，他提倡"习行"教学法，反对只用口耳，提倡用手足的活动，也就是用"实践"、"习动"、"劳动"以及强调观察实验等方法，以代替单纯的讲说和静坐读书。堪称中国古代教学发展史上的一次解放运动。

在儒家的影响下，明清两代的科普教育相当活跃。程大位所著《直指算法统宗》，全面介绍了近古时代的珠算。用珠算代替筹算，是计算工具的一大进步。《直指算法统宗》具有科普读物的特点，它问世之后，"海内握算持筹之士，莫不家藏一编，"③ 畅行达三百年之久，大大推动了珠算的应用，促进了我国社会经济特别

---

① 《明史》卷一三九《钱唐传》。
② 《钦定大清会典事例》卷三三二《礼部·贡举》。
③ 程世绥《算法统宗·撰序》。

是商业经济的发展。方观承所著《木棉图说》，绘有十六幅图并配有解说，系统地介绍了从种棉到织布的全过程，总结了各个生产程序的实际经验，对提高当时植棉和纺织技术有很大价值，促进了商品性农业的发展。此外，工艺技术、医学等方面，都有不少科普读物。

我国古代的教育是以儒学教育为主，其内容以道德教育为本，而辅之以技艺，即在重视道德教育的基础上，兼顾智能教育。这种教育曾使中国在历史上以礼义之邦著称于世，其经济和社会发展亦在长时期内处于世界领先地位。

四、教育的目的

儒家大力提倡教化，主张教育服务于政治，为统治阶级培养各类人才，提高民族素质。一言以蔽之，儒家的教育目的性非常明确。这也是中国古代教育的一个显著特点。

如前所述，夏后启依仗“教善”之功而战胜了有扈氏，其教育已经具有服务于奴隶主征伐天下的目的。商、周时期形成了以尊礼重乐为特点的教育，并以礼乐“造士”，亦即通过礼乐教化培养统治阶级所需要的人才。

儒家继承了夏、商、周三代以来的传统，特别重视教育的作用，以礼乐教化作为致治的重要手段，并以极大的热忱从事教育活动，为中华民族的文明与进步做出了巨大贡献。

儒家创始人孔子，坚持以道自任，即以继承和发扬民族传统文化为己任，所以，他说：“士不可以不弘毅，任重而道远。”[1] 而“士”之弘毅与否，与人格的训练密切相关。教育是培养高尚人格的有效途径。由此出发，孔子认为，教育的基本目的就是培养

---

[1] 《论语·泰伯》。

"志道"和"弘道"的志士或君子。用他的话来说，就是所谓"仕而优则学，学而优则仕"①。何为优？《说文》："优，饶也，从人从忧。"孔子所说的"优"，就是在这个意义上使用的。孔子这句话的意思是说，做官的人已经尽了职责而尚有余力，应致力于学问；做学问的人有了丰富的知识仍有余力，应去做官。有志于学问（"学"）是"志道"，实践所学（"仕"）是"弘道"。这是对于"士"即知识分子而言。对于人民大众而言，则是"先富后教"，使其懂得礼义廉耻，提高社会道德风尚。

孟子也同孔子一样，主张教育的目的在于培养"治人"的"君子"。他特别强调"明人伦"，认为自夏、商、周三代以来，兴学的目的"皆所以明人伦也"，即都是为了昌明父子、君臣、夫妇、兄弟、朋友等人与人之间的各种关系，以及处理各种关系所应遵循的行为准则。只要诸侯、卿大夫、士等上层统治者都能明白人与人之间的关系以及行为准则，下层广大民众自然会亲密地团结在一起，这就是所谓"人伦明于上，小民亲于下"②。至于非"君子"的下层百姓，孟子主张在其不饥不寒的前提下，兴办学校，申明孝悌之义，加强人伦教化，以实现"王道"之治。

荀子认为，教育的作用，在于"化性起伪"，不仅可以化愚为智，转恶为善，还可以变贱为贵，改贫为富，成为"圣人"和"士君子"。他说："我欲贱而贵，愚而智，贫而富，可乎？曰：其惟学乎！"③ 在政治上，荀子主张"礼治"与"法治"相结合。在教育目的上，荀子主张培养推行"礼法"的"卿相士大夫"的后备军，即所谓"文积学，正身行，能属于礼义"的贤能的"儒者"。不过，荀子又对儒者作了"俗儒"、"雅儒"、"大儒"的区分。

---

① 《论语·子张》。
② 《孟子·滕文公上》。
③ 《荀子·儒效》。

"俗儒"由于"术谬学杂",不懂得取法"后王"而统一当今的制度,也不知道重视礼义和《诗》、《书》,而遭到荀子的鄙弃。雅儒主张取法"后王"而"一制度",可以用他们治理"千乘之国"。这是荀子所要培养的最基本的人才。而荀子教育的最高目的,则是要培养"大儒"。因为"大儒"不仅能取法"后王","统礼仪,一制度",并且善于掌握"礼法"的大原则,做到"以浅持博,以古持今,以一持万","志安公,行安修,知通统类"①。这类"大儒"也就是荀子所要培养的理想中的"圣人"。

汉代以后,儒家对于教育目的论说甚多,实践也更加自觉。董仲舒认为,兴学养士是获致统治人才的重要途径,"夫不素养士而欲求贤,譬犹不〔琢〕玉而求文采也。"他在贤良对策中,建议汉武帝兴太学以养士,并以此作为教化天下的基地。他说:"养士之大者,莫大虖(乎)太学;太学者,贤士之所关也,教化之本原也……臣愿陛下兴太学,置明师,以养天下之士,数考问以尽其材,则英俊宜可得矣。"② 太学教育的目的在于培育英才。这也为后世官学教育确立了目标。此外,董仲舒还很重视施行社会教化,他提出:"立大学以教于国,设庠序以化于邑。"③ 全国城乡普遍设立学校,以此为基地,承流宣化,"节民以礼",移风易俗。

魏晋南北朝时期,更是直接以儒学教育服务于政治。曹魏将儒学教育作为树立"仁义礼让"之风的重要手段。魏文帝曹丕曾作出规定,根据读经的多少决定太学生将来做官的大小。晋代傅玄强调:"兴国家者,莫贵乎人","宣德教者,莫明乎学。"④ 主张教化的目的是使人民普遍懂得礼义,避免彼此相争相残,消除社

①　《荀子·儒效》。
②　《汉书·董仲舒传》。
③　同上。
④　《傅鹑觚集·太子少傅箴》。

会矛盾，为治国以至平天下奠定思想基础。北魏孝文帝仰慕汉族文化，兴办教育，推行汉化，大大加速了鲜卑族的汉化和封建化的进程，促进了民族的大融合。

唐代以教育与科举相结合，网罗人才。唐太宗在检阅新科进士时，曾得意地说："天下英雄尽入吾彀中矣。"最能反映唐代教育与科举的作用与本质。同时，唐代强调礼教，重视"以礼坊民"；并且以孝悌为礼教之本，极力提倡孝道，唐玄宗曾亲自注《孝经》。在提倡孝道的后面，隐藏着"欲求忠臣，必于孝子"的目的。

宋儒对教育目的的表述，以著名教育家胡瑗所提倡的"明体达用"最为典型，影响也最大。所谓"明体"，就是领会古代圣贤的思想，理解儒学经典的道理，掌握纲常名教的基本内容和要求；所谓"达用"，就是实践这些思想、道理和内容，作为修身、治国、处世的指导原则和知识才能。简言之，是一种"学以致用"的精神。它在宋代及后世有不同的表现形态。例如，程朱理学家突出"明体"，主张"穷理以致其知，反躬以践其行"，并把"明体"转化为"穷理"，强调读书；王安石、陈亮、叶适强调"达用"，发展为功利主义和经验主义；明清之际的王夫之、颜元等人则提倡"经世致用"之学；近代还出现体用之争；等等。

明清时期，全国上下普遍设立府、州、县学。究其目的，仍然超不出"育人才"和"善乡俗"两大范围。明太祖朱元璋曾颁布教令说："治国之要，教育为先；教育之道，学校为本"；朝廷的一项重要任务是："令郡县皆立学校，礼延师儒，教授生徒，以讲论圣道，使人日渐月化，以复先王之旧，革污染之习，此最为急务，当速行之。"[①] 清廷《御制学校论》说："治天下者，莫亟于正人心厚风俗，其道在尚教化以先之。学校者教化所从出，将以纳

---

① 《南雍志》卷一《事纪》。

民于轨物者也。"①明清府、州、县学的普遍设立，虽然是为了加强专制统治，但在客观上也推动了教育的普及化与平民化。

在儒家文化影响下的中国古代教育，始终是以培育各类统治人才和提高民族素质为目的的。这既是中华文明的重要表现形式，又是中华文明赖以持续发展的巨大文化动因。

---

① 《钦定国子监志》。

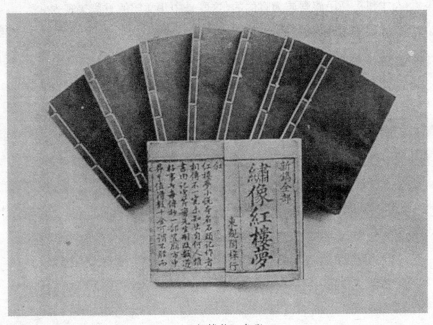

7　《红楼梦》书影

第 十 章

文 学 艺 术

作为社会文明表征之一的文学艺术，在中国古代是非常发达的。儒家曾为繁荣中国古代的文学艺术做出过独特的贡献。发达、繁荣的古代文学艺术是儒家文明的又一重要表现形式。

一、真善美统一的审美观念

中国古代的文学艺术极富魅力。这同儒家提倡和坚持真善美统一的审美观念密不可分。

儒家追求真善美特别是美善的统一。尽管儒家不否认美同感官愉快、情感满足的联系及其合理性和重要性，但它更强调这种联系必须符合于伦理道德的善，认为美与善在本质上是统一的，并力求实现这种统一。儒家以审美境界为人生最高境界。这种最高境界就是所谓"大人合一"的境界。它是一种符合自然而又超越自然的高度自由的境界，因而也是一种审美的境界。所以，在儒家美学中，达到了善的最高境界，也就是在最根本和最广泛的意义上达到了美的境界。

《说文解字》："美，甘也，从羊从大，羊在六畜给主膳也。"徐铉注："羊大则美，故从大。""美"字，最初是指头戴羊形装饰的"大人"即祭司或酋长，与巫术图腾有直接关系；后来逐渐脱离图腾巫术，而同味觉的快感联系在一起。随着社会历史的向前发展，感官的享乐同社会的伦理道德要求发生矛盾，必然在理论上提出美与善的关系问题。春秋时期,楚国大夫伍举说:"夫美也者,上下、内外、小大、远近,皆无害焉,故曰美。"① 认为治理国家,能使人人各得其所,国泰民安,君主受到远近四方人民的拥戴,就叫做"美"。第一次给美以明确的定义。在伍举看来,美是贤德,不是声色的享乐。这就把善置于美之上。郑国执政子产认为,对于五味、五声、五色之美,必须"为礼以奉之"②,也就是用一定的伦理道德原则加以节制。如果不加以节制,就会造成祸害。实际上,这是以"礼"规定美,赋予美以社会伦理道德的内容,并使美成为善的形式。这种思想为儒家所继承和发展。

在中国美学史上首次明确地区分美和善,是从孔子开始的。一方面,孔子重视审美所给予人的感性的愉快和享受。以音乐欣赏为例,孔子说:"乐,其可知也。始作,翕如也! 从之,纯如也! 皦如也! 绎如也! 以成。"③ 指出乐曲一般可分三部分:开始是众响忽发、给人以盛大感觉的前奏;接着是声音纯一和谐、节奏鲜明、音色清亮的展开部分;最后是声音相寻相续、不绝如缕的尾声。每一部分各有不同的美。孔子对于音乐美的欣赏,有时达到入迷的地步,"子在齐闻《韶》,三月不知肉味,曰:不图为乐之至于斯也。"④ 另方面,孔子也不否认个体审美的感性愉快同社会伦理道德的要求会发生矛盾。由此出发,孔子区分了美与善,"子谓《韶》尽美矣,又尽善也。谓《武》尽美矣,未尽善也。"⑤ 对于《韶》与《武》两种音乐的不同评价,说明美与善是有区别的,二者并非完全一致,"尽美"不一定"尽善",美可以独立于善而存在。 从孔子对音乐的欣赏来看,这种独立于善的美,指的是事

---

① 《国语·楚语上》。
② 《左传》昭公二十五年。
③ 《论语·八佾》。
④ 《论语·述而》。
⑤ 《论语·八佾》。

物给人以审美的感性愉快和享受的形式特征，如声音的悠扬、和谐、节奏鲜明，等等。这种美有其存在的意义和价值。与此同时，孔子又主张美与善的统一。因为要求善而使美沦为善的附庸，或者因为追求美而牺牲善，都是不可取的。正确的态度是追求"尽美"与"尽善"的高度统一。"尽美矣，又尽善也，"应该成为最高的理想追求。

荀子从性恶论观点出发，提出"化性起伪"的善美统一观。他说："人之性恶，其善者伪也。"只有通过后天努力学习仁义道德，才有可能使人性改恶从善。如何达到善与美的统一？首先，是加强主体的人格修养。在荀子看来，一个人的修养如果能够达到心好德如目好色、耳好声、口好味，显得非常自然而毫不勉强，也就达到了一种完全纯粹的精神境界。这种精神境界既是人格的善，也是人格的美，是二者的统一。其次，是改造客观的自然环境。荀子主张"化性起伪"，用礼乐规范人的行为，使之符合仁义；同时，礼乐还给人的情感以一种能够充分表达出来的重要的外在形式，这就是所谓"文理隆盛"。这样，"化性起伪"也就兼具善与美的意义。荀子说："性者，本始材朴也；伪者，文理隆盛也。无性则伪之无所加，无伪则性不能自美。性伪合，然后圣人之名一，天下之功于是就也。"① 美是"性伪合"的结果，也就是天然的材料加上人为活动努力，即客观的自然环境被人同化的结果，其中包含着美是人对客观世界进行改造的产物的最早的朦胧意识。

汉儒董仲舒则提出了"天地之美"的美善统一观。在董仲舒看来，天地具有美的品性。天地之美的第一个重要表现在于"仁之美"，他说："仁之美者在于天。"② 天地所具有的这种"仁之美"，在于它终而复始，养育万物，并以之奉养人，"天地之生万

---

①　《荀子·礼论》。
②　《春秋繁露·王道通三》。

物也，以养人，故其可食者以养身体，其可威者以为容服，"① 天 "不阿党偏私，而泛爱兼利"②。这是天地的大仁之所在，也是天地 的大美之所在。天地之美的另一个重要表现在于"和"。其所谓 "和"，是指阴阳二气的和谐、交融，"得阴阳之平"就是"和"。只 有阴阳二气协调统一，天地才能产生出奉养人的各种美好的东西。 所以，以"和"为美，就是以自然生命的合规律的、协调和谐的 发展为美。

儒学家重视美与善的统一，并非不讲美与真的统一。一般说 来，儒家还是颇为关心美与真的统一的。例如，儒家一再申述 "君子"不妄言、"修辞立其诚"，等等。只不过先秦乃至西汉儒家 一直未能在理论上明确地提出过美与真的问题，而其所理解的与 美相统一的真又主要以伦理道德为视角，指的是道德情感的真诚。 在中国古代美学史上，美与真的问题是由道家的老子首先提出来 的。儒家可以说直到东汉王充才明确地提出和集中地探讨了真与 美的问题。王充在"疾虚妄"的旗帜下，提出"真美"的概念，大 声疾呼地要求美与真相统一，以"真美"去战胜"虚妄"。这是王 充《论衡》一书的主旨。王充以"真美"与"虚妄"相对立，其 所谓"真"，主要是指记述和评价各种历史的、现实的人物事件的 善恶美丑，必须合乎事实，不能"增益事实，为美盛之语"③。 "真"就是要合乎事实，不虚妄，不隐恶。这是对当时普遍存在着 的"事实不见用"、"虚妄之言胜真美"的社会风气的有力针砭。

提倡真与美统一，在中国古代文论中是颇为常见的。刘勰就 是一位杰出的代表。他明确地指出："故为情者要约而写真，为文 者淫丽而烦滥。而后之作者，采滥忽真，远弃风雅，近师辞赋，故

---

① 《春秋繁露·服制象》。

② 同上。

③ 《论衡·对作篇》。

体情之制日疏，逐文之篇愈盛。"① 区分了"为情而造文"和"为文而造情"两种情况，认为"为情而造文"出于"志思蓄愤，而吟咏性情"，所以能"要约而写真"，为人所称道、欣赏；"为文而造情"由于"心非郁陶"，目的只在欺世盗名，所以"采滥忽真"，为人所非议、鄙薄。刘勰从文学创作上尖锐地提出了情感与文采的关系问题，认为"繁采寡情，味之必厌"，反对"采滥忽真"，要求文采的美丽必须与情感的真实相一致。充分表现了刘勰对美与真的统一的要求。

钟嵘也是真美统一论者。他主张诗要有一种完全出于自然的美，叫做"自然英旨"。钟嵘反对过分拘泥于声律上的种种规定，他说："务为精密，襞积细微，专相陵架。故使文多拘忌，伤其真美。"② 这里所说的"真美"，是与"拘忌"相对立的概念，它不只指情感的真实，更重要的是指用以抒发情感的语言要有一种流畅自然的美。"真美"意味着诗人的情感在文词中获得了毫无拘束的、自然而感人的表现。所以，在钟嵘那里，"真美"实际是指个体情感抒发的自然之美。立足于个体情感的自然抒发讲诗是钟嵘诗论的一个特点。它从一个侧面反映了古人对真与美统一的要求。

善与美的统一、真与美的统一，是儒家审美观念最基本的要求和特征。这种真善美统一的审美观念，不仅增加了中国古代文学的艺术感染力，而且为中国古代文学的发达与繁荣奠定了良好的基础。

二、文学

中国古代的文学，不仅内容丰富多彩，题材范围广阔，形式

---

① 《文心雕龙·情采》。
② 《诗品》。

多种多样，诗歌、小说、戏剧、散文，几乎应有尽有，而且为人民群众所喜闻乐见。

让我们先从文学的内容和题材谈起。

（一）文学内容和题材

中国古代文学的内容和题材是十分丰富的，从人民大众的日常生活到上层统治者的宫廷内幕，从男女爱情到疆场征尘，从壮丽河山到田园风光，从农民起义到民族斗争，从抗击侵略到国际交往，从关心民间疾苦到爱国爱家，从提倡纲常伦理到反抗封建礼教，几乎无所不包，无一不成为各类文学形式描写的对象。

作为儒家经典之一的《诗经》，内容和题材就很丰富。雅诗和颂诗是反映统治阶级祭祀活动及宫廷生活的乐歌。例如，《小雅·宾之初筵》具体描述了贵族饮宴的场面：宴会开始时，贵族们彼此礼让，"左右秩之"，显得彬彬有礼；当其饮酒未醉时，"威仪反反"，仪态审慎以礼相待；等到酒醉以后，就"不知其秩"、"载号载呶"，狂态毕露了。这是贵族们伪善和放肆品行的真实写照。《诗经》中的国风特别是民歌部分，表现了"饥者歌其食，劳者歌其事"的各种社会现象和现实生活，内容复杂，题材广阔。

儒家语录体散文《论语》，记述了孔门师生之间的教学活动，其特点是语言简练，用意深远，有一种雍容和顺、迂徐含蓄的风格。如说："岁寒，然后知松柏之后雕也！"① 表面上是对松柏的礼赞，实际上概括了丰富的社会现象和社会生活，包含了深刻的内容。

同样被列为儒家经典的《孟子》，以磅礴的气势，强烈的感情，锋利的笔触，充分地展示了战国时代尖锐激烈的阶级斗争。

汉儒董仲舒的《春秋繁露》，以文学的形式阐发古代哲人的思

---

① 《论语·子罕》。

想，被后人推崇为"体大思精，推见至隐，可谓善发微言大义者也"①。

诗词尤其是唐诗的题材和内容，更是多种多样。有的诗表达了将士们从军报国的英雄气概，不畏边塞艰苦的乐观精神，描绘了雄奇壮丽的边塞风光，也反映战士们怀土思家的情绪，揭露了将士之间苦乐悬殊的不合理现象。有的诗抒发了诗人"少小遇丧乱，妄意忧元元"的忧国忧民思想，以及"上马击狂胡，下马草军书"的从军报国壮志。有的诗反映了苛捐杂税给下层百姓带来的痛苦，揭露了贪官污吏的苛虐与残暴。这些都使唐诗增加了新鲜壮丽的光彩。

小说的内容和题材尤为广阔。长篇历史小说《三国演义》反映了三国时期惊心动魄的政治、军事斗争。以赤壁之战为例，《演义》不仅表现了周瑜、孔明的英雄才略，而且描写出鲁肃的诚恳忠厚，黄盖的赤胆忠心，阚泽的机智大胆，蒋干的愚而自用，塑造了一系列鲜明生动的人物形象，构成了一幅绚丽多彩的画卷。长篇小说《水浒传》反映了宋代波澜壮阔的农民起义斗争，以"排座次"作为起义事业发展的高峰，热情洋溢地歌颂了梁山泊这块光明的天地，描绘了农民对"八方共域，异姓一家"的理想社会的憧憬，与儒家的"大同"社会理想相一致。《金瓶梅》则是一部以家庭生活为题材的长篇小说，描绘了出暴发户、市井无赖勾结官府所构成的一个鬼蜮世界，集中地反映了明代后期的一幅社会生活画面。

歌颂爱国主义也是中国古代文学的重要内容之一。英雄传奇小说《北宋志传》描写了北宋杨业一家世代抵抗契丹侵略的忠勇事迹，不仅着力渲染了杨六郎的英雄事迹，而且比较突出地描绘了杨门女将的群像，赞扬保卫祖国的民族英雄和爱国主义的光辉

---

① 凌曙《春秋繁露注序》。

传统，谴责破坏抗敌事业的卖国行为。不过，小说所表现的爱国
思想，却与忠君思想紧紧地纠缠在一起。《说岳全传》则塑造了民
族英雄和爱国统帅岳飞的形象。"以身许国，志必恢复中原，虽死
无恨"，是岳飞决心抗金的自白。然而，作品同时也表现了这位抗
金民族英雄的愚忠、愚孝、愚仁，甚至死后为鬼，仍处处阻碍部
下向昏君和权奸起兵复仇。

　　受儒家思想影响，不少文学作品中充斥着道德说教的内容。所
谓"不关风化体，纵好也徒然"，是文学作品在内容方面的要求。
戏剧《五伦全备记》就是为满足这种要求而作的。剧中人物的唱
词充满了道德说教的意味，如说："这三纲五伦，人人皆有，家家
都备。只是人在世间，被那物欲牵引，私意遮蔽了，所以为子有
不孝的，为臣有不忠的……是以圣贤出来，做出经书，教人习读，
做出诗书，教人歌诵，无非劝化世人，使他个个都习五伦的道理。
然经书却是论说道理，不如诗歌吟咏性情，容易感动人心……近
日才子新编出这场戏文，叫做《五伦全备》，发乎性情，生乎义理，
盖因人所易晓者以感动之。搬演出来，使世上为子的看了便孝，为
臣的看了便忠……虽是一场假托之言，实万世纲常之理。"真是典
型的以道德说教为内容的作品。

　　也有的文学作品以反映儒家政治理想为内容。《南柯记》描写
槐安国的政治是"均无贫，和无寡，安无倾；一年成聚，二年成
邑，到三年而成都"；南柯郡的治绩是"只见青山浓翠，绿水渊环，
草树光辉，鸟兽肥润。但有人家所在，园池整洁，檐宇森齐。何
止苟美苟完，且是兴仁兴让"。虽然托之于蚁穴世界的寓言，却流
露了作者从儒家仁政出发的政治理想。

　　还有的文学作品"借离合之情，写兴亡之感"。历史剧《桃花
扇》以侯方域、李香君的爱情故事为线索，集中地反映了明末腐
朽、动荡的社会现实及统治阶级内部的矛盾和斗争。

　　中国古代文学的内容和题材是多种多样的，比较注重描写丰

富的社会现象和社会生活，反映尖锐激烈的阶级斗争。重视社会道德教化更是儒家对文学内容和题材的基本要求，同时也成为束缚中国文学发展的一个重要原因。

（二）文学形式

诗歌、小说、戏剧、散文等文学形式在中国古代文学史上具有重要地位。多种形式的文学艺术的存在，也为儒家文明增添了光彩。

1. 诗歌

有人说："中国是一个诗的国度。"① 这是符合实际的。在中国古代诸多文学形式中，诗歌不仅是一种既古老而又为人们所喜闻乐见的文学形式，而且在艺术上达到了很高的成就。

儒家认为，诗是表达人的志向的，"诗可以言志"②，或"诗言志"③。这里所说的"志"，指的是主体的怀抱、志向。同时，诗又是抒发人的感情的，"诗者，志之所之也。在心为志，发言为诗。情动于中而形于言，言之不足，故嗟叹之；嗟叹之不足，故咏歌之；咏歌之不足，不知手之舞之，足之蹈之。"④ 把抒发情志看做诗的本质特征。孔子论诗，讲究"兴观群怨"。所谓"兴"，即感兴，使人感动振奋；所谓"观"，即观察，使人认识生活；所谓"群"，即合群，使人团结一致；所谓"怨"，即讽刺，使人警觉清醒。"兴"是求美，"观"是求真，"群"、"怨"是求善。"兴观群怨"实际上是综真善美三者而言之。孔子教育学生说："不学诗，无以言。"⑤ 这是因为，当时统治者在朝会、祭祀、宴飨、游猎、外

---

① 《唐诗鉴赏辞典·序言》。
② 《左传》襄公二十七年。
③ 《尚书·舜典》。
④ 《毛诗序》。
⑤ 《论语·季氏》。

交、出兵等各种典礼仪式上，都要"赋诗言志"，或者以诗配乐伴舞礼神；人民群众在日常生活中也往往用诗歌表达思想，交流感情。因此，古代有大量的诗作流传下来。孔子曾经对这些诗歌进行了一番整理，司马迁说："古者诗三千余篇。及至孔子，去其重，取可施于礼义，上采契、后稷，中述殷、周之盛，至幽、厉之缺，始于衽席……三百五篇，孔子皆弦歌之，以求合《韶》、《武》、《雅》、《颂》之音。礼乐自此可得而述，以备王道，成六艺。"① 孔子选编诗歌，有一个明确的主题，这就是："诗三百，一言以蔽之，曰'思无邪'。"② 后来，汉武帝"罢黜百家，独尊儒术"，孔子所选编的《诗》亦获得崇高的地位，被列为"五经"之一，称为《诗经》。

《诗经》是我国第一部诗歌总集。它分"风"、"雅"、"颂"三部分。所谓"风"，即地方乐歌，是当时收集编纂的十五个邦域的"民俗歌谣之诗"（朱熹语），有周南、召南、邶风、鄘风、卫风、王风、郑风、齐风、魏风、唐风、秦风、陈风、桧风、曹风、豳风等，统称"十五国风"。所谓"雅"，即雅乐或朝廷之乐，是周代王畿内的正乐，分"大雅"和"小雅"两种。所谓"颂"，即宗庙之音、祭祀乐歌，主要是周天子、诸侯的祭祀用诗，也有其他礼仪用诗，分周颂、鲁颂、商颂。

《诗经》中除了大量的贵族祝颂诗、颓废诗以及男女爱情诗以外，还有不少政治讽喻诗。单就政治讽喻诗而言，在《大雅》、《小雅》中，即达22篇之多，主要是西周末年东周初年的诗歌。这些诗歌揭露了政治的腐败和现实的黑暗。例如，《大雅》的《桑柔》、《板》、《荡》等直斥厉王横征暴敛，国人发出了"於乎有哀，国步斯频"的哀叹；《小雅》的《十月之交》、《正月》、《瞻仰》等

---

① 《史记·孔子世家》。

② 《论语·为政》。

则集中谴责了幽王宠信褒姒、任用权奸、昏庸误国的罪行。这些讽喻诗在一定程度上反映了当时的社会现实，对人民寄予深切的同情，可以说是周王朝覆灭的挽歌。

后世诗人继承《诗经》的优良传统，使政治讽喻诗获得进一步的发展。以高度发达的唐诗为例，即不乏政治讽喻诗。郑畋在《马嵬坡》一诗中说："玄宗回马杨妃死，云雨难忘日月新。终是圣明天子事，景阳宫井又何人。"末句的"景阳宫井"是用陈后主的典故。当年隋兵打进金陵，陈后主与其宠妃张丽华藏在景阳宫井内，一同作了隋兵的俘虏。诗中以昏昧的陈后主作为玄宗这一"圣明天子"的陪衬，颇有几分讽意。如果说，这首《马嵬坡》诗的讽喻还是比较婉转的话，那么，罗隐的《帝幸蜀》诗，其讽刺可就一针见血了，他说："马嵬山色翠依依，又见銮舆幸蜀归。泉下阿蛮应有语，这回休更怨杨妃。"前一回玄宗为躲避安史之乱而入蜀，在马嵬坡缢杀杨贵妃以塞天下人之口；这一回僖宗再次酿成祸乱奔蜀，可找不到新的替罪羊了。诗人故意让九泉之下的玄宗出来现身说法，其讽刺意味是够辛辣的。白居易的讽喻诗尤为杰出。他从"惟歌生民病"出发，写了不少讽喻诗。其讽谕诗的第一个特点，是广泛地反映人民的痛苦，抨击"一人荒乐万人愁"的社会现实；第二个特点，揭露统治阶级的"荒乐"及各种弊病，以"救济人病"；第三个特点，是宣扬爱国主义思想，弘扬民族正气。

诗本来是抒情言志的，但亦不排除说理。宋诗是重理的典型。理学家程颐认为，诗既不能阐扬天理，亦无裨于教化，是毫无价值的"闲言语"。他平生绝少作诗，偶有所作，也是理胜情淡，比如，他作过一首《谢王佺期寄丹诗》："至诚通圣药通神，远寄衰翁济病身。我亦有丹君信否，用时还解寿斯民。"意思是说，治病与济世都需要有"灵丹妙药"，但医生的治病之药只能救治一身，解除个人的病痛，保证一人的健康长寿；而儒家的济世之道却能救济众生，解除天下百姓的痛苦，使他们安居乐业，健康长寿。这完全是一首哲理诗。朱熹也写了不少哲理诗，如《观书有感》："半亩方塘一鉴开，天光云影共徘徊。问渠那得清如许？为有源头活水来。"在这首诗中，朱熹通过生动的比喻，把理性的启悟化为感性的形象，亲切有味地表达出来，颇富哲理。又如《水口行舟》："昨日扁舟雨一蓑，满江风浪夜如何？今朝试卷孤蓬望，依旧青山绿水多。"在这首诗中，朱熹将雨夜行舟的一段经历和感受，凝练为诗句，自然凑泊，真味发溢，流露出一种耐人寻味的理趣。

　　在中国古诗中，山水诗自来别具一格。山水诗多寄托着诗人的挚热情怀，往往是诗人自己的写照。这里仅以唐代诗人的庐山瀑布诗为例，略作论述。张九龄写过一首《湖口望庐山瀑布水》："万丈红泉落，迢迢半紫氛。奔流下杂树，洒落出重云。日照虹霓似，天清风雨闻。灵山多秀色，空水共氤氲。"这首诗描写出一幅雄奇绚丽的庐山瀑布远景图，而又寓比寄兴，于写景中寄托着诗人的理想与抱负。表面看来，它好像只是在描写、赞美瀑布的景象，有一种欣赏风景、吟咏山水的名士气度。稍加吟味，即可感觉其中蕴激情，怀壮志，显出诗人胸襟开阔，风度豪放，豪情满怀。真是"诗言志"，山水即人，全诗的艺术效果奇妙有味。李白（见彩图 13）有一首为人熟知的《望庐山瀑布》诗："日照香炉生紫烟，遥看瀑布挂前川。飞流直下三千尺，疑是银河落九天。"庐山瀑布到了李白的笔下又是另一番景象：巍巍香炉峰藏在云烟雾霭之中，瀑布从云端飞流直下，气势磅礴，雄伟壮观，显出李白那种"万里一泻，末势犹壮"的艺术风格。中唐诗人徐凝也写过一首《庐山瀑布》："虚空落泉千仞直，雷奔入江不暂息。千古长如白练飞，一条界破青山色。"场景虽也不小，然终给人以局促之感，这显然同诗人的气度与胸襟有关。此诗与李白相比，相去甚远，以致遭到苏轼的批评："帝遣银河一派垂，古来唯有谪仙词。

飞流溅沫知多少，不与徐凝洗恶诗。"①

在中国诗歌史上，没有出现过长篇史诗。但是，儒学经典《诗经》以丰富的思想内容和辉煌的艺术成就，构成了我国古代奴隶社会一部壮丽的史诗，是可以与古希腊史诗相媲美的。

2. 小说

在中国文学史上，小说也占有重要地位，其成就也是很突出的。

中国的小说虽然到魏晋南北朝时期才粗具规模，却有一个长期的历史发展过程，可以一直溯源到古代的神话和历史传说。在《山海经》、《穆天子传》等古籍中，就保存了很多神话故事。

最早提到"小说"二字的，是《庄子》一书，书中说："饰小说以干县令，其与大达亦远矣。"② 但指的是一些不合大道的琐屑之谈、小道新闻，是一种口头文学。班固说："小说家者流，盖出于稗官，街谈巷语，道听途说者之所造也。"③ 这里所说的，才近于小说。

魏晋南北朝时期，宗教迷信思想盛行，广大人民在极端困迫的生活里，运用各种方式向压迫、剥削他们的反动统治阶级展开了英勇的斗争。因此，志怪小说大量产生，《搜神记》是其代表作。同时，由于社会流行品评人物的清谈风尚，又促进了记录人物轶文琐事的轶事小说的盛行。《世说新语》就是记叙轶闻隽语的笔记小说的先驱，也是后来小品文的典范。

中国小说发展到唐代，进入了一个新的阶段。鲁迅说："小说亦如诗，至唐代而一变，虽尚不离于搜奇记逸，然叙述婉转，文辞华艳，与六朝之粗陈梗概者较，演进之迹甚明，而尤显者乃在

---

① 《苏东坡全集·戏徐凝瀑布诗》。

② 《庄子·外物篇》。

③ 《汉书·艺文志》。

是时则始有意为小说。"①唐人自觉为传奇，认为小说非奇不传，把传人间之奇作为小说的一大特征。洪迈也说："唐人小说，小小情事，凄婉欲绝，洵有神遇而不自知者，与诗律可称一代之奇。"②指出了小说叙述故事、塑造形象、表达感情的特征，并把小说与唐诗相提并论，使小说登上了文学艺术的殿堂。

随着新儒学的产生与发展，宋代以后小说的发展也深深地打上了儒学的烙印。这里以几部文学名著为例，予以说明。

《三国演义》不仅是我国章回小说中出类拔萃的开山作品，也是我国最有成就的长篇历史小说。它是罗贯中在民间传说及民间艺人创作的话本、戏曲的基础上，又运用《三国志》等正史材料，结合丰富的生活经验，创作而成。《演义》描写了曹操、刘备、孙权三个政治集团的激烈斗争，塑造了一系列鲜明生动的人物形象，构成了一幅绚丽多彩的画卷。其中，"拥刘反曹"是贯穿全书的一条主线。刘备从一开始就抱着儒家"上报国家，下安黎庶"的理想，处处以人为本，一生行事"远得人心，近得民望"，被塑造为一个理想的仁君形象。相反，曹操却是一个极端利己主义者的典型，他诡谲多变、心狠手毒，"宁教我负天下人，休教天下人负我，"被塑造为一个野心家、阴谋家的形象。《演义》"文不甚深，言不甚俗"，雅俗共赏，具有简洁、明快而又生动的特色，成为中国文学史上一部不朽的历史名著。

《水浒传》是反映农民起义的长篇小说。它是施耐庵在宋话本和元杂剧的基础上，汇集民间传说，经过选择、加工、再创作而成的。《水浒传》描写了农民起义的英雄们如何一个个被"逼上梁山"的历程，揭露了封建社会的黑暗与腐朽。《水浒传》用以号召和组织群众的思想基础是"忠义"，在某种程度上注入了被压迫阶

---

① 《中国小说史略》。

② 《唐人说荟·例言》，《中国历代小说论著选》上，第64页。

级的思想感情和道德观念，是对儒家思想的改造。起义领袖宋江的形象就是"忠义"的典型。他反对强暴，反对贪官污吏，尤其好"济人贫困，周人之急，扶人之危"，因而被称为"及时雨"。但由于他出身于中小地主家庭，又是"刀笔小吏"，有浓厚的正统观念和忠孝思想，对统治阶级存在较多的妥协性，被逼上梁山后，还是"权借水泊暂时避避难"，只待朝廷赦罪招安，向往着日后"封妻荫子，清史留名"。而广大农民起义军所憧憬的理想社会则是："八方共域，异姓一家"；大家"一般儿哥弟称呼，不分贵贱"；"一样的酒筵欢乐，无问亲疏。"《水浒传》与《三国演义》共同形成了我国小说发展史上的第一个高峰，不仅为明代文学而且也为全部中国文学史增添了光辉。

清代长篇小说《红楼梦》（见插图 7）是曹雪芹创作的。它描写了贾宝玉的爱情与婚姻悲剧，并揭示了造成悲剧的全面而深刻的社会根源。小说的全部故事是作者在生活的基础上虚构出来的，环绕主人公贾宝玉描写了大大小小不同阶级和阶层、不同年龄和性别、不同姿容和性格的几百个人物，以及他们互相之间所发生的形形色色的相互依存和矛盾的关系，天然浑成，不见人工斧凿的痕迹。作者安排了两个鲜明对照的世界：一是以女性为中心的大观园，这是被统治者的世界；一是以男性为中心的社会，这是统治者的世界。前者以一群丫鬟为主，还包括贾府娇艳的小姐们在内，是一个自由天真、充满了青春的欢声笑语的女儿国；后者则是与之对立的男子世界，还包括掌权的贵族妇人贾母、王夫人、王熙凤等人，在权威和礼教的外衣下，处处都是贪婪、腐败和丑恶。作者以一个贵族家庭为中心展开了一幅广阔的社会历史图景，对社会生活的各个方面作了深入细致的刻画，在艺术上取得了辉煌的成就。它被誉为百科全书式的长篇小说，其博大精深在世界文学史上也是罕见的。对《红楼梦》的评价和研究，已形成一门专门的学问，被称为"红学"。

　　此外，一些小说更直接地宣扬儒家的名教思想。例如，化名"西周生"辑著的清代小说《醒世姻缘传》写了两世姻缘。作品在暴露封建社会和封建家庭的污秽、欺诈、罪恶的同时，又站在维护一夫多妻和纲常礼教的立场上，批判所谓"阴阳颠倒，刚柔失宜，雌鸡报晓"的现象，要求妻要"贤惠"，能"容得妾"；妾应当"老实"，知道"嫡庶"之别；而妻妾都该懂得"夫者，妇之天"，要对丈夫"拿出十分的敬重"。并用佛教因果轮回的迷信思想解释"恶姻缘"产生的原因。又如，道光年间"燕北闲人"（真名文康）所作的《儿女英雄传》，作者自称小说是传写康熙末年雍正初年"京都一桩公案"，目的是"作一场儿女英雄公案。成一篇人情天理文章，点缀太平盛世"。作者硬把"儿女"和"英雄"强糅在一起，说"有了英雄至性，才成就得儿女心肠；有了儿女真情，才做得出英雄事业"。并据此敷衍成一部"英雄儿女"的传记，着重描绘了一个五伦兼备的"全福家庭"，充斥着迂腐的道德说教。

　　3. 戏剧

　　戏剧也是中国古代艺术的一种形式。儒家在注意戏剧这种艺术形式的娱乐性的同时，更重视其道德教化功能。因此，道德剧在中国古代戏剧中占有重要位置。

　　中国古典戏剧经历了一个漫长的形成与发展过程。这一过程与儒家的文艺观有着密切的关系。

　　在古代中国，诗歌、音乐、舞蹈统称为"乐"。戏剧亦包含在"乐"中。《毛诗序》说："诗者，志之所之也。在心为志，发言为诗，情动于中而形于言，言之不足，故嗟叹之，嗟叹之不足，故咏歌之，咏歌之不足，不知手之舞之足之蹈之也。"据《尚书·舜典》记载："予击石拊石，百兽率舞。"勾勒了一幅远古猎人的狂欢图：一群猎人敲击着石器，身披各种兽皮，依照节奏欢快地舞蹈。又据《吕氏春秋·古乐》记载："葛天氏之乐，三人操牛尾，投足以歌八阕。"勾画了一幅先民的歌舞图：三人手持牛尾，投足起舞,并唱八阕歌。原始时代的歌舞既是人们内心感情的迸发,也具有祈福和酬谢神明的宗教意味。人们往往用歌舞祭祀祖先、庆贺征战胜利、驱鬼除疫。其中,驱鬼除疫的歌舞称为傩舞,舞者皆戴面具,它的脸谱、化妆、表演在民间产生了深远的影响,甚至连孔夫子也要毕恭毕敬地穿戴整齐去看"乡人傩"呢!

西周末年,出现了职业艺人——优,亦称倡优或俳优。倡优以表情动作从事笑谑讽谏。《史记·滑稽列传》记载了一则"优孟衣冠"的故事:楚国宰相孙叔敖为楚庄王称霸立下汗马功劳,死后连儿子的生活都很困难。楚优孟便穿上孙叔敖的衣服,扮演故相孙叔敖去讽谏楚庄王。此后,"优孟衣冠"遂成为优伶的同义语。提倡"善为言笑"必须"合于大道"是儒家的思想,并且构成了中国古典戏剧的特质。

汉代盛行"百戏",又称散乐,实乃汉代民间歌舞、杂技、武术的总称。有一出叫做《东海黄公》的角抵戏,演东海地方的黄公想以符咒制服老虎,结果反被老虎咬死。角抵本身是摔跤、相扑角力,而角抵戏则有了故事情节,包含了做、念、打几种因素,向真正的戏剧又迈进了一步。

唐代出现了多种形式的歌舞戏。如大面,又称代面,是戴着面具演出的歌舞戏;钵头,又作拨头,是来自西域的一种艺术形式。此外,还有参军戏,于男角色之外,出现了女角色,还加进了歌唱及弦管伴奏,发展为载歌载舞的故事表演,具备了戏剧的雏形。

两宋是儒学复兴的时代,也是文学艺术繁荣的时代,真正意义上的中国古典戏剧终于形成了。这时,不仅有大量的话本问世,而且出现了大型的游艺场——瓦舍。瓦舍的演出"百戏杂陈",一派兴旺景象。宋杂剧继承了"优孟衣冠"的传统,"大抵全以故事世务为滑稽，本是鉴戒，或隐约谏诤也。"①抨击时政，嘲讽权贵，对社会黑暗现象进行辛辣讽刺，是宋杂剧的特点。

与此同时，在北方则流行金院本与诸宫调。金院本是和宋杂剧同一类型的戏剧形式，只是所用音乐和演出方式稍有不同，逐步向代言体的演唱过渡，元杂剧即是以此为基础孕育而成的。诸宫调是以不同曲调编缀起来，铺叙一个长篇故事。董解元《西厢记诸宫调》用十四种宫调的一百九十三套曲子铺叙一个美丽的爱情故事，奠定了王实甫《西厢记》的基础。

元杂剧的出现使中国古典戏剧进入了鼎盛时期。这是一个群星灿烂、名作如云的时代。元人所著录的知名剧作家就有七十余人，杂剧剧目四百多种②。关汉卿一人创作的杂剧即达六十七部之多，思想和艺术都达到了很高的成就。最脍炙人口的是《窦娥冤》，表现了贫家女窦娥被无辜陷害，不肯向黑暗势力屈服，不甘向命运低头，冤魂感动天地的故事。它如《单刀会》以豪壮的语言、昂扬的情调塑造了关羽这样一个叱咤风云的古代英雄。王实甫以《西厢记诸宫调》为蓝本写成的《西厢记》，描写了张生和莺莺之间动人的爱情故事，主人公莺莺被塑造成一个以"情"抗"礼"的女性典型。《西厢记》不仅主题思想极其深刻，艺术成就也非常突出，成为中国四大名剧之一。

明代心学高扬个性，推动了思想的解放，也促进了文学艺术的发展。16世纪中叶兴起的昆曲，将中国古代戏剧舞台艺术推向一个高峰。明代产生了不少昆曲名家和名作。汤显祖是传奇创作上独领风骚的人物。他的《牡丹亭》、《南柯记》、《邯郸记》、《紫钗记》，统称"玉茗堂四梦"。其中，《牡丹亭》描写杜丽娘与柳梦梅的生死恋，表达了青年男女追求个性解放，要求爱情自由、婚

---

① 耐得翁《都城纪盛·瓦舍众伎》。
② 钟嗣成《录鬼簿》。

姻自主的强烈呼声。其他如《鸣凤记》、《宝剑记》、《浣纱记》等三大传奇，也都在思想和艺术上达到了很高的成就。相传为王世贞或其门人所作的《鸣凤记》是一部明嘉靖年间的现代戏。剧本写"双忠八义"十位大臣前仆后继，英勇搏斗，历时十七年，终于扳倒权奸严嵩父子的故事。严嵩之子严世蕃恶贯满盈，刚刚伏诛，这出戏立即上演，反映现实政治斗争之迅速及时，可以说前所未有。

在戏剧问题上，儒家从"美风俗，敦教化"的观点出发，持"淫戏"有害论而予以反对。陈淳写过一篇论淫戏的文章，说："常秋收之后，优人互凑诸乡，保作淫戏，号乞冬。群不逞少年，遂结集浮浪无图数十辈，共相唱率，号曰'戏头'，逐家哀敛钱物，豢养优人作戏，或弄傀儡筑棚，于居民丛萃之地，四通八达之郊，以广会观者，至市廛近地四门之外，亦争为之而不顾忌。今秋自七八月以来，乡下诸村正当其时。此风在在滋炽……其实所关利害甚大。"① 陈淳的这一论述反映了儒家对待戏剧的一般态度，但也从一个侧面反映了人民大众对戏剧的喜爱，就在于戏剧是最接近民间的，它在形式上是人民群众喜闻乐见的，在内容上是反映人民群众自身的生活和思想感情的。因此，戏剧不怕禁，也禁不了。

4. 散文

散文不仅是中国文学的重要形式，而且是最适宜于实用的一种文学形式。

散文在中国文学史上源远流长。其源头可以一直追溯到文字产生之初。甲骨卜辞就是一种十分幼稚的散文。在儒家典籍中，不乏散文的经典之作。《尚书》是早期散文的代表作，其中的《周书》，包括了周初到春秋前期的散文。《春秋》，语言简练明白，是

---

① 《上传奇丞论淫戏》。

这个时期散文的进一步发展。而《左传》、《国语》则是战国初年或稍后的散文作品。《战国策》大概是秦汉间人杂采各国史料编纂而成，后经刘向重新整理，定名为《战国策》，相沿至今。

先秦诸子的散文，在中国文学史上占有重要地位。单就儒家散文而言，早期作品有《论语》，它是纯语录体散文，主要是记言，其中多半是简短的谈话和问答。其主要特点是语言简练，用意深远，有一种雍容和顺、迂徐含蓄的风格。中期作品有《孟子》，基本上还是语录体，但已有显著发展，形成了对话式的论辩文。其主要特点是气势充沛，感情强烈，笔带锋芒，富于鼓动性，有纵横家、雄辩家气概，充分反映战国时代尖锐激烈的阶级斗争。后期作品有《荀子》，在先秦散文中已经发展到议论文的最高阶段。其文多长篇大论，必发挥尽致，畅所欲言而后已。大抵论点明确，层次清楚，句法整练，词汇丰富。著名的《劝学篇》比喻层出不穷，辞采缤纷，令人应接不暇，且通篇用排偶句法，具有韵文风格。从《论语》经《孟子》到《荀子》，篇幅由短而长，风格由简朴而开拓、纵恣，代表着春秋战国时代各个阶段的散文。

两汉是散文高度发达的时代。首先是历史散文的兴盛。其主要标志是司马迁的《史记》。司马迁接受了儒家的思想，自觉地继承孔子的事业，把自己的著作看成是第二部《春秋》。他"网罗天下放失旧闻……考之行事"，稽其成败兴衰之理，以五种不同的体例，"略推三代，录秦汉"①，全面反映上古三千年的历史发展，完成了《史记》这部空前的历史著作。《史记》以人物为中心，不仅开创了"传记体"的历史学，而且其中许多篇人物传记又具有极高的文学价值，因而也开创了传记文学。《报任安书》表白了司马迁为了完成自己的著述而决心忍辱含垢的痛苦心情，是一篇饱含感情的杰出散文。其次是政论散文的勃兴。贾谊是其出色代表。贾

---

① 《史记·太史公自序》。

谊的《过秦》是一篇著名的政论散文，总结了秦王朝盛衰变化的历史经验，分析了秦末农民大起义的原因，吸取了秦二世而亡的教训。桓宽的《盐铁论》是西汉后期具有代表性的一篇政论散文。它从现实问题出发，针砭时弊，切中要害，并保持了前期政论文浑朴质实的特点。东汉历史散文除《汉书》外，还出现了赵煜的《吴越春秋》和袁康的《越绝书》等杂史类散文，亦可谓散文的一种新发展。

三国时代，曹操的散文独具一格，个性鲜明。如《让县自明本志令》，用简朴的文笔，把他一生的心事披肝沥胆地倾吐出来，具有政治家雄伟的气魄和斗争的锋芒。他在文中直言不讳地说："设使国家无有孤，不知当几人称帝，几人称王"，这些话是非曹操不能道的。

盛唐时代，除了唐诗的发展达到了繁荣的顶峰外，古文运动也是中唐文学发展的重大成就。古文运动反对产生于魏晋盛行于南北朝的骈文。古文运动的领袖韩愈、柳宗元，也是儒学复兴的倡导者。他们不仅写下很多政论散文，而且写了不少传记、杂文、寓言、游记之类的文学散文，以深厚的功力，独特的风格、精粹的语言，显示了散文在艺术表现上的优越性。晚唐皮日休、陆龟蒙等人继承韩、柳散文的传统，也写出了许多富有战斗锋芒的讽刺小品，显示了散文的艺术力量。

宋代欧阳修等人将古文运动继续推向前进，终于使骈文在文坛上失去了统治地位。自唐宋迄于明清，产生了大量优秀的山水游记、寓言、传记、杂文等散文作品。清代姚鼐的《古文辞类纂》，是一部中国古代散文文体分类的集大成之作，它将文章分为论辩、序跋、奏议、书说、赠序、诏令、传状、碑志、杂记、箴铭、颂赞、辞赋、哀祭等13类，比较全面地反映了中国古代散文文体的状况。

散文一般要求写真人真事，反映现实生活，直接表达作者的思想感情，文章短小精悍，言简意深，朴素自然，能给人以智慧的启示和美的享受，是一种切于实用的文学形式，因而在中国古典文学史上历久不衰。

三、音乐

音乐是一种古老的艺术。儒家把"乐"看做"敦风俗，美教化"的工具，对音乐的发展有很大影响。

音乐早在原始社会就已经产生。原始人在劳动过程中发出一定的呼声，劳动呼声具有一定的高低和间隙，在一定时间内，或者重复而无变化，或者变化而有规律，于是就产生了节奏。这种节奏就是音乐的起源。所谓"举重劝力之歌"，就是指人们集体劳动时，一唱一和，借以调整动作、减轻疲劳、加强工作效率的呼声。

在中国古代社会，音乐是与宗教祭祀之礼联系在一起的。殷商时期，音乐已经很发达，出现了"恒舞于宫，酣歌于室"①的景象。西周贵族统治者也经常举行大规模的祭祀，创作很多颂歌，配合音乐舞蹈，在各种祭祀仪式中进行演奏。每次祭祀后，照例要举行宴会，饮食歌舞，演奏雅乐。相传周公为成王太师，制礼作乐，曾采集文王时的民歌献给成王，称为"采风"。采风的目的，一是为了调查施政的得失利弊，用作讽谏，如《诗经·豳风·七月》以诗的形式记述了农人一年四季劳作生活之苦，其中包含劝教为政无逸的意图；二是为了化民易俗，实施社会教化，改变民风，导民向善。这也就是通常所说的"乐教"。

儒学创始人孔子同样非常重视音乐。这包含两方面的内容：一方面，重视音乐本身的艺术价值。孔子自己具有极高的音乐修养，

---

① 《墨子·非乐》。"酣歌于室"四字据晚出古文《尚书·伊训》补。

曾访乐于苌弘，学琴于师襄，闻韶乐而为之陶醉。另一方面，重视乐的社会功能，常常把"乐"与"礼"相提并论，认为礼乐的本质是"仁"，以"立于礼，成于乐"①为人生修养的两大纲目，强调"乐"在完善人格中的重要作用。他整理古代音乐，"自卫反鲁，然后乐正，《雅》《颂》各得其所"②。并总结春秋以前的音乐美学思想，形成一套音乐美学理论，要求音乐尽善尽美，内容的善与形式的美高度统一；提出"思无邪"、"乐而不淫，哀而不伤"的审美准则，"恶郑声之乱雅乐"；还把乐的使用当做严等级、定名分的标志，把乐和礼作为同样重要的政治手段，等等。

汉初统治者受儒家影响，也很重视制礼作乐，认识到"安上治民，莫善于礼；移风易俗，莫善于乐"。在"作乐"的要求下，产生了相应的"歌诗"和舞蹈，同时也初步建立了管理音乐（当然也包括歌舞）的"乐府"机关。乐即音乐，府即官府，这是"乐府"的原始意义。魏晋六朝则将乐府所唱的诗，即汉人所谓"歌诗"，也叫做"乐府"，于是"乐府"便由机关的名称一变而为一种带有音乐性的诗体的名称。不过，六朝人虽把"乐府"看成一种诗体，着眼点仍在音乐。到了唐代，完全撇开音乐，而注重其社会内容，如元结《系乐府》、白居易《新乐府》、皮日休《正乐府》等，虽名为"乐府"，却均未入乐，于是"乐府"又一变而为一种批判现实的讽刺诗。宋元以后，也有称词、曲为"乐府"的。若单从入乐这一点看，可谓"乐府"一词的滥用。

唐宋以后，音乐的发展亦深受儒家影响。即如带有道家色彩的白居易，其音乐思想的主要倾向也还是儒家的。白居易是新乐府运动的倡导者，非常爱好音乐，能弹琴，善鉴赏，更擅长描写音乐。他认为，音乐的创作与政治密切相关，"乐者本于声，声者

---

① 《论语·泰伯》。
② 《史记·孔子世家》。

发于情，情者系于政。盖政和则情和，情和则声和，而安乐之音由是作焉；政失则情失，情失则声失，而哀淫之音由是作焉。"所以，"销郑卫之声、复正始之音者，在乎善其政、和其情，不在乎改其器、易其曲也。"① 音乐的功能在于教化，"朱弦疏越清庙歌，一弹一唱再三叹，曲淡节稀声不多，融融曳曳召元气，听之不觉心平和。"② 白居易的音乐思想很有代表性。唐人尚且如此，宋以后就更不必说了。

一般说来，儒家所注重的是音乐的教化功能，而不是音乐的艺术创作，这在一定程度上限制了音乐艺术的发展。所以，有识之士便对儒家音乐思想展开批判，提倡民间歌曲，为发展音乐艺术开辟道路。冯梦龙收集明代吴地情歌歌词，编成《山歌》专集。他还在序文中肯定桑间濮上之音表现了人间真情，认为"但有假诗文，无假山歌"，响亮地发出"借男女之真情，发名教之伪药"的口号，勇敢地向崇尚雅乐、排斥郑声的传统音乐思想提出了挑战。《山歌》这部民歌歌词专集，是我国古代音乐艺术优秀成果的结集之一。

四、绘画

在中国传统文化氛围中孕育出来的古代绘画艺术是颇为独特的。

按照通常的看法，中国古代绘画艺术的发展受道家、道教和佛教的影响较多。不过，不应因此而低估儒家对中国古代绘画的影响。这种影响，至少表现在以下两个方面：

一是强调绘画的教化功能。儒家对绘画艺术的社会功能作了

① 《白居易集·复乐古器古曲》。
② 《白居易集·五弦弹》。

定位，主张绘画服务于政治教化。两汉以前的绘画作品，大多是为政教服务的。正如曹植所指出的那样："观画者，见三皇五帝，莫不仰戴；见三季暴君，莫不悲惋；见篡臣贼嗣，莫不切齿；见高节妙士，莫不忘食；见忠节死难，莫不抗首；见放臣斥子，莫不叹息；见淫夫妒妇，莫不侧目；见令妃顺后，莫不嘉贵。是知存鉴戒者，图画也。"① 凸显了图画的"鉴戒"作用。唐代著名画家张彦远在论及绘画的社会功能时，认为绘画不仅能够"成教化，助人伦"，"穷神变，测幽微"，而且可以"怡悦情性"②。《宣和画谱》宣称："画之作也，善足以观时，恶足以戒其后，岂徒为是五色之章，以取玩于世也哉。"讲究绘画的"规鉴"作用，无疑带有儒家思想的印记。受儒家绘画"规鉴"论的影响，与政治教化相关的绘画题材受到特别的重视。顾恺之的《女史箴图卷》，是依据三国张华所著《女史箴》一文，将古代妇女应遵守的清规戒律，即经学家所宣扬的儒家思想，按故事内容分段作图并书以箴言，近似今日之连环画。顾氏还有《列女仁智图》，亦属儒家思想支配下的作品。王士元为孙四皓创作的《武王誓师独夫崇饮图》，标题便透露了这幅画的"规鉴"之意，看了这幅画的人都说它"与六经合，观其事迹，不觉千古之远"，使孙四皓"不敢私有，进于天子"③。北宋肃太后为了教育年幼的仁宗皇帝，曾命儒臣采摭历代君臣事迹、祖宗故事及郊礼仪仗，编为《观文览古》、《三朝宝训》、《卤簿图》三部书，命画家绘制成图，并"镂板于禁中"。宋哲宗时，再次取板摹印，散发给近臣及馆殿。宋高宗和孝宗曾书写《毛诗》三百篇，命画家马和之按照诗歌内容画图，将诗歌的内容形象化，借以宣扬"圣教"。于是，遂有《诗经图》的创作。

---

① 转引自杨仁恺主编《中国书画》，上海古籍出版社1990年版，第12页。

② 《历代名画记》。

③ 刘道醇《圣朝名画评》。

元代兴起的文人画，在明代以后，逐渐占据画坛的主流，山水、枯木、竹、石、梅、兰等成为主要题材，以自然景物作为抒发画家思想情趣的一种手段，加强了绘画作品的文学趣味，更好地体现了中国画的民族特色。

二是建立绘画的管理机构。中国很早就确立了"典乐"的制度。重视"制度"，乃是儒家传统。绘画方面也是如此，魏晋时期，皇室就设有博士和专门从事鉴别书画的官员。五代十国时期，南唐创立了画院。由于晚唐以来不断有画家入蜀，西蜀也设立了画院。画院至宋徽宗时日趋完备，将"画学"正式纳入科举考试之中，招揽天下画家。进入画院的画家，授以不同的职称，享有"俸值"，在服饰上允许与朝官一样服"绯紫"和"佩鱼"。两宋形成的"院体"绘画风格，影响及于明清时期。此外，历代王朝还建立了内府库藏书画文物的管理保存制度。例如，宋徽宗曾对宫内旧藏重新裱装，并亲自为书画题写标签，世称"宣和装"；任命沈乔年、米芾负责宫内的书画管理工作，授给米芾"书画学博士"称号；命侍臣将宫内藏画编纂为《宣和画谱》，记录 231 名画家小传和 6369 件作品。再如，清代内府收藏、鉴定与著录，均超过历代王朝。至乾隆时，存世的唐、宋、元、明名画，几乎收罗无遗，藏品大多编入《石渠宝籍》和《秘殿珠林》正、续编，其后又有三编，计数万件之多。画史论著，自魏晋以来，代代不绝，著名者如《古画品录》、《图画见闻志》、《历代名画记》、《画继》、《画史会要》，等等。画史论著之所以发达，当与儒家的史学传统有关。

一言以蔽之，中国古代绘画艺术的繁荣与儒家文化血肉相联。儒家文化是孕育具有中华民族特色的绘画艺术的要素之一。

五、建筑

　　儒学在形成独具一格的中国古代建筑艺术方面，也发挥了巨大作用。从原始社会的山洞、穴居，到其后的"茅茨土阶"，乃至城池、宫殿，虽然经历了漫长的历史发展，但始终保持着一贯的建筑风格。

　　早在六千年前，黄河流域的仰韶文化时期，出现了木骨涂泥建筑，这是我国古建筑的开端。中国古代建筑一开始就采用了框架的土木结构体系，创造了独一无二的优美的中国古代建筑。

　　夏、商、周三代是以宗法制度为基础的绝对君权制社会。从文献记载看，三代的王城是"择天下之中而立国，择国中之中而立宫"，以宫室为中心规划城市。夏之世室，殷之重屋，周之明堂，秦朝咸阳宫和举世闻名的阿房宫，都是古代关于宫室的记载。按照传统，每建宫城必先立宗庙，后营宫室。宫室是天子的象征，祖庙是宗法的标志，社稷是国土的代表，于是形成"面朝后市，左祖右社"① 的布局。王宫中有"六宫六寝"，"五门三朝"，秩序严整，等级分明，建筑艺术被注入了儒家绝对君权的思想。

　　儒家对我国古建筑的一个重要影响，是讲究建筑的和谐。和谐既是一种最高的伦理准则，也是一种最高的美学境界。我国宫殿"前朝后寝"的布局就体现了这种和谐美。半坡遗址的房屋，已有前堂后室的形式，乃"前朝后寝"的萌芽形式。盘龙城宫殿遗址，有三栋宫室建筑排列在同一轴线上，已经发掘的中间一栋建筑有四室，是居住之所，为寝的型制；其前部一栋，是一厅堂。这组建筑堪称古代"前朝后寝"的实例。明、清紫禁城（见彩图16）宫殿群的布局，同样是按照"前朝后寝"的传统建筑的。其

------

　　① 《考工记》。

太和、中和、宝和三殿，构成"前朝"；乾清、交泰、坤宁三殿，构成"后寝"。前三殿是皇帝召见群臣、主持朝政的场所，名称都突出一个"和"字，包含君臣配合默契，以求政治稳定，四方太平之意。同中国历代皇宫一样，明、清紫禁城的设计思想也是体现帝王权力的。为了显示整齐庄严的气概，全部主要建筑严格对称地布置在中轴线上，在整个宫城中以前三殿为重心，其中又以举行朝会大典的太和殿为其主要建筑，因此在总体布局上，前三殿占据了宫城中最主要的空间，而太和殿前的庭院，平面方形，是宫城内最大的广场，有力地衬托太和殿是整个宫城的主脑。内廷及其他部分，从属于外朝，布局比较紧凑。为了更加强调前朝的尊严，在太和殿前面布置了一系列的庭院和建筑。其中由大清门至天安门为一段，天安门至午门又为一段。午门以后，在弯曲的金水河后面矗立着太和门，其后是太和殿。这一系列处理手法渲染出前朝的重要地位，使人们在进入太和殿前就已经感到了严肃的气氛。在装修和色彩方面，采用大片黄色琉璃瓦、红墙、红柱和绚丽的彩画。屋顶黄色琉璃与红色墙身、柱子是协调色关系，檐下的青绿色彩画使整体中带有局部对比；而建筑与背景的关系，则是黄色屋顶与蓝色的天空，正好形成强烈对比。同时，还注意到色彩明暗关系的变化，如前三殿明亮的汉白玉石台基，衬托起建筑主体部分，使整个建筑显得明快爽朗。总之，紫禁城宫殿群的总体布局和色彩装饰，体现出了一种伦理的规定，一种人文的秩序，一种序列空间的整体美感。

在城市规划上，儒家思想的影响也非常明显。唐长安城就是我国城市建设史上的奇迹。宇文凯设计的长安城，分为宫城、皇城和外廓城三部分，总面积达 83 平方公里。长安城是在天人合一观念指导下规划设计的。按照天人合一的观念，帝王是上帝在人间的化身，称为天子，有权代天行事。因此，皇家宫殿成为中国古代城市的中心和主体，城市的中轴线穿过皇帝的宝座。长安城皇城坐北朝南，位于全城的中轴线上，皇宫的位置突出，在其他建筑群的衬托下，形成有主有从、整齐对称的空间布局。皇室宗庙官署和中央军政机构都设在皇城内。太极宫位于中轴线的最北端，是一组十分壮丽的建筑群，共有十六座大型殿宇，居中的有太极殿、两仪殿、甘露殿、延嘉殿和承香殿等五座大殿；从宫门承天门，到后宫门玄武门一字排开。这些宫殿是长安城的中枢。此外，唐代还先后在长安城的东北和西南，修建了大明宫和兴庆宫两组建筑群，与正宫太极宫合称"三大内"。长安城有南北并列的十四条纵街和东西平行的十一条横街，加上里坊内的街巷，构成便利居民生活的交通网和一百零八个里坊。里坊的四周以高墙包围，其大门在夜间关闭，禁止行人出入。据说，这种纵横干道网所划分的方整里坊制，是我国古代传统的井田观念在建筑中的反映。从大明宫基址看，中轴线从南端丹凤门起，延至北面的太液池，长达数公里，以南端外朝纵列的含元殿、宣政殿和紫宸殿最为壮丽，符合儒家典籍《周礼》中的三朝制度。

儒家讲究孝道，视死如生，重视丧葬制度。由是，祠庙和陵墓建筑相当发达。秦始皇陵工程之浩大及其兵马俑军阵之壮观，已为世人所知。唐高宗李治和女皇武则天的合葬墓——乾陵，是我国古代陵墓的代表。乾陵的营建除利用梁山的自然地形外，还采用了中轴线展开形成空间序列的传统布局手法。中轴线从梁山南面的第一道门阙，至北峰北端的玄武门，长达数公里。南峰的东西二阙，是乾陵的第二道门，与其前的华表、翼马、朱雀、石人、石马等石雕艺术品，共同组成陵前的建筑环境。北峰的地宫，天然浑成。高耸的山峰和严谨对称的建筑及雕塑，给人以威严、庄重的压抑感，这正体现了唐室对皇考先妣"文治武功"的至尊至崇和神灵般的顶礼膜拜。自然和人工的巧妙结合，使乾陵这种纪念性效果，得到了最充分的表现。

在民居方面，中国古代建筑以庭院建筑为主。庭院建筑的布局,大都采用均衡对称的方式,沿着纵轴线与横轴线进行设计,一般是在纵轴线上先安置主要建筑,再在左右两侧,依着横轴线以两座形体较小的次要建筑相对峙,构成 U 形或 H 形的三合院;或在主要建筑的对面,再建一座次要建筑,构成正方形的庭院,称为四合院。北方住宅以北京的四合院住宅为代表。这种住宅的布局,按着南北纵轴线对称地布置房屋和院落。住宅大门多位于东南角上。门内迎面建影壁,使人看不到宅内的活动。自此转西至前院。南侧的倒座通常作客房、书塾、杂用间或男仆的住所。院北的正房供长辈居住,东西厢房供晚辈居住,周围用走廊联系,成为全宅的核心部分。正房左右附以耳房与小跨院,置厨房、杂屋和厕所;或在正房后面,再建后罩房一排。住宅的四周,由各座房屋的后墙及围墙所封闭,院内栽植花木或陈设盆景,构成安静舒适的居住环境。大型住宅则在二门内,以两个或两个以上的四合院向纵深方向排列,有的还在左右建别院;更大的住宅在左右或后部营建花园。这种布局方式便于安排家庭成员的住所,使尊卑、长幼、男女、主仆之间有明显的区别,是与中国古代社会的宗法和礼教制度相适应的。

第十一章

伦 理 风 俗

儒家具有浓厚的道德理想主义色彩。重视礼乐教化的儒学家们，每以"正伦理，一风俗"为己任，力求匡时救弊，提高道德风尚，维护社会秩序，务期建立"邹鲁之乡"那样一种模式的讲究道德、崇尚礼仪的文明社会。这也是儒家文明的重要特征之一。

一、天理良心
——道德的超越性根据

在儒家看来，道德并不是社会强加于个人的外在的约束力量，而是人心天生具有的内在的自觉要求，换言之，道德是自律的，而非他律的。

儒家，尤其是宋明新儒家，为道德设定了一个超越性的根据，那就是所谓"理"或"天理"。这个"理"，其内涵通常是指仁、义、礼、智、信等伦理道德规范。它来源于天，所以又称为"天理"。在"理"前加上一个"天"字，只不过是为了突出道德根据的超越性，表明从"天"那里可以找到道德的根源。"天理"既然根源于"天"，那它毫无疑问是纯粹至善的。同时，这个"天理"，并非虚悬于天际，毫无着落，而是存在于每一个人的"心"中，人人"心"中无不含具"天理"。因为"天理"含具于人的"心"中，所以这个"心"就叫做"良心"。"良心"是道德上一切"善"的根源。中国人常常挂在口头上的"天理良心"一语，就是缘此而来。

　　既然每个人都有所谓"天理良心"，而"天理良心"又总是引导人们"向善"与"为善"的，按理说，道德就应该永远是有"善"无"恶"的。然而在现实的社会生活中，人们的道德却既有"善"也有"恶"，并不因为人人都具有"天理良心"而杜绝或减少道德上的"恶"。这种道德上的善恶又是从何而来的呢？对此，儒学家们纷纷作了解释。

　　儒家创始人孔子提出了"性"和"习"两个概念，认为人的天性原本相去不远，后来由于习俗的影响才产生了差异，用孔子自己的话说，就是"性相近也，习相远也"①。依照孔子的看法，在人们原本相近的"性"中，存在着"仁"这种最高的道德；而后天的"习"，却往往使人们背离"仁"的道德规范。从孔子所倡导的"仁"学来看，实际上已经触及道德的善恶问题。

　　孟子明确地提出了"性善论"的主张，认为人性天生就是善的。从"性善论"观点出发，孟子比较集中地论述了道德上的善恶问题。在孟子看来，仁、义、礼、智四德，是人心所固有的，它发端于"人皆有之"的恻隐、羞恶、辞让、是非之心，"恻隐之心，仁之端也；羞恶之心，义之端也；辞让之心，礼之端也；是非之心，智之端也。"②就是说，恻隐、羞恶、辞让、是非之心乃是仁、义、礼、智之"端"，简称"四端"。"四端"是先天赋予的，所以孟子又有所谓"良能"、"良知"之说，"人之所不学而能者，其良能也；所不虑而知者，其良知也。"③"四端"或"良能"、"良知"，是人们"可以为善"的内在因素。谁要是能自觉地加以培养、扩充，那他的仁义礼智"四德"就"足以保四海"、治天下；相反，

---

　　① 《论语·阳货》。
　　② 《孟子·公孙丑上》。
　　③ 《孟子·尽心上》。

谁要是自暴自弃，放任自流，那他的德行就"不足以事父母"。这样，道德上的善恶也就充分显示出来。

孔、孟以后，除了荀子以人性恶否定道德上善的先验性，认为善是人为之"伪"，而主张"积善成德"之外，绝大多数儒学家都以性善论作为道德善恶的根据。宋明新儒家进一步提出二重人性论，将"性"作了"天命之性"与"气质之性"的区分。认为"天命之性"纯是"理"，是至善无恶的；而"气质之性"则杂有"理"与"气"，因而善恶相混。"专指理言"的"天命之性"包含了仁、义、礼、智、信诸德，"仁、义、礼、智、信五者，性也。仁者，全体；四者，四支。仁，体也；义，宜也；礼，别也；智，知也；信，实也。"① 论说了"性"具本然之"善"的内在德性结构。而"兼指理气言"的"气质之性"，则表现为两种情况：禀得气清之人，"天命之性"不致为气禀、物欲昏蔽，因而"无不善"；禀得气浊之人，"天命之性"，则被气禀、物欲昏蔽，而有"不善"（恶）。道德上的善恶是由气禀、物欲造成的。除了极少数圣人之外，人性通常都会受到气禀物欲昏蔽，只是程度有所不同，或全体或部分，恶的程度亦有差别，或恶多或恶少；表现在道德上，或大恶或小恶。

与此相联系，儒家又提出了"明德"②的概念，认为无论圣凡，人人心中都有"明德"。什么是"明德"？按照新儒家的解释，"明德"乃是"人心本来元有的光明之德"③。"明德"同样受先天和后天因素的影响，即为气禀所拘，人欲所蔽。新儒家学者按照"气禀"的不同，把"明德"区分为四种情况：禀得全清全美之气的人，为圣人，其"明德"全然不昧；禀得美而不清之气的人，为

---

① 《二程集》第 14 页。
② 《大学》。
③ 许衡《大学直解》。

中人，虽有智而不肖，其"明德"部分暗昧；禀得清而不美之气的人，亦为中人，虽好善而不明，其"明德"也是部分暗昧；禀得全浊全恶之气的人，为恶人，其"明德"全部暗昧。这就是说，道德上的美丑善恶是由气禀的清浊美恶决定的，"清的分数，浊的分数，美的分数，恶的分数，参差不齐，所以便有千万般等第。"[①]这"千万般等第"便是影响"明德"的先天因素。至于影响"明德"的后天因素，则是人的耳目口鼻身体的爱欲。一般说来，人的"明德"不可避免地会受到气禀、物欲的昏蔽。但是，"明德"并不因此而丧失。只要去除昏蔽，"明德"又会恢复"原有的光明"。而恢复"明德"就是进行道德修养，叫做"明明德"。所谓"明德"，其实就是"天理良心"；而"明明德"，则是唤醒"天理良心"的道德修养工夫。在儒家文明社会，一个人若不肯进行道德修养，做"明明德"的工夫，而甘于昧着天理良心行事，是会受到极大谴责的。

二、后天的道德修养

如前所述，儒家认为道德是人心所固有的光明之德，它根源于天，有"天理良心"作为超越性的根据。但是，这种固有的光明之德或天理良心，往往为先天的"气禀"所拘和后天的"物欲"所蔽，时常暗昧不明，这就需要有使光明之德复明即唤醒天理良心的修养工夫。所以，儒家对后天的道德修养是非常重视的。

道德修养从何入手？依照儒家的思想逻辑，既然影响道德的因素主要是先天的"气禀"和后天的"物欲"，那么道德的修养就应在改变"气禀"、克制"物欲"两方面下工夫。因此，儒家所谓道德修养，大体包含两方面的内容：一是通过"变化气质"，弥补

---

① 许衡《论明明德》。

先天"气禀"之不足；二是通过"存理灭欲"，消除后天"物欲"的遮蔽。二者同样重要，缺一不可。

先谈"变化气质"。孔子关于"性""习"的区分，即"性相近"、"习相远"之说，蕴涵着这样一个思想：人们的先天之"性"本来就比较接近，无需改变、也不可改变；而后天之"习"差别很大，需要改变、也可以改变。这便是儒家"变化气质"说的思想源头。孟子认为，人性本来是善的，但又很容易丧失，善性的丧失叫做"放其良心"或"失其本心"。人性可以丧失，自然意味着人性可以寻求，而寻求失去的人性就是"求放心"。其主要方法之一，便是"养气"，用孟子的话说，就是"我善养吾浩然之气"。什么是"浩然之气"？它是人在心中自觉地培养起来的一种正气："其为气也，至大至刚，以直养而无害，则塞于天地之间。其为气也，配义与道；无是，馁也。是集义所生者，非义袭而取之也。"[①] 这种"气"，是在扩充仁义本性的基础上所产生出来的一种精神力量，它宏大而刚强，若能加以培养而不予损害，可以发挥出气吞山河的伟力。中华儿女的民族正气与崇高气节，就是由这种"浩然之气"所培育而成的。

在上述孔孟思想基础上，宋代新儒家进一步提出了"变化气质"的学说。新儒家认为，人性是天理在人身上的体现，人性就是天理，用一个命题加以表述，就是"性即理"。但是，人们不禁要问：既然人性就是天理，人的道德应当都是善的，何以会有恶呢？新儒家的回答是："人之性虽同，气则有异。"[②] 认为人性可以区分为"天地之性"和"气质之性"。人们所禀赋的"天命之性"虽然相同，但构成每个人的气质却不一样。这种不同的气质属性，形成了人性的差异。"天地之性"是"无不善"的，而"气质之

---

① 《孟子·公孙丑上》。
② 《张载集》，中华书局1978年版，第330页。

性”却有“善”有“恶”。“恶”来源于人所禀赋的气质之“偏”。再加上习俗的影响，使气质越“偏”越厉害，“恶”也就越来越膨胀。为了有效地遏制“恶”的极度膨胀与发展，就需要“变化气质”。如何才能“变化气质”？主要是靠积学明理，认为只有通过长期的学习与积累，懂得了道理，才能变化气质。程颐曾强调：“人只是一个习。今观儒臣自有一般气象，武臣自有一般气象，贵戚自有一般气象。不成生来便如此？只是习也。”就是说，不同的人，有不同的“气象”即精神状态；而这种“气象”并不是先天就有的，它全是由后天习染产生的。因此，必须创造较为理想的环境，培养良好的道德习惯。这样一来，“涵养气质，熏陶德性”，便成为儒家在道德修养方面的基本要求。

再谈“存理灭欲”。在道德修养问题上，除了“涵养气质，熏陶德性”，改变先天的气禀以外，“存天理，灭人欲”，克服后天的物欲，也非常重要。在这方面，以孟子提出的“养心莫善于寡欲”最有代表性。什么是“欲”？常言道“逐物是欲”，对物质利益的追求就是所谓“欲”。这种物质欲求如果太多了，就会引导人们误入迷途。因此，孟子反对“多欲”，主张“寡欲”，要求尽量减少物质欲求。这实际上是一种“节欲”说。孟子以后的儒学家，多半都持“节欲”的观念。新儒家认为天理与人欲互相对立、互相排斥，此消彼长，“天理人欲，不容并立”[①]。其所谓“人欲”，是指超出正当需要的物质欲求，即“私欲”。比如，饥而欲食、渴而欲饮之类的欲求，是正当合理的，不能称为“人欲”，而应叫做“天理”；只有追求超标准的物质享受，饮食要求“美味”，因其不合理，才叫做“人欲”。在新儒家看来，过分的物质欲望会陷人于恶，例如，二程说：“甚矣，欲之为害也。人之为不善，欲诱之也。诱之而弗知，则至天理灭而不知反。故目则欲色，耳则欲声，以

---

① 《四书章句集注》，中华书局1983年版，第254页。

至鼻则欲香，口则欲味，体则欲安。此皆有以使之也。"①"欲"是道德上"恶"的诱因。人心为私欲所蔽，就会忘记天理。道德修养的重要工夫之一，就是"损人欲以复天理"，此乃"圣人之教"②。这也就是通常所说"存天理，灭人欲"的工夫，其实际意义在于加强后天的道德修养，消除"恶"的根源。

三、三纲五常和道德规范

经过长时期的发展，儒家逐渐形成了一个完整的伦理思想体系，确立了一系列的政治伦理原则和道德规范，诸如孝悌忠信、仁义礼智，等等。其中，最根本的原则是三纲五常。

三纲五常是三纲和五常的合称。所谓三纲是指君为臣纲，父为子纲，夫为妻纲。三纲思想起源甚早。孔子在回答齐景公问政时曾说过："君君，臣臣，父父，子子。"意思是说，国君要像个国君，臣子要像个臣子，父亲要像个父亲，儿子要像个儿子。齐景公听了孔子的话，心领神会地说："善哉！信如君不君，臣不臣，父不父，子不子，虽有粟，吾得而食诸？"意思是说，对呀！若是国君不像国君，臣子不像臣子，父亲不像父亲，儿子不像儿子，即使粮食很多，我能吃得着吗？这里提出了处理君臣、父子关系的原则，而未提及处理夫妇关系的原则。"三纲"尚缺一"纲"。所谓"圣人作，为父子君臣，以为纪纲"③，就是指此而言。先秦儒家把人伦关系归结为君臣、父子、兄弟、夫妇、朋友等"五伦"。孟子认为，父子之间应该讲究亲情，君臣之间应该讲究道义，夫妇之间应该讲究分别，长幼之间应该讲究次序，朋友之间应该讲

---

① 《二程集》，第 319 页。
② 同上书，第 1171 页。
③ 《礼记·乐记》。

究信用。在"五伦"之中，除朋友一伦外，都包含着尊卑等级关系的意义。法家代表人物韩非把人伦的尊卑从属关系绝对化，率先称"臣事君，子事父，妻事夫"为"天下之常道"①。在此基础上，汉儒进一步确立了三纲思想。《白虎通》说："三纲者，何谓也？君臣、父子、夫妇也。"明确规定，在处理君臣、父子、夫妇关系时，君、父、夫始终是起主导和决定作用的方面，臣、子、妇则处于从属和服从的方面。儒家把这种尊卑从属关系视为道德的根本。所谓五常是指仁、义、礼、智、信。董仲舒说："夫仁、谊（义）、礼、知（智）、信五常之道，王者所当修饬也。"②把仁、义、礼、智、信列为"五常"，作为处理人际关系的永恒不变的准则。儒家虽然将三纲与五常相提并论，合称三纲五常，但又认为五常是从属于三纲的，只有在三纲的约束下，五常才不会发生越轨现象。

一般说来，道德是要人们心悦诚服地自觉遵守的。而反映尊卑从属关系的三纲五常是极不平等的，又何以能使处于卑下地位的臣、子、妇心服呢？显而易见，依靠理智是做不到这一点的。于是，汉儒董仲舒特地搬出了神秘主义和蒙昧主义，他说："王道之三纲，可求于天。"③宣称人间一切尊卑等级关系全是按照"天"的意志排定的，遵守三纲就是遵循天意。同时，他又以阴阳学说加以论证，将君臣、父子、夫妇关系统统说成是阳阴关系，而"阳尊阴卑"是绝对不能变动的，从而三纲便成为天经地义、不可更易的根本原则。后儒总是抬出"天"来维护"纲常"的神圣性，把"纲常之道"归结为"天之所以与我"，而予以神化。

除了理论上的论证以外，统治者还利用政权的力量来强化三

---

① 《韩非子·忠孝》。

② 《举贤良对策》。

③ 《春秋繁露·基义》。

纲，尤其是其中的君臣一纲。本来，君臣关系是双向的，不仅要求"臣事君以忠"，而且要求"君事臣以礼"。但是，后世君主却只强调君主的绝对权威和臣民的绝对臣服。明太祖朱元璋对《孟子》书中谈论君主的言论极端不满，特地下令："凡不以尊君为主，如'谏不听则易位'及'君为轻'之类，皆删去。"① 这是一个典型的例证。君主最忌大臣功高擅权，绝不容许臣下威权过重。臣下擅执威权是非常危险的，往往会遭致杀身之祸。汉高祖刘邦诛杀开国功臣，"狡兔死，良弓藏，走狗烹"，宋太祖赵匡胤"杯酒释兵权"，都是有力的例证。君臣一纲是为君权专制服务的。

在中国传统社会，父子一纲也备受重视。中国自殷周以来，就建立了严密的宗法制度。这种制度的基本精神在于以血缘关系为纽带维系氏族全体成员，并确立父家长的统治。本来，父子关系应是双方负有交互义务，即父慈子孝。但是，作为三纲之一，父子一纲却单方面强调儿子对父亲的绝对服从，不可有任何违抗，"父曰前，子不敢不前，父曰止，子不敢不止"；违逆父命，就是不孝，"不顺不孝者，人得而刑之"②。甚至说："天下无不是底父母……如此而后天下之为父子者定。"③ 所谓"定"，就是子对父永远处于绝对服从的地位。在"父为子纲"的阴影笼罩下，父可以用种种理由对子绳之以"家法"，而"家法"之严苛，往往胜于国法，"父要子亡，子不得不亡"。尤其是在宋代以后的专制社会里，这种吃人的礼教不知坑害了多少被加以"不孝之子"或"逆子"之名的有为青年。直至"五四"新文化运动，鲁迅发出"救救孩子"的呼声，才对这种吃人的礼教进行了扫荡。

夫妇一纲亦被强调。夫妇是"五伦"之一，而且是"人伦之

---

① 《明史纪事本末》，中华书局 1977 年版，第 1516 页。

② 司马光《迁书·士则》。

③ 《罗豫章先生集》卷末。

本"①。男女双方由缔结婚姻而成为夫妇。一方面，夫妇是天地自然演化的结果，"有天地，然后有万物；有万物，然后有男女；有男女，然后有夫妇。"另一方面，夫妇又是人类社会存在和发展的基础，"有夫妇，然后有父子；有父子，然后有君臣；有君臣，然后有上下；有上下，然后礼义有所错。"② 父子、君臣、礼义、廉耻，社会的文明进步，均造端于夫妇。本来，正当的夫妇关系应是夫敬妇顺的平等关系。然而，作为三纲之一，夫妇一纲却将夫妇之间的平等关系转变为夫尊妻卑、夫主妻从的关系，否定了妇女的独立人格和独立地位。儒家认为，妇女的美德是所谓"三从四德"。"三从"是指，"在家从父，既嫁从夫，夫死从子。""从"是依附服从。这是以男权为中心制定的道德规范，目的在于维护以嫡长子继承制为基础的宗法制度。"四德"是指妇女在德、言、容、工方面的规范，要求妇女具备贞顺的品德，美好的言辞，婉娩的仪容，精巧的女工。儒家认为，妇女的贞操、恭顺、柔和、谨于家务，是保证父权制家庭和睦、稳定的条件。尤其强调妇女的贞操和守节，提倡"贞女不更二夫"③。宋儒程颐甚至说："饿死事极小，失节事极大。"宋代以后，夫死再嫁被视为大逆不道的事情；即使未婚夫死了，尚未出嫁的女子也要守"望门寡"，或者以身殉夫。明清时期，还大力表彰贞节烈女，大树贞节牌坊，对妇女的压迫与摧残愈演愈烈，妇女的遭遇也更加悲惨。

所谓"纲"，就是绳索。"三纲"分别代表君权、父权和夫权，是套在中国人头上的三条绳索。"纲"之下有"目"，作为具体的道德规范，儒家的德目是很多的，比如，仁、义、礼、智、爱、敬、孝、慈、忠、信，等等，不胜枚举。不过，德目虽多，都统属于

---

① 《罗豫章先生集》卷末。
② 《易·序卦传》。
③ 《史记·田单传》。

"三纲"。只要抓住了"三纲",其他德目就容易做到了。这就叫做"纲举目张"。

四、孝悌观念和家庭伦理

儒家向来重视家庭伦理,而在家庭伦理中,尤其重视孝悌观念。

儒家认为,"人伦"关系大体可以分为两类:一类是血缘关系,如父子、兄弟,是"天属";一类是人为的结合,如夫妇、君臣、朋友,是"人合"。宋儒朱熹说:"父子、兄弟为天属。而以人合,居其三焉:夫妇者,天属之所由续者也;君臣者,天属之所赖以全者也;朋友者,天属之所赖以正者也。是则所以纲纪人道,建立人极,不可一日而偏废。"①父子、兄弟是一种"天属"关系。而夫妇、君臣、朋友三者虽然是"人合",但都与"天属"有不可分割的联系。具体说来,"天属"因为有了夫妇而得以嗣续,因为有了君臣而得以健全发展,因为有了朋友而得以端正品行。所以,父子、兄弟的"天属"关系是"五伦"的核心。而"孝悌"便是儒家处理父子、兄弟这种"天属"关系的基本准则。

"孝悌"观念的产生,当始自以血缘为纽带的氏族社会。由于当时生产水平的低下,摆脱不了外部自然界力量的支配,人们从血缘的"亲亲"之情中很自然地发展出祖先崇拜的观念,希望获得祖宗神的保佑。孔子所说的大禹"致孝乎鬼神",就是孝敬祖宗神的表现形式。随着家庭私有制的出现,子女继承父母财产的权利为社会所承认,父母与子女以及兄弟之间便产生了相应的权利和义务:父母有养育子女的义务和要求子女奉养的权利,子女也有要求父母养育的权利和承担奉养父母的义务;兄弟之间有分享

---

① 《续近思录》卷六。

父母财产的权利，也有互敬互爱的义务。与此相联系，在父母与子女以及兄弟之间便产生了"孝悌"的观念。

孔子明确地提出了"孝悌"的主张，他说："弟子入则孝，出则弟，谨而信，泛爱众，而亲仁。"① 孝指尊敬顺从父母，悌指尊重兄长，也就是《论语·子路》所说的"宗族称孝焉，乡党称弟焉。"孔子的学生有若说："孝弟也者，其为人之本与！"② 认为孝悌是推行"仁"的根本，实行"仁"必须以孝悌为前提，从孝悌做起。为什么孝悌是推行"仁"的根本？因为，孔子所说的"仁"就是"爱人"，而"爱人"则是通过"克己"以获得感情的满足来实现的。"克己"作为对"仁"的一种感情体验，莫过于对父母的行为、意志、理想的认知与理解，莫高于对父母的尊敬与爱戴。孔子所说的孝悌，并不是单纯的抚养，而是要求对父母、兄弟怀着诚心诚意的敬爱的感情，否则，同犬马也就没有什么区别。在儒家看来，人们对亲属有敬爱的感情，推行"仁"也就不是一件什么难事了，这叫做"君子笃于亲，则民兴于仁；故旧不遗，则民不偷"③。意思是说，人如果以对自己父母的敬爱之情来对待宗族内部的其他成员，必然会使宗族内部成员和睦相亲；宗族内部的关系和睦了，然后再把它扩展到整个社会，用它来处理全体社会成员之间的关系，也必然会使全社会成员和睦相亲。这样一来，"仁"便由近及远、由亲到疏地辐射到社会生活的各个方面，成为人们共同遵守的规范和准则。

孝悌观念的极度膨胀，便是提倡用它来治理天下。曹丕和司马炎做皇帝以后，都曾极力提倡过"以孝治天下"。魏晋为什么要这样做呢？鲁迅在论及这一问题时指出，曹魏和司马氏的王位都

---

① 《论语·学而》。

② 同上。

③ 《论语·泰伯》。

是在"禅让"的幌子下，靠巧取豪夺得来的，假如主张以忠治天下，他们的立脚点便不稳，办事便棘手，立论也难了，所以一定要以孝治天下。实际上，魏晋统治集团往往利用"孝"作为政治上排除异己的手段。例如，曹操开始时并不讲究孝，在《求才令》中公开宣称"不仁不孝而有治之术"的人也在征聘之列，后来竟根据别人所引孔融"父之于子，当有何亲？论其本意，实为情欲发耳。子之为母，亦复奚为？譬如寄物瓶中，出则离矣"这段话，作为罪证，以"不孝"之名杀了孔融。其实，孔融是否说过这样的话，很值得怀疑。因为，孔融本人在做北海相时，遇到一个遭父丧人，在墓前哭泣，而无憔悴之色，就以"不孝"的罪名将其杀了。司马昭也曾用"不孝"之罪杀了"竹林七贤"中的嵇康和名士吕安。这样，孝原有的奉养和尊敬的成分也就丧失殆尽，而变成虚伪的形式，因此而出现了许多欺世盗名的假孝子。晋代颜之推在《颜氏家训》中举例说，有一个假孝子在居丧期间竟以巴豆涂脸，造成疾病，装成是举哀哭泣过分所致。

当然，孝悌首先是一种家庭伦理观念。在孝悌观念的影响下，儒家最理想的家庭是："入孝出悌，文行忠信。口不绝吟于六艺之文，手不停披于百家之篇。闺门之内肃肃如也，闺门之外雍雍如也。"①从表面上看，这是一个充满天伦之乐的书香之家。然而，在所谓"天伦之乐"的背后，总是有残酷的礼教在起作用。诚如清人戴震所批评的那样，尊贵的人以理责备卑贱的人，年长的人以理责备年幼的人，哪怕明明是错了，也硬要说成是合情合理的；相反卑贱或年幼的人如果以理力争，哪怕明明是对的，也要硬被说成是大逆不道。儒者的"以理杀人"，较之酷吏的"以法杀人"更加厉害，因为，人死于法，还会有人可怜他；如果是死于理，就

①　《罗豫章集》卷一。

连可怜他的人也没有了①！足见孝悌观念的流弊是非常深的。

五、忠君爱国观念

提倡忠君爱国也是儒家思想的重要表现之一。

中国很早就建立了统一的君主制国家。儒家宣扬"天无二日，民无二王"、"天无二日，土无二王"②，承认君主是整个国家的最高统治者，拥有至尊的地位和无上的权力，并且大力提倡忠于国家、忠于君主的忠君爱国思想。

在君主制条件下，君主统治着全国的臣民，如何处理君臣、君民关系，是一个很重要的问题。春秋时期的鲁国国君定公就把这个问题直接提了出来，他问孔子：君主使用臣子，臣子服事君主，应该怎样做才对？孔子回答说：君主应该依礼来使用臣子，臣子应该忠心地服事君主。按照孔子的意思，君臣之间的关系应该是平等的，君主以礼对待臣子是臣子忠于君主的前提，不仅如此，孔子还进而主张：臣子应该向君主尽忠，不要阳奉阴违地欺瞒他；臣子有向君主进谏的义务，如果君主不听劝谏，可以当面触犯他③。孔子的上述思想被孟子所继承和发展。孟子提出了一个著名的论断："民为贵，社稷次之，君为轻。"④ 认为君臣关系是相对的，他说，如果君主将臣子视如手足，那么臣子就会将君主视同腹心；相反，如果君主将臣子视如犬马，那么臣子就会将君主视同国人；如果君主将臣子视如土芥，那么臣子就会将君主视同寇仇。他主张，如果君主有大的过错，又不听臣子的反复劝谏，就可以将他废为

---

① 《孟子字义疏证》卷上。
② 《孟子·万章上》、《礼记·曾子问》。
③ 《论语》：《八佾》、《宪问》。
④ 《孟子·尽心下》。

平民。甚至说，杀掉一个暴君，不过是除掉一个纣那样的"独夫"①。孔孟虽然主张忠君，但与绝对君主制条件下的"愚忠"观念不同，带有一定的原始民主的色彩。

秦汉以后，随着绝对君主制的确立，君权至上成为不可动摇的理念，忠君观念也被片面地强化了。汉儒董仲舒按照专制君主的面貌设计了一个宇宙主宰——天，认为天是万物之主，人君要实行统治，就要效法天道，"以人随君，以君随天"②，也就是要求人民服从君主，君主服从天道。"君为臣纲"是取法于天而不可动摇的根本法则。汉人的忠君观念普遍加强。著名经学家马融曾大发议论说："天之所覆，地之所载，人之所履，莫大于忠。"认为"忠"能巩固君臣关系，安定国家社稷，感动天地神明。"忠君"的重要表现之一是要做到"忠谏"。而"忠谏"的原则是"从道不从君"③。这个"道"，就是正道，也就是以符合国家社稷利益为原则。凡是符合国家社稷利益的事，臣子就要谏，哪怕是暗主惑君，也要冒着天大的风险去进谏。进谏一方面要把该说的话全部说出来，没有丝毫隐讳；另方面要不避重诛。当然，进谏也要讲究方式，掌握时机。在进谏方式上，劝谏时可以不直言其过失，隐约其词，使之自悟。在进谏时机上，以防微杜渐的前瞻性劝谏为上，以力挽狂澜的补救性劝谏为次。忠谏虽然有时违逆君主的意志，但有利于国家社稷，是臣子的责份。国家朝廷如果没有敢于犯颜直谏的忠臣，离灭亡也就相去不远了。

宋明理学家进一步宣扬父子君臣是"无所逃于天地之间"的"定理"。在他们看来，纲常名教不仅是社会的最高原则，也是自然界的最高原则。朱熹甚至批评孟子君臣关系的讲话"说得怪

① 《孟子》：《离娄下》、《梁惠王下》。
② 《春秋繁露·玉杯》。
③ 参见《荀子·臣道》。

差"。宋明以后，臣下对君主绝对服从与听命的愚忠观念笼罩整个社会，"君要臣死，臣不得不死"成为天经地义的教条。"忠君"观念被赋予了专制主义和蒙昧主义的色彩。

在君主专制社会，君主是国家的代表，忠君与爱国是联系在一起的。早在西周时期，我国古代的爱国主义已正式形成。周人说："普天之下，莫非王土；率土之滨，莫非王臣。"周王是全国主权和土地所有权的最高所有者，全国人民都是他的臣民，臣民与周王之间存在依附关系。凡是不遵守周族制度、风俗习惯即周礼的，周王可以收回其封地，或降级削爵、驱逐，甚至讨伐。西周统治者也吸收夏、殷两代的教训，提出"敬德保民"的重民思想。显然，这个时期的爱国主义是以"尊祖敬宗"、"敬德保民"为特点的狭隘的、初级形态的宗族爱国主义。秦汉以后，爱国主义的内容逐渐扩大，最突出的有两点：一是忧国忧民的忧患意识，这在士人即知识分子中表现得最为明显，例如北宋范仲淹那种"先天下之忧而忧，后天下之乐而乐"的高尚情怀，就把中国古代志士仁人的爱国爱民思想表现得淋漓尽致。二是抵御外侮、维护国家独立和尊严的民族正义感和救亡图存的爱国行动。自古以来，中华儿女为了保卫祖国的绵绣河山、美好家园，慷慨悲歌，前仆后继，为国捐躯者不计其数，岳飞的"尽忠报国"、文天祥的"人生自古谁无死，留取丹心照汗青"，就是其中最杰出的代表。当然，中国古代众多爱国之士的爱国之心和报国壮举，尤其是"为臣死难"大都和忠君思想糅杂在一起，往往发展到愚忠的地步。但是，历史上一些爱国志士的忠君言行，既有效忠君主的一面，也有爱国爱民的一面，在不同程度上顺应了历史发展的潮流，为中华民族的生存、发展和壮大做出了不可磨灭的贡献。这是应该实事求是地加以肯定的。

六、成仁取义和气节

儒家尚气节，并且以成仁取义为极致。

气节指人的志气与节操。儒家向来重视人的气节，孔子有一句名言："志士仁人，无求生以害人，有杀身以成仁。"[1]意思是说，志士仁人决不肯因贪生怕死而损害了仁义，只有勇于牺牲来成全仁义。此即成语"杀身成仁"的由来。孟子进一步提出"舍身取义"的思想，他形象地比喻说：鱼是我所喜欢的，熊掌也是我所喜欢的；如果二者不能兼得，那就牺牲鱼而要熊掌。生命是我所喜欢的，义也是我所喜欢的；如果二者不能兼得，那就牺牲生命而取义。孟子这一思想也被概括为一句成语，叫做"舍身取义"。为什么要舍身取义？孟子接着说：生命本是我所喜欢的，但是还有比生命更为我所喜欢的，所以我不干苟且偷生的事；死亡本是我所厌恶的，但是还有比死亡更为我所厌恶的，所以有的祸害我不躲避[2]。孟子认为，义比生命更可贵，是值得以生命的代价去换取的。因此，他提倡，人要有"大丈夫"气概。什么叫做"大丈夫"？孟子说："富贵不能淫，贫贱不能移，威武不能屈，此之谓大丈夫。"[3] 具备了这种"大丈夫"气概的人，自然是不难做到"舍身取义"的。

在儒家"杀身成仁"、"舍身取义"思想的影响下，"宁为玉碎，不为瓦全"的节义之士，史不绝书。这里仅举两例以明之。

汉武帝时，苏武受命出使匈奴，遭逢变故，不幸被执。苏武担心，若被匈奴侮辱后再死，更加有负国家，所以想先自杀，为

---

① 《论语·卫灵公》。
② 《孟子·告子上》。
③ 《孟子·滕文公下》。

随行人员所制止。当匈取首领单于遣使责问时，苏武说：屈节辱命，虽然活着，还有什么脸面回到汉朝！立即抽出随身佩刀自杀。自杀后气绝半日，经过医生抢救，才活转过来。单于十分敬佩苏武的气概，派遣卫律、李陵等归降匈奴的汉人，以身说法，反复劝降，威胁利诱，无所不用其极，苏武却始终不为所动。卫律在劝降时威胁说：如果不听劝告，你以后再想见我可就难了。苏武毫无所惧地痛骂了卫律一顿：你为人臣子，不顾恩义，叛主背亲，甘心做"蛮夷"的"降虏"，谁愿意和你相见！被迫投降匈奴的名将李陵以故旧身份连日相劝，苏武坚决地表示，为报汉帝知遇之恩，哪怕肝脑涂地，也心甘情愿。如果你一定要我投降，那就请结束我们相见的欢乐，让我死在你面前！李陵感叹说：你是一位真正的义士！我和卫律的罪过简直比天还高。挥泪与苏武诀别。劝降不成，匈奴就将苏武发配到荒无人烟的地方去牧羊。匈奴人故意不供应食品，苏武便挖掘野鼠洞里的食物充饥，受尽了煎熬。苏武成天手持汉朝使臣的节杖牧羊，节旄全都掉光了[①]。后来，匈奴与汉和亲，在汉朝使臣多方努力下，几经周折，苏武才获释归汉。苏武出使匈奴时，方当壮年，滞留匈奴达十九年之久，归汉时，已是须发尽白。汉代以来，这个"苏武牧羊"的故事，一直传为佳话。

宋元之际，元军攻宋，南宋垂危，文天祥起兵抗元，友人劝止说：元军势如破竹，你率领万余名乌合之众抵抗元军，简直是驱赶群羊与猛虎相搏。文天祥说：我也知道是这样。但国家养育臣民三百余年，一旦危急，征兵天下，竟无一人一骑入关抗敌，这是我深以为恨的事情。所以，我要不自量力，以身赴难，希望天下忠臣义士能够闻风而起，集合众人的力量，保卫社稷。文天祥以全部家财充作军费，义无反顾地举起了抗元的旗帜。在抗元斗

---

① 《汉书·苏武传》。

争中，文天祥虽屡遭挫折，但每次挫折后又重新奋起，转战岭海，以图兴复宋室江山。在他的精神感召下，民众不断地加入抗元队伍。文天祥兵败被俘后，严词拒绝修书招降宋将，他说：我不能保卫父母，难道还能教人背叛父母不成！逼得紧了，他就交出自己所写的《过零丁洋》诗，诗末说："人生自古谁无死，留取丹心照汗青。"在押往元都途中，文天祥绝食八日。在拘留元都期间，面对种种劝降活动，文天祥始终不屈，最后从容就义。死后，在他的衣带中发现一份遗书，上面写道："孔曰成仁，孟曰取义，惟其义尽，所以仁至。读圣贤书，所学何事，而今而后，庶几无愧。"① 文天祥英勇抗元，伸张民族正义，被俘后又守节不屈，视死如归，从容就义，的确是中国古代成仁取义的典范。

七、礼俗

儒家历来以礼乐教化著称于世。儒家社会是人们公认的严于礼教的社会。在这个社会中，受传统礼教观念的影响，早就形成了一套相当完备、周密的礼俗。这套礼俗贯穿于社会生活的方方面面，人们举手投足都会受到它的规范与约束。儒家的礼俗是非常繁复的，这里选择"家礼"中最重要的几种礼俗予以论述。

在古代家长制家庭中，非常讲究"家风"。一般说来，对家风起主导作用的是家长。只有父母以身作则严守礼法，才能树立和保持良好的家风。所以，古代家礼要求父母家长必须谨守礼法，诸如：父母不应以拳脚和忿言秽语加予子女，以免自失尊者身份；父母不能对孩子说谎，以免给孩子造成不良影响；父母对子女要既威严而又慈爱，使子女"畏谨而生孝"；等等。总之，父母尊长应起表率作用，这是儒家所提倡的家风的一个方面。另一方面，儒

---

① 《宋史·文天祥传》。

家要求子女必须严守礼法。这些礼法是多方面的，例如：孝顺父母之礼，规定子女处理事务必须咨禀于家长，不得擅自作主；父母交代的事情，必须尽心办理，办完要及时禀报；父母如有过错，要在家庭内部和颜悦色、低声下气地劝谏，如听不进去，待其高兴时再行劝谏，并始终孝敬如一。晨省昏定之礼，规定早晨向父母（公婆）问安，即儿子、儿媳天刚亮就要起床，洗漱、穿戴整齐后，带着应用器物，到二老住所，问寒问暖，服侍他们洗漱、饮食；夜晚则为二老布置寝床被褥，夏天设法使卧具清凉，冬天设法使卧具温暖，使他们得以安睡。侍疾之礼，规定父母（公婆）生了病，儿子、儿媳必须把其他事情放在一旁，专心致志地做迎送医生、验方、取药等事情；要亲自为父母熬药、尝药、送药、喂药，照顾好他们的起居、饮食、便溺，不能随便离开；而且，在父母生病期间，子女不得嬉笑、宴乐。宋代以后，甚至兴起过割肉疗亲之风，《宋史》居然称赞这种行为是什么"行成于内，情发自天"①，较之"伏节死义"毫不逊色。在这种礼法下的家庭生活，以及亲子之间的情感方式，必然是里面热、外面凉，严肃有余而温情不足，这也是儒家所提倡的家风的一个特色。

　　冠、婚、丧、祭之礼也是古代家庭生活中的重大礼仪。冠礼作为成人礼，是古人人生路程上的头一个重大礼仪活动。根据礼书记载，国君十五岁，其他贵族二十岁，举行冠礼；女子十五岁举行笄礼。冠礼或笄礼标志着男子或女子身体发育基本成熟，从此可以婚配；又表明男子或女子从此开始享受、承担成人的权利与义务。冠礼礼仪有一定的程序，先要在祖庙占卜，确定举行冠礼的日期和请哪位嘉宾加冠和取字。然后邀请宾客，约定举行冠礼的具体时间，一般是天明时开始。举行冠礼的当天，被加冠者先穿童子彩衣、束发，站在房内等候，宾客来后，被加冠者出来，

---

①　《宋史·孝义·杨庆传》。

由宾客为他先后加冠三次。被加冠者如为嫡子，则在家长接待客人的东台阶上加冠，表明他将接替父家长的地位；如为庶子，就在房户外面加冠。加冠三次，象征被加冠者前程远大，步步高升。随后举行简单宴饮不互相敬酒的醮礼。加冠后，主人要隆重设宴招待宾客，并赠送礼品。被加冠者要分别与母亲、兄弟、姑姊及其他人行相见礼。宋以后，冠礼逐渐简化，虽也加冠三次，但冠与服装均不同于上古时代了。中古以后，举行冠礼、笄礼的范围有所扩大，但限于经济条件，大部分平民家庭仍无力举行冠礼。

婚礼更是古代家庭生活中的一件大事。一方面，它可以"合两姓之好"，增强家族势力；另方面，又可以生育子孙，传宗接代。根据《仪礼·士昏礼》和《礼记·昏义》的记述，儒家把婚礼定型化为"六礼"，分为议婚、订婚、结婚三个阶段。其礼仪程式，议婚阶段包括"纳彩"、"问名"二礼；订婚阶段包括"纳吉"、"纳征（纳币）"二礼；结婚阶段包括"请期"、"亲迎"二礼。"六礼"的整个过程相当长，而且礼仪繁复。但是，只有经过"六礼"的婚姻，才是被社会认可的正式婚姻。

丧礼在古代家庭生活中是无与伦比的大事。儒家以孝悌为本，对于丧事，尤其是父母之丧，极其重视。凡遇丧事，不但做子女的要通过一系列的礼仪活动，极尽哀思，并使父母死后极尽哀荣，而且亲友也必须亲临吊丧，在外地的也要致书吊唁。丧礼也有一定的礼仪程式，大体也可分为三个阶段：第一阶段是为死者沐浴，换衣，招魂，对外发讣告，家属开始哭奠，以及小殓、大殓；第二阶段是卜葬，营墓，出殡，送殡，哭丧，下棺，成坟；第三阶段是葬后服丧，奉死者的木牌（神主）进家庙，行"反哭"礼，三次"虞祭"礼，百日"卒哭"祭礼，"练"祭礼（十一个月）、"小祥"祭礼（一周年）、"大祥"祭礼（两周年），以及脱下孝服的"禫"祭礼，等等。在居丧期间，从仪容言语到行为举止，都有严格的要求，子女在父母丧期弄得心力交瘁是普遍现象。

　　祭礼与丧礼既相联系，又有性质上的区别。丧礼从死者入殓开始，至解除孝服结束，主要是表示哀痛，属于“凶礼”。祭礼一般从孝子把先人神主列入祠堂，举行“付祭”仪式开始。祭祀的对象是先人的神灵，主要是表示对祖先的崇敬、报恩和祈求保佑，属于“吉礼”。根据《朱子家礼》和宋以后的祭礼礼俗，祭礼必须设神主作为祭祀对象，备有香炉、香盒、酒器等祭器和香、腊、酒、新谷、蔬菜、果品、纸钱等祭品。祭礼每逢元旦（或除夕）、端阳、中秋等节日，或先人的忌日、生辰，在祠堂举行。清明要扫墓。整个祭祀自始至终体现出对祖先的虔诚和尊敬。祭祀前，要斋戒、沐浴、更衣；祭祀时，按辈分依次行礼。祭祀后，男女分席享受祭祖的酒肉，接受祖先的恩惠。

第十二章

宗 教 信 仰

儒学本身虽然不是宗教①，但在某些方面的确具有宗教性，并且执行着宗教的功能。而且，在民间，普通百姓在世俗生活中，也确实存在着把儒学的某些教条作为宗教教义信仰，并把儒学创始人孔子作为教主尊崇的倾向。再加上儒学中具有泛神论思想，使得传统的儒家社会普遍存在着多神崇拜的现象。所以，儒家的宗教信仰是很复杂而有趣的。

一、尊天敬祖观念和坛庙祭祀制度

尊天敬祖是儒家的一个基本观念。这一观念与坛庙祭祀制度结合在一起，具有一定的宗教意味。

尊天敬祖观念起源甚早。据儒家典籍记载，舜在代替尧担任部落联盟首领时，曾举行了一套宗教仪式：首先祭祀大，然后按尊卑次序祭祀四时、寒暑、日、月、星、水旱等"六宗"，以及名山大川丘陵坟衍等群神②。舜这样做的目的，是为了表示自己已经取得了最高祭司的宗教上的权力。夏禹在征服三苗时所发表的誓

---

① 中国学术界对于儒学是不是宗教尚有争议，任继愈先生主张儒学是宗教，称为"儒教"，多数学者不同意儒学是儒教。

② 《尚书·尧典》。

辞中，开始出现"用天之罚"①的说法，也就是借助于天神的威力来干预人间的事务。同时，夏人还对原始的祖先崇拜作了改造，认为夏王族的祖宗神可以传达天神的旨意，具有比其他宗族的祖宗神更高的地位和权力，殷人称天神为"上帝"，表现出对"上帝"的敬畏，并进一步把天神崇拜与祖先崇拜结合起来，以祖宗神配享"上帝"。周人灭殷以后，则取而代之，以自己的祖宗神配享天神，诚如司马迁所说："周公既相成王，郊祀后稷以配天，宗祀文王于明堂以配上帝。"②后世帝王也都奉行这一以自己的祖宗神配享天神的典礼，作为统治权力的象征。

从儒家典籍《礼记·表记》中，还可以看到殷周在处理神人关系问题上的区别，即：殷人尊神，而周人尊礼。殷人只是盲目地把鬼神看做统治人们的神秘力量，认为天命是不可转移的；而周人则从殷的灭亡中吸取教训（亦即所谓"殷鉴"），开始具有某种理性自觉，认为天命是可以转移的，强调尽人事。周人以尊礼否定了殷人的尊神，实际上是把人们的思想从虚无缥缈的天空中重新拉回到现实的地面上来。与殷人相比，周人的宗教观念是比较淡薄的。这种思想经过孔子以及历代儒学家的广泛传播，在中华民族的思想中深深地扎下了根。中华民族在历史上从来没有单独信仰过一种宗教，追本溯源，不能说同周人的尊礼没有关系。

当然，周人以及儒家所尊之"礼"仍然带有宗教意味。庙坛祭祀是尊天敬祖观念的表达方式。在坛庙祭祀礼仪中，就带有明显的宗教意味。例如，社稷坛是古代帝王、诸侯和州县祭祀土、谷之神的处所。社稷坛的形制、规模都有具体规定：在规模大小上，"天子之社稷广五丈，诸侯半之"；在颜色上，天子社稷坛上覆黄（中）、青（东）、红（南）、白（西）、黑（北）五色土。古代帝王

---

① 《墨子·兼爱下》。
② 《史记·封禅书》。

立社稷坛，举行血祭，"为天下求福报功"①，实际是为了保持政权的兴旺发达。太庙是古代皇帝供奉祖先牌位的地方，也是皇家的宗庙，一般设在皇城的显著位置，皇帝把它当做家族政权的象征，倘若皇帝不能到太庙祭祀，即所谓"宗庙不能血食（杀牲祭祀）"，就意味着家族政权的丧失。由于太庙是供奉皇家祖先的，因此国家遇有大事，都要到太庙举行祭祀典礼，宣读祝文，报告祭祀事项，叫做"告庙"。从皇帝登基，册立皇后、太子，到宣布大的战争的进行或结束（出师或凯旋），都要举行告庙仪式。天子、诸侯、大夫、士有不同的宗庙和祭祀规则。据记载，天子设七庙，诸侯立五庙，大夫置三庙，士建一庙。宗庙中置放神主，始祖灵牌放置在正中，其左侧为第二代，右侧为第三代，第四代置于第二代之左，第五代置于第三代之右，其余以此类推，左侧为"昭"，右侧为"穆"，称为昭穆制度。宗庙里放置被祭人神主，祭祀时还要放置祖像，以表现祖宗容貌，供后人追忆纪念。古人不会画像，祭祀时以幼孙倚傍神主，充作祖像，叫做"尸"；绘画技术发展后，至迟在北宋宗庙中已采用画像。至于庶人，不能设庙，也不能祭始祖，只在寝堂里祭祀。祭祀时，设供品，亦因祭者与被祭者的身份不同而有严格的区别，国君用牛，大夫用羊，士用猪或狗，庶人用鱼，所有人都要用稻粱黍稷和肉干肉酱。降至宋元时期，民间开始祭祀始祖，并出现"家祠堂"。明中叶以后，民间祠堂林立，散布于乡村和市镇，祭祀始祖或始迁祖，如清同治年间所修《兴国县志》说，当地风俗，"重追远，聚族而居者，必建祠堂，祭祀始迁祖。"同时，各地绅衿宗族还制定了许许多多的祠堂祭祀条规。祭祖类型，通常有时祭，一年四次，为春祠、夏禴、秋尝、冬蒸。民间重视清明和冬至两次祭祀。清明节时，各宗族扫墓祭祖，先是全族祭奠始祖坟，然后各房分头祭扫本房祖坟，也有的宗族在

---

① 《白虎通·社稷》。

祖坟与祠堂两处举行祭礼。冬至祭祖，在祠堂进行，是全族的大祭祀。早在宋代，人们就将"享祀先祖"作为冬至节的一项不可缺少的内容。许多家族还在岁时佳节，如端午、中秋、元旦、元宵等节日，举行祭祖。除通常祭祀外，还有特殊祭奠，比如，遇到子孙获得科举功名、升官晋爵之类光宗耀祖的事情，要到祠堂祭祀。祭祀仪式有一定的程序，大致为：1. 主祭人向祖宗神主行礼；2. 主祭人离开享堂，迎接牺牲供品；3. 初献，在供桌上放置筷子、勺匙，以及盛酱油、醋的碟子；4. 宣读祝词；5. 焚烧明器纸帛；6. 奏乐；7. 族人拜祖；8. 二献，上羹饭肉，族人礼拜；9. 三献，上饼饵菜蔬，族人礼拜；10. 撤去供品；11. 族人相互拜礼；12. 族人会餐。在整个祭祀过程中，要肃静有礼，不能大声喧哗、喜笑颜开、划拳猜令，更不能恶言秽语，态度要十分虔敬。这种"虔敬"态度，除浸透了道德意识以外，也体现了一种宗教情操。

儒家重视祭祀，是与"孝"的观念联系在一起的。按照儒家的看法，孝包含三方面的内容，就是子女对父母生时敬养，死时安葬，葬毕祭祀。祭祀祖先是人生的大礼，诚如元人苏伯衡所说："礼莫大于祭，祭莫大于敬。"[①]祭祀祖先是崇本报德，以实现孝思的一种方式。同时，在宗法社会，通过祭祀，还可以达到联络感情，团结宗族的作用。因此，祭祀礼仪便成为儒家文明中一种常见的、普遍的现象。

二、神化和祭祀异常人物

随着民间祭祀活动的广泛流行，除了对宗族祖先的崇拜和祭祀之外，还出现了对圣贤、忠臣、孝子、节妇、义士等异常人物的神化和祭祀。

---

① 《苏平仲集》卷七。

　　在神化和祭祀圣贤的现象中,神化和祭祀孔子是很典型的。早在孔子活着的时候,就有人问孔子弟子子贡:孔老先生是位圣人吗?为什么这样多才多艺呢?子贡回答说:这本是上天让他成为圣人,而且使他多才多艺①。孔子去世后,葬于鲁城北泗上,弟子及鲁人,有一百多家迁居于孔子墓旁,建立起一个村庄,叫做"孔里"。鲁国世代相传,"以岁时奉祠孔子冢",直到汉代,二百余年不绝。汉高祖刘邦经过鲁地,曾以牛、羊、豕三牲全备的"太牢"之礼祭祀孔子②。

　　汉代开始大肆神化孔子,尤其是在谶纬中,孔子被塑造成不同凡响的神人圣哲。西汉今文经学家有所谓"圣人皆无父,感天而生"③的说法。纬书认为,孔子是"天纵之圣",因而也是无父感生的,编造说:年轻女子颜征在,一次在大冢的斜坡上玩耍,疲倦了就在那里休息,不知不觉地睡着了,梦中与黑帝相交,黑帝说将来你一定在空桑(今山东曲阜南山)生孩子。次年,孔子果然在空桑诞生。因为颜氏感黑帝而生孔子,所以孔子被称为"玄圣"④。据纬书《春秋·元命包》说,夏人是白帝的儿子,殷人是黑帝的儿子,周人是苍帝的儿子。孔子的祖先是宋国人,宋为殷之后,所以颜氏感黑帝而生孔子。孔子的相貌也与常人不同,他的头是四方高中间凹,像个反扣的天体——"反宇",类似当地的尼丘山,所以取名"丘"。他的嘴巴很大,张开来像个斗;舌头有七层纹理,牙齿是骈齿;手是虎掌。他的身长 10 尺,腰大九围,坐下像蹲着的龙;脊背有点驼,立着像牵牛星,近看如昴星,闪闪发光。他的胸口上还有"制作定,世符运"六个字,注定他是

---

①　参见《论语·子罕》。
②　参见《史记·孔子世家》。
③　许慎《五经异义》。
④　《春秋·演孔图》。

一个受天命掌教制法以推进社会发展的"圣人"。但是孔子生不逢时，降生于春秋末年，按照五行相生的顺序，作为黑帝之后的孔子不能代苍帝（周王是苍帝的儿子）为王。虽然孔子的道德、学问和才能完全可以充当帝王，可惜他没有帝王的命运，只能做有德无位的"素王"，专门执掌教化，为后世制宪立法。据纬书说，孔子制作了《春秋》和《孝经》等著作之后，斋戒沐浴，召集七十二弟子，向北辰跪拜，禀告上天，制作已经全部完成。这时，天上云气聚集，白雾布满大地，赤虹从天而下，化为黄玉，长三尺，上面刻着刘季当受天命统一天下的文字。预示汉高祖刘邦将统一天下。总之，在谶纬中，孔子被描绘成天生的"神圣"，是能够预知未来一切事情的"先知"。

　　汉代以后，神化孔子和祭孔活动继续发展。魏正始年间，始尊孔子为"先圣"。唐开元二十七年（739年），"追谥孔子为"文宣王"。宋大中祥符五年（1012年），改谥为"至圣文宣王"。元大德十一年（1307年），加谥"大成至圣文宣王"。清顺治二年（1645年），定谥号"大成至圣文宣先师孔子"；十四年（1657年），又改称"至圣先师孔子"。早在春秋鲁哀公十七年（公元前478年），即于孔子旧宅建立孔庙。北齐时，各郡学皆立孔颜庙。唐武德二年（619年），于国子学立孔庙，祭祀孔子；贞观四年（630年），各州县普遍立孔庙，此后遂相沿成习。清康熙二十三年（1684年），皇帝亲题"万世师表"匾额，悬挂于各地孔庙。明清时，孔庙又叫文庙，庙旁建学宫。读书人入学时，要举行礼敬先师先圣的"释菜"礼。每年春秋两季要举行祭奠先师先圣的"释奠"礼。此外，汉以后历代王朝都大力褒奖孔子后裔，封号名称不一，西汉末称褒成侯，此后有宗圣、奉圣、恭圣、绍圣、褒圣等侯爵名称。唐开元中封孔子后裔为文宣公。宋仁宗时改封孔子四十七代孙为衍圣公，衍圣公世代相袭，直至1935年改称"大成至圣先师奉祀官"。孔子后裔的祀孔活动，更是频繁而且绵延不绝。

　　儒家对于忠臣义士的赞颂向来是不遗余力的。不仅在历代官修正史中充满了对忠臣义士歌功颂德的记载，而且在历代文人的笔记小说、传记文学、墓志碑铭中也留下了大量描写忠臣义士思想业绩的文字。这些被称颂的忠臣义士，又往往成为官府和民间祭祀的对象。南宋抗金名将岳飞就是一个典型的例子。据《宋史》列传记载，岳飞向老师周同学得了非常高明的射箭技术，周同去世以后，岳飞每月初一、十五都去坟墓祭扫，岳飞的父亲很赞赏这种行为，说："将来你要是为时所用，一定会殉国死义。"果然，岳飞在抗金征战中屡建奇功，受到宋高宗手书"精忠岳飞"、制旗赏赐的殊荣。但是，坚定不移地主张抗金的岳飞，却受到主和派首领秦桧的陷害。在受审过程中，尽管岳飞扯破衣裳，露出背上"尽忠报国"的刺字，以示自己的忠诚之心，仍然被害。秦桧死后，岳飞部下合辞诉讼，哭声震天。宋孝宗终于下诏恢复岳飞的官职，以礼改葬，并在湖北建立岳庙，号忠烈；淳熙六年（1179 年），谥武穆。宋宁宗嘉定四年（1211 年），追封鄂王。岳庙是人们凭吊与祭祀岳飞的一个重要场所。世世代代以来，岳庙中的香火，寄托着人们对岳飞这位杰出的民族英雄和忠臣的无限钦仰与深切悼念。

　　在中国古代，孝子也是受祭祀的对象之一。在所有孝行中最典型且富有传奇色彩的是关于"割股卧冰"和"郭巨埋儿"的记载。"割股"的典故，源自《庄子》：晋公子重耳遭骊姬之难，出奔他国，途中饥饿困乏，介子推偷偷地割下自己的股肉，烧熟了献给重耳充饥。这就是介子推"自割其股以食文公"[①]的故事。后世之人相信股肉可以治疗亲人的疾病，遂以"割股疗亲"为至孝。五代之际，人民为战祸所苦，"往往因亲疾以割股，或既丧而割乳

————————

　　① 《庄子·盗跖》。

庐墓，以规免州县赋役。"① 以至苏轼批评说，如果在上位的人
"以孝取人"，那么，就会出现"勇者割股，怯者庐墓"② 的伪善现
象。"卧冰"的典故出自《搜神记》的几则故事。其中一则记楚僚
卧冰求鱼之事，楚僚继母患臃肿，夜梦一小儿相告："若能吃到鲤
鱼，不仅能治愈疾病，而且可以延长寿命。"继母将这个梦告诉了
楚僚。当时，正值天寒地冻，楚僚仰天叹泣，脱衣卧于冰面之上。
一个童子出现在楚僚身边，动手从楚僚所卧之处凿冰，奇迹发生
了：冰层忽然自己化开，有两条鲤鱼双双跃了出来。于是楚僚高
高兴兴地拿着两条鲤鱼回家侍奉继母，继母吃了鲤鱼，疾病立即
痊愈，一直活到 133 岁。其余两则故事，一为王祥破冰求鱼，一
为王延叩凌求鱼，与楚僚卧冰求鱼的故事大体相似。这三件事，被
认为是"至孝感天神"③ 的结果。"郭巨埋儿"的典故同样出自
《搜神记》：郭巨将两千万家财分给两位兄弟，自己夫妻居于客舍，
靠佣耕供养老母。不久，郭巨的妻子生下了一个儿子。郭巨心想，
抚养儿子会妨碍侍奉老母，老人有吃的喜欢分给儿孙而减少膳食。
思虑及此，郭巨便在野地里挖坑，准备把儿子掩埋掉。挖着挖着，
突然碰到一个石头盖子，下面有一罐黄金，附有丹书一封："孝子
郭巨，黄金一釜，以用赐汝。"郭巨从此也"名振天下"④。对于孝
子的孝行，统治者总是予以褒奖。正史的《孝友传》或《孝义
传》，记载孝子和事迹不可胜计。《宋史·孝义传》宣称："太祖、
太宗以来，子有复父仇而杀人者，壮而释之；刲股割肝，咸见褒
赏；至于数世同居，辄复其家。一百余年，孝义所感，醴泉、甘
露、芝草、异木之瑞，史不绝书。"《明史·孝义传》更是大书特

---

① 《新五代史·何泽传》。
② 《宋史·选举志一》。
③ 《搜神记》卷十一。
④ 同上。

书"事亲尽孝，或万里寻亲，或三年庐墓，或闻丧殒命，或负骨还乡者"的事迹，予以旌表。

烈女节妇也是祭祀的对象。汉儒刘向撰《烈女传》，范晔《后汉书》创《烈女传》体例，为后代正史所继承。只需列举二三事例，即可窥见一斑。《后汉书·曹娥传》记载，上虞曹娥的父亲溺死江中，尸首也不见了。年仅十四岁的曹娥，昼夜不停地沿江号哭。十多天以后，曹娥把衣服投于江水，祈祷说："父亲的尸体在哪里，衣服就从哪里沉下去。"衣服随着江水漂流到一处，沉了下去，曹娥跟着跳水而没。当地县令为了表彰曹娥的事迹，为曹娥举行了葬礼，并立碑纪念。后人又建曹娥庙，加以祭祀。文学作品中对曹娥的描写更加富有传奇色彩：实际上已经淹死了的曹娥，如何三番五次地潜入水底，终于在围观者的一片喝彩声中，将父亲的尸体背出了水面。无独有偶，《宋史·烈女传》记载，上虞朱娥，幼年亡母，由祖母抚养。邻人与祖母争吵，持刀欲杀祖母，一家人都被吓跑了，惟独年方十岁的朱娥一人呼号着冲上去，挡在祖母身前，扯着邻人的衣服说："宁可杀我，也不要杀祖母！"祖母因此得以逃脱。朱娥接连被砍了几十刀，手还是扯着邻人的衣服不放，直到咽喉被割断死去。会稽令在曹娥庙中为朱娥塑了一座像，岁时配享。《明史·烈女传》记载节妇甚多，随便捡出一例：会稽范氏二女，自幼喜欢读书，曾熟读《烈女传》。长女出嫁，一个月后就成了寡妇；次女未出嫁，未婚夫就死了。二女共同守节，建造了三间房屋，筑起高高的围墙，围墙内有土地十亩，汲井灌溉，三十年如一日。她们自己在屋后营造了坟墓，死后合葬在一起。族人在她们居住过的地方建起了祠堂，加以祭祀。诸如此类，不一而足。

上述对贤良圣哲、忠臣义士、烈女节妇的神化和祭祀，与宗族祖先崇拜和祭祀，在观念上同出一源，在实践上同其效用，都是儒家崇尚礼教的反映。

三、民间的万物有灵论观念和破淫祀

荀子在谈到以雩祭方式祈雨时，曾说："故君子以为文，而百姓以为神。以为文则吉，以为神则凶。"认为古代祭祀只是统治者文饰政事的一种手段。但是老百姓却认为有神灵存在。事实上，民间祭祀兴盛的一个重要原因，就在于人们头脑中根深蒂固的万物有灵论观念。

早在西周时期，周人一方面将对上帝、天神的崇拜，落实到以敬德为宗旨的人事上，发展了具有浓厚理性精神的人本精神，从根本上阻绝了一神教与神权政治出现的道路；另一方面又将对上帝、天神的崇拜与祖先崇拜紧密地结合起来，形成了两个神灵群体：一是以上帝为核心的包括日月星辰风伯雨师等在内的神灵群体，一是从宗族始祖到考妣的祖先神群体。这两个神灵群体几乎包含了世间（阳世和阴世）的一切事物。这样就发展了原始的万物有灵论观念。古人认为，飞禽走兽，草木瓦石，一切事物不但有灵，而且能够成精，例如："千岁树精为青羊，万岁树精为青牛"；"玉精为白虎，金精为车马，铜精为仵奴，铅精为老妇"① 等等。这种观念深入人心，成为民间祭祀主要的观念依据。儒家提倡"事鬼敬神而远之"，这种态度也助长了民间祭祀的泛滥。

在万物有灵论观念的影响下，民间祭祀的对象，包括了自然和祖先两个神灵群体中的所有神灵；祭祀的目的则在于祈求神灵的保佑和赐福。除了前两节所说的各种祭祀之外，民间经常祭祀的有城隍神、土地神、财神、灶神、关帝神，等等。一切妖异灵怪也在祭祀之列，例如，据《郡国志》记载："陵州仁寿县有陵井出盐，井有玉女祠。初，玉女无夫；后，每年取一少年人，掷置

---

① 《太平御览·妖异部二》。

井中。若不送，水即竭。"以给玉女选配丈夫的方式举行祠祀，实际上是一种残酷的人殉。《郡国志》又记载："蜀郡西山有大蟒蛇吸人，上有祠，号曰西山神，每岁土人庄严一女置祠旁，以为神妻，蛇辄吸将，不尔即乱伤人。周氏平蜀，许国公宇文贵为益州总管，乃致书为神媒合婚姻，择日设乐，送玉女像，以配西山神。"① 蟒蛇为害，遂建祠造神，且每年送女子为妻；政府官员又郑重其事的为其"媒合婚姻"，造送玉女像，举行盛大的嫁娶典礼。人们通常将在"正神"、"正鬼"之外不符合被祭祀或立祠资格的祠庙和祭祀，称为淫祠淫祀。淫祠淫祀是民间普遍存在的现象。

然而，有淫祠淫祀，便有破淫祠淫祀的。《梁书》记载，王神念性情刚正不阿，每到新的州郡任职，必定要禁止那里的淫祠。青、冀二州东北临海的石鹿山上有一所神庙，庙里的妖巫欺惑百姓，百般引诱人们到神庙祈祷，大量耗费民财。王神念来到青、冀二州担任刺史，下令撤毁神庙，使当地的风俗大为改观。《旧唐书》记载，唐高宗将巡幸汾阳宫，并州长史李冲玄以途经石女祠，人们身着盛装从祠前走过会遭致风雷之灾为由，调集数万人另开一条专供皇帝通过的大道。主管这次高宗巡视事务的狄仁杰反对说："天子出行，有千乘万骑相随，风伯雨师尚且为之清尘洒道，哪里会有什么石女之害？"立即命令工程停止。高宗听说后，感慨地说："真不愧是大丈夫！"后来，狄仁杰被任命为江南巡抚使，因为吴、楚一带民间淫祠泛滥成灾，他便上奏朝廷，禁毁淫祠一千七百所，只留下具有历史和教育意义的夏禹、吴太伯、季札、伍员四所祠庙②。后人有诗赞狄仁杰："梁公毁淫祠，真是霹雳手。"③ 元代谢应芳也是力主破淫祠的一员猛将。他认为，祭祀不是为了"徼

---

① 《太平御览·鬼神部二》。
② 《旧唐书·狄仁杰传》。
③ 《龟巢稿》卷八。

福"，而是对先人功德的追念。在他看来，值得祭祀的，是那些曾为国家为人民的事业做出过贡献的人物，是前贤中可以为师表的人物。这样的祭祀，具有追远尊先的意义，可以使后人"由是而感发兴起，奋励激昂，风声气习，浑然俱化"。而淫祀则完全是为了取悦鬼神、祈祷神灵保佑的一种迷信，只能引人走上邪路，使人认为"福可谄求而得，罪可妄祈而免"①。谢应芳指出：由于社会动乱不定，人们对现实生活感到绝望，只好转而祈求神灵的保佑。再加上人们认识的幼稚，无知妄作，以为塑像设庙、供奉神灵就是"敬德报本"。此乃造成祠庙泛滥、淫祀成风的社会和认识根源。因此，他坚决主张破淫祀，带头烧毁先人的"神影"，并撰著了"辟邪植正"的名著《辨惑编》，对于后世反对宗教迷信产生了很大的影响。

古人虽有反对淫祠淫祀的，却很少有反对正当祠祀的。这是因为，在古人看来，祠祀是子孙对祖先创业和生养之情的一种追念和感激，是表示自己因不能侍奉先辈而发自内心的一种怀念之情。把祠祀看做对先祖"仁孝诚敬"的怀念与把祠祀看做祈求先祖神灵保佑、赐福，是两种不同的心理。前者虽然也渗透了某种宗教感情，但它主要着眼于人的道德品性，反映的是社会伦理观念；后者则涉及鬼神报应，纯然是一种宗教感情，反映的是神学迷信思想。

四、儒释道的冲突与融合

儒学本来是春秋战国时代百家争鸣的产物，是众多学派中的一派。它在西汉被定于一尊，成为居于统治地位的意识形态。东汉时期，佛教从西域传入中国；东汉末，又产生了道教。这样，就

---

① 同上书，卷十二、十八。

出现了儒、释、道三教并存的局面。既然是三教并存，三教之间的相互冲突与融合，自然是免不了的。那么，儒学又是如何排斥和吸纳佛、道二教的呢？

作为外来宗教，佛教是一种与本土文化完全异质的外来文化。佛教传入之初，人们在未领会其真谛时，往往把它看成中国传统的神仙方术的一种；而佛教也极力依附于当时的神仙方术和黄老之学，以求扩大影响。随着佛教的传播与发展，不但教徒和寺院日益增多，而且获得统治者的支持，这意味着儒学面临着新的挑战。由于构成挑战的是一种外来文化，儒学必然会对之力加排斥。这样，儒、佛之间的冲突，终于不可避免地发生了。这种冲突是从魏晋时期开始的，最初仅限于政治、伦理和风俗习惯的争论，争论的主要问题是儒佛异同、佛教徒应否敬事王侯、夷夏之辩，后来逐步深入到思想上，如神灭与神不灭等问题。

汉末魏初，牟子撰写了一篇《理惑论》，以回答儒者的诘难，并系统地论证了儒、佛相合而不相乖的观点。从牟子的引述中，可以看到当时儒者排佛的一些论点。例如，借口佛道与儒家经典不合而极力排佛。《孝经》说："身体发肤，受之父母，不敢毁伤"，"不孝莫过于无后。"儒者据此批评佛教徒削发和不婚娶违背了孝道，是置尧舜周孔之道于不顾。再如，借口"夷夏之妨"指责佛教"用夷变夏"。儒家有"内诸夏而外夷狄"[1]、"用夏变夷"[2]的说法，强调谨"夷夏之妨"。牟子原本是儒学家，后来归心事佛，儒者便批评说：你牟子自幼研习尧、舜、周公、孔子的学说，现在却舍弃以前学过的正确道理，而改信"夷狄之术"，岂不是受人迷惑吗？后来，南朝宋、齐时道士顾欢，在其著名的《夷夏论》中，则站在道教的立场上，运用儒家"夷夏之辩"的观

---

① 《春秋公羊传》成公十五年。
② 《孟子·滕文公上》。

点，指责佛教是"夷狄之法"。

东晋时期，围绕沙门（佛教徒）应否敬事王侯的问题，发生过一场争论。沙门不敬王者是西域佛教的惯例。佛教传入中土以后，佛教徒和一些佞佛的朝廷显贵主张依从这一惯例。庾冰提出了"沙门应尽敬王者"的主张，并代晋成帝下了诏令。诏令说："名教有由来，百代所不废"，而佛教却"矫形骸，违常务，易礼典，弃名教，是吾所甚疑也"！对佛教违背儒家礼教提出了怀疑。诏令又指出，如果任凭佛教的这种倾向发展下去，必然废弃礼教，导致尊卑不分，引起社会秩序混乱，强调"王教不得不一，二之则乱"①。结论是：必须用名教统一思想，佛教同样要遵循礼制，沙门应致敬王者。这场争论，表面上只涉及佛教徒向王者行跪拜礼等具体礼节问题，实质上是一场儒、佛之争，关系着是否遵从传统的儒家礼制的问题。

南北朝时期发生的神灭与神不灭的著名争论，也是一场儒、佛之争。佛教徒大肆宣扬人死神不灭和三世报应论观点。儒家则认为，人死而神灭，三世报应不符合儒家先圣的教导。儒家学者何承天批评了神不灭和报应论的观点，指出：人死"形毙神散"②，精神随着形体的灭亡而灭亡，不可重又受形，也就不会有什么三世报应。针对精神可以离开人的形体独立存在的观点，何承天说：人的形体与精神是相资为用的，古人以"薪"与"火"比喻形体与精神的关系，柴薪少了火焰就不旺盛，柴薪烧完了火焰就熄灭。人的精神虽然神妙不测，但岂能离开形体而单独流传？这个生动的比喻，显然是受了荀子"形具而神生"和汉儒桓谭"薪火之喻"的启发，是以儒家的神灭论思想来批判佛教的神不灭论观点。范缜更给了佛教神不灭论以致命的打击。范缜曾从学于名儒刘献，精

---

① 《全晋文·为成帝出令沙门致敬诏》。
② 《达性论》。

于儒术，面对佛教的猖獗，他"盛称无佛"，并著《神灭论》，以
驳斥神不灭论。他提出，精神与形体相即不离，形体是精神的质
体，精神是形体的作用，二者的关系如同"锋利"与"刀刃"的
关系一样，世间没有刀刃不存在而锋利单独存在的现象，也没有
形体死亡而精神单独存在的道理。他还提出，精神是人体才具有
的功能、作用，"是非之虑，心器所主"，人的精神活动是建立在
生理器官的基础之上的，并且正确地说明了"形谢神灭"的道理，
有力地批判了佛教"虑体无本"即认为思维活动可以脱离人体而
存在的神不灭论观点。

　　唐代，从朝廷到民间，信佛佞僧的风气甚嚣尘上。与此相应，
韩愈的谏唐宪宗迎佛骨表，也将儒家反佛斗争推向新的高峰。他
站在维护民族传统文化的立场上指斥说，佛教是"夷狄之一法"，
于后汉时方才传入，不是中国上古时代原有的。汉以来帝王尊信
佛法者，往往"亡乱相继，运祚不长"，佞佛的梁武帝就是一个典
型的例子，最后竟得了个"饿死台城，国亦寻灭"的下场。由此
可知，佛教本来就"不足事"。然而，唐宪宗却为了从凤翔法门寺
迎佛骨舍利，弄得京城长安沸沸扬扬，"王公士庶，奔走赞叹"，举
国若狂。韩愈揭露说，释迦牟尼佛本来是"夷狄之人"，与中国
"言语不通，衣服殊制"，而且"不知君臣之义，父子之情"；更何
况其人身死已久，一根枯朽的骨头，污秽不堪，怎么能随便让它
进出宫廷呢！他要求将这根骨头交给有关方面的官员，把它扔进
水里或火里，永远断绝佛教的根本，叫天下人都不受佛教的迷惑。
这个谏表呈送上去以后，唐宪宗大怒，立即将韩愈贬为潮州刺史。
韩愈在赴任途中，作诗说："一封朝奏九重天，夕贬潮州路八千。
欲为圣明除弊事，肯将衰朽惜残年。"[①] 这表明，为了"除弊"，他

----

① 《韩昌黎全集》卷十。

早已将性命置之度外了。韩愈辟佛的确是很坚决的，在《原道》一文中，他主张采取"戎狄是膺，荆舒是惩"的态度，对佛教这种"夷狄之法"加以惩罚："人其人，火其书，庐其居，"意思是强迫佛教徒还俗，并烧毁其著述，没收其寺院用作民宅。

当然，儒学在排佛、辟佛的同时，也不断地从佛教中汲取营养以充实和完善自身。儒学与佛教正是通过一次次的交锋，而一步步地走向融合。由于佛教是外来文化，必须与中国传统文化相协调，所以在儒、佛的融合方面，佛教是很自觉的。为了将佛教的教义、教规同儒家的纲常名教调和起来，东晋佛教领袖道安的弟子慧远强调，儒学与佛教虽然出发点不同，但可以相互影响，殊途而同归。慧远解释说，佛教徒出家，成为"方外之宾"，即成了世俗之外的人士，他们这样做，是为了"隐居以求其志，变俗以达其道"。因此，佛教徒落簪、出家的行为，可以说是"内乖天属之重而不违孝，外阙奉主之恭而不失其敬"，意思是佛教徒虽然不能供养父母但并不违背孝道，虽然不能事奉君主并不有损于礼敬。佛教的教规与儒家的名教是并行不悖的。慧远又对出家僧侣的礼制作了规定，维护了佛教在形式上的独立性。此后，佛教方面无论是主张以儒释佛，还是提倡以佛统儒，都为融合儒、佛做出了贡献。

另一方面，儒学也在排斥、抵制佛教的过程中，不断地吸收、消化佛学思想。佛教的挑战大大刺激了儒家学者对儒学经典的研究，例如，在佛教讲经方法的影响下，南北朝时期兴起了义疏之学。尤其是到了唐代，儒学方面提倡融合儒佛的趋向日益明显。柳宗元在对佛教与儒学进行比较研究之后，明确地提出了"统合儒释"的主张。他认为，佛学中包含着"韫玉"，某些言论无可辩驳，往往与《易》、《论语》相合，同孔子之道殊无二致，有利于人们涵养性情。例如，他指出，佛学也提倡孝道，"去孝以为达，遗情以贵虚"是违背佛学本来宗旨的，佛典《大报恩》就是讲孝道的，一般僧侣都是"虽为其道而好违其书"①。又指出，佛性说也符合儒家"人生而静"的思想，"其教人，始以性善，终以性善，不假耘锄，本其静矣。"② 因此，他要求对佛学多做"搜择融液"的工作，通过融佛入儒的方式，改造和发展儒学。即使是以辟佛著称的韩愈，实际上也在做融合儒释的工作。韩愈所建立的道统说，就借鉴了佛教的传灯法统说。韩愈的朋友和弟子李翱著《复性书》三篇，指出：人们将探求性命之书尽归入庄、列、释、老，认为"夫子（孔子）之徒不足以穷性命之道"，是错误的。《易》、《中庸》、《大学》等儒家经典，也是探求性命之书。《复性书》虽然没有韩愈那样激烈的辟佛言论，但显然也是为了抵制佛教，而张扬儒学。然而其中吸收佛教思想以阐释儒学思想，却又随处可见。正是这种融佛入儒的做法，为理学全面建立儒家心性形上理论指明了途径。

理学将儒学发展到了一个新阶段。它是儒、释、道三教融合的产物。从儒佛融合的角度看，理学家的融佛达到了前所未有的高度。理学奠基于北宋五子——周敦颐、邵雍、张载、程颢、程颐。北宋五子无一不辟佛，然又无一不出入于佛学。例如，程颢自十五六岁即立志"求道"，但没有找到门径，"泛滥于诸家，出入于老、释者几十年，反求诸《六经》而后得之。"③ 说明程颢在建立理学思想体系以前，曾用了十年左右的时间钻研包括佛教在内的各家学说。又如，张载年轻时也曾经"访诸释老之书，累年尽究其说，知无所得，反而求之《六经》"④，穷究过佛、老思想。他们的治学历程有一个共同特点，那就是都经历过探究佛学的阶

① 《柳河东集》，第 427 页。
② 同上书，第 92 页。
③ 《二程集》第 638 页。
④ 《张载集》第 381 页。

段，然后又返回头钻研儒家《六经》，并以儒学为最终归属。两宋理学的集大成者朱熹，同样是一个既辟佛而又融佛的人物，其学术思想历程与北宋五子亦大致相同，而且一旦从佛学中摆脱出来后，辟佛之严厉，高扬儒学之坚定，远过于北宋五子。朱熹竭力要把北宋五子，特别是二程，说成是纯乎其纯的儒者，并力斥谢良佐、杨时、游酢等二程弟子"淫于老佛"的思想倾向。朱熹的高明之处就在于，他把从佛教那里吸收进来的理论与儒学原来的理论融合得浑然一体，不落痕迹。

儒学与道教之间也存在冲突与融合的问题。由于道教是土生土长的宗教，与儒学处于同一文化背景之下，不像佛教那样是外来宗教，所以儒、道之间的融合比起儒、佛之间的融合来，更加顺畅得多。一方面，道教很容易将儒家思想为己所用，例如，对儒家伦理思想的吸收就是如此。儒家伦理中有所谓"三纲六纪"，道教经典《太平经》很自然地将它吸收进自己的理论体系之中，声言"三纲六纪所以能长吉者，以其守道也，不失其治故长吉"，要求人们遵守"父慈、母爱、子孝、妻顺、兄良、弟恭"[①] 的伦常关系。《太平经》只是把儒家"君、父、夫"的三纲改为"君、父、师"的三纲。东晋时，葛洪提倡内神仙、外儒术的儒道合一思想，奠定了道教理论发展的基本趋向。北朝时，寇谦之特别"以礼度为首"对五斗米道加以改造，把儒家"礼度"和"佐国扶民"的外王品格渗入神仙道教的理论中，使官方化的道教组织获得进一步发展。另一方面，儒学在与道教的相互碰撞与交融中，自身也发生了某些变化，儒学在魏晋时期的玄学化，就受了道家和道教一定的影响。一般认为，理学开山祖师周敦颐，为了"推明天地万物之原"而作《太极图说》，是受道教"图解"传统的影响，糅合儒、道思想产生的。理学大师朱熹著《阴符经考异》和《周易

---

① 《太平经合校》。

参同契考异》两书，因为"究心丹诀，非儒者之本务，故托诸庾辞"①，而署名"崆峒道士邹䜣"。此外，他还写了《调息箴》，讲述道教胎生养神的养生之道。朱熹是站在儒学的立场上吸收道教，融道入儒的。

儒家批判佛、老，同时又融合佛、老，表面看来似乎是对立的，而实际上却是统一的。儒学与佛教、道教的融合，即通常所谓"三教合一"，充分体现了儒家文化和整个中华文化的融合精神。尤其需要指出的是，中华文化的这一融合精神，以"和而不同"为根本特色。换言之，这种融合以相互取长补短、共同发展为宗旨，而不以消灭对方为目的。因此，中国文化自东晋开始形成的儒、释、道三足鼎立的格局，始终共存并进。儒、释、道三家在长期的交涉与冲突中，早已是你中有我、我中有你了，纯乎其纯的儒家抑或佛家、道家（道教）根本不存在；但同时，儒、释、道三家又并未合并为一家，而是始终保持着各自的根本特质和立场，儒学依然是儒学，佛教依然是佛教，道教依然是道教。这也是儒家文明的一大特色。今天，世界文化发展呈现出全球化和多元化并进的格局，儒家文明这种"和而不同"的融合传统，仍将具有极大的启发和借鉴意义。

---

① 《四库总目提要》卷一四六。

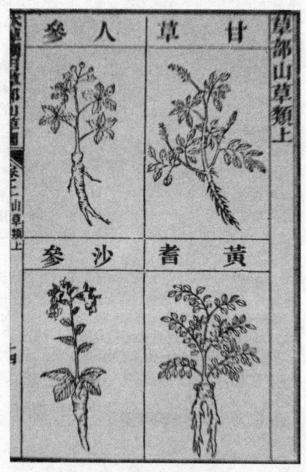

8　《本草纲目》书影

第十三章

科 学 技 术

科学技术是文明的重要组成部分，是该文明中生产力发展水平的基本标志。

中国文明的诞生是和科学技术的产生同步的。总体说，中国上古时代和三代的科学技术水平不如其他文明古国[①]。但是春秋战国时期，中国科学技术出现了一次飞跃，而中国科学技术达到高峰并在相当长一段时期内站在世界前列，恰好是儒家文明形成之后。

一、儒家文明形成前的中国科学技术成就

（一）上古时期的科学技术

在中国古籍中，"文明"时代的到来与众多的科学技术发明创造的出现是紧密地联系在一起的。《礼记·礼运》云："昔者先王未有宫室，冬则居营窟，夏则居橧巢；未有火化，食草木之实，鸟兽之肉，饮其血，茹其毛；未有麻丝，衣其羽皮。后圣有作，然后修火之利，范金合土，以为台榭、宫室、牖户；以炮以燔，以烹以炙，以为醴酪；治其麻丝，以为布帛；……"在《礼运》作者看来，"文明"诞生的标志，不仅在于圣人为畜群般的原始人群建立典章制度，使其有了文理，而且在于圣人有了众多发明创造，

---

① 参见潘永祥主编《自然科学发展简史》，北京大学出版社1984年版，第41页。

使其在物质生活上超出了畜群。正是出于对文明的这种理解，中国文明初祖黄帝及其妻子、助手，也被认为是大发明家。传说以玉为兵器，舟车弓矢，养蚕染织等都是黄帝时代的发明。

尧为黄河流域部族联盟首领时，为适应农耕的需要，同时也为预测天意，建立了中国最早的天文观测系统，"乃命羲和，钦若昊天；历象日月星辰，敬授人时。"①五帝时代中国在系统的天文观测基础上已制订出比较精确的历法。

与农业发展关系密切的水利技术在五帝时代也得到长足进步。《世本》说，伯益发明了凿井技术，而与他同时代的禹更通过领导大规模的治水，为中国古代水利技术奠定了坚实基础。

为了治水，禹对当时中国大部分领土进行勘察，从而积累了大量的有关山川土质物产的知识，这些地理学知识保存在战国时代成书的《禹贡》中。

五帝时代是中国文明的发轫期，也是中国科学技术的萌芽时期。这一时期科学技术成就虽然不多，却为以后的发展奠定了坚实基础。

(二) 三代科学技术成就

夏、商、周三代，科学技术获得进一步发展。这一时期天文观测更为精密，已经能比较精确地确定二至（冬至、夏至）、二分（春分、秋分）的时间。五帝时代已经产生的制陶、染织、运输工具制造等实用技术得到改进。山东城子崖出土的黑陶，有的学者认为是夏代的遗物，其薄如蛋壳，显示出很高的工艺水平；以高岭土烧制的白陶也出现在这一时期，由此进而产生了原始瓷器；商代已出现了斜纹、花纹等纺织技术；从甲骨文上有"帆"字出现，可以断定，至迟在商代人们已经知道利用风能推动舟船行驶。

---

① 《尚书·尧典》。

这一时期科学技术方面最大成就是发明了铜的冶炼术，从而使中国步入了"青铜时代"。铜的冶炼大约出现在夏初；商代青铜冶炼铸造技术已达到相当高的水平，出现了多范拼铸，内外范合铸，镶嵌铸造等多种铸造方法，所制造的器物形制巨大，精美绝伦，至今仍令人叹为观止。

（三）春秋战国时期科技发展的飞跃

春秋战国是中国社会激烈变革的时代，也是中国古代科学技术发展的飞跃时期。

作为古代主要科学天文学在这一时期有了巨大发展。"天文"这个概念就是这一时期提出的："观乎天文以察时变，观乎人文以化成天下。"① 天文观测的目的是为了制订能精确反映四季变化的历法，战国时期出现了对中原地区农业生产活动具有重要指导意义的二十四节气。天文观测的另一目的是为了预测吉凶祸福，这一目的使中国古代天文观测对怪异的天文观象颇为重视。春秋战国时期的史籍除对日月蚀有详细记载外，对新星和超新星的出现也有记载。在天文观测基础上甘德和石申制订了世界上最早的星表。

春秋战国时期是一个战争和外交活动频繁时期。随着交往的扩大，人们积累了更多的地理学方面的知识，因此另一古代科学门类地理学在这一时期也有重大发展，出现了一些地理学著作。除上文提到的《禹贡》成书于这一时期外，《山海经·五藏山经》、《管子》中的《地员》、《度地》等也都是广义上的地理学著作。

数学也是古代科学的重要部门。数学在中国古代一向受到重视，礼、乐、射、御、书、数合称"六艺"，是中国古代教育的基本内容。春秋战国时期中国数学获得重要成果，一是出现了分数

---

① 《周易·贲卦·象》。

概念；一是制订了乘法九九表；一是与毕达哥拉斯发现以其名字命名的定律差不多同时甚至更早，中国人也发现了与其内容相同的定律——勾股定律。

物理学是近代才发展起来的科学，但其中某些力学、声学、电磁学、光学现象和原理在古代已被发现。春秋战国时期中国在这些领域也是成就斐然。在力学方面，墨家学派对杠杆原理作了探讨，初步认识到杠杆的平衡受其两端物体重量及其与支点的距离两个因素制约。在声学方面，《管子·地员》定五音的"三分损益法"实质上已涉及物体长度与音频的关系。在光学方面，《墨经》提出了光的直线性、光的反射、影的形成等原理，是世界上最早的关于光的论述。

春秋战国时期中国科技成就主要还是在应用科学和技术方面。其中最大的成就是发明将铁矿石、木炭按一定比例放在炉中高温熔成铁水，再将铁水浇铸成形的熔炼术以及炼钢术。中国铁器出现虽较其他文明为晚，但进步极快，铁熔炼术和炼钢术在当时世界上是最先进的，它们的发明使中国在武器和工具制造方面赶上并超过其他文明。

随着铁制农具的出现和代替耒耜等木石农具，中国农业技术也得到迅速发展，作为农业技术总结的农业著作在这一时期大量涌现，《吕氏春秋》中的《上农》、《任地》、《辩土》、《审时》等即属这类著作。

铁制工具的广泛使用，也使建设大型水利工程成为可能。芍陂水库、都江堰引水灌溉工程等都是这一时期修建的，它们把中国古代水利技术提高到一个新阶段。

春秋战国时期科学技术的飞跃发展，使原本相对落后于其他文明的中国迎头赶上，其科技成果足以与同时期的古希腊媲美。

二、儒家的自然观和科技思想

先秦科学技术的发展，特别是春秋战国时期科学技术的飞跃，为刚刚诞生的中国哲学提供了建立自然哲学和科学技术思想的素材，先秦诸子百家都在其思想中或多或少地涉及到对自然的看法和对科学技术的看法。虽然儒学基本上是一个伦理学——政治哲学体系，其创始人孔子与孟子等人很少论及自然，但是作为一个哲学学派，要想完全避开自然是根本不可能的。从战国后期开始，儒家学者论及自然的言论逐渐增多。秦汉以后，儒家更广泛地吸收了道家、阴阳五行家、墨家等学派的思想，形成了较为系统的自然观和科学技术思想。综观儒家关于自然和科学技术的论述，可将其自然观和科学技术思想归纳为以下几点。

（一）天道自然观——儒家的自然观

儒家的天命论将天视作宇宙的主宰，有情感、意志的神，自然界按其命令运行；泛道德主义天道观将天道视作客观化了的道德律。由这两种观念导出的只是对天意的窥测和人对自身固有之天德的印证，因此，它们都不可能对中国的科学技术发展产生积极影响。真正影响了中国科技发展的是以荀子为代表的自然主义天道观。其要点是：

1. 自然界是人生活于其中但外在于人的客观世界。

2. 自然界只按自己的规律运行，不以人的意志而转移，"天行有常，不为尧存，不为桀亡。"① "天不为人之恶寒也，辍冬；地不为人之恶辽远也，辍广。"②

------

① 《荀子·天论》。
② 同上。

3. 人虽然不能改变自然界运行规律，但可以参赞天地之化育。

4. 人可以利用自然事物和规律造福自己，"大天而思之，孰与物畜而制之？从天而颂之，孰与制天命而用之？望时而待之，孰与应时而使之？因物而多之，孰与骋能而化之？思物而物之，孰与理物而勿失之也！"①

（二）宇宙演化理论——气化流行说

儒家除提出自然主义天道观外，还建立了对中国科技发展具有重大影响的宇宙演化理论。儒家以"气"为宇宙物质基础的思想，在荀子那里已见端倪，如《王制》云："水火有气而无生，草木有生而无知，禽兽有知而无义，人有气、有生、有知，亦且有义。"《易传》作者和汉儒董仲舒等人进一步又引入阴阳、五行说，从而逐渐形成一个把宇宙视作气化流行，经过阴阳、五行等环节，最后生成万物的演化过程的理论体系。这个体系以公式形式表示是这样的：元气——阴阳——五行——万物。宋儒周敦颐是这一宇宙演化理论的最后完成者，他在其著作《太极图说》（未经朱熹篡改过的）中以精练的语言描述了宇宙演化过程。

儒家的宇宙演化理论——气化流行说包含深刻的万物流变和对立统一等素朴的辩证法，成为中国古代科学技术发展的理论基础。

中国古代未能产生古希腊德谟克利特那样的原子论，中国古代哲人所谓的"其小无内"、"莫破"都不可比附为"原子"。中国气论与古希腊原子论的根本区别是：气是连绵、无间断状态的物质实体，原子则是间断性的物质颗粒。由于气无间断，因此中国

---

① 《荀子·天论》。

古代也不曾产生绝对空间观念，所以张载说："太虚即气，则无无。"① 而在原子论中，两个原子的间断处便是绝对空间。这一差别对东西方科学发展方向影响是很大的。

（三）格物致知说

儒家不主张对自然作那种穷究底蕴的形而上学式的思考，"不为而成，不求而得，夫是之谓天职。如是者，虽深，其人不加虑焉；虽大，不加能焉；虽精，不加察焉。""惟圣人为不求知天。""大巧在所不为，大智在所不虑。所志于天者，已其见象之可以期者矣。……"② 但儒家不否定人具有认识自然及其规律的能力："人之有德慧、术知者，恒存乎疢疾。"③ 朱熹注孟子这句话时说："德慧者，德之慧；术知者，术之知。"④ "德慧"，即人天生具备的知是知非、知善知恶的道德理性；"术知"，则是人认识客观事物及其规律、对未来发展作出预测的能力，"如智者亦行其所无事（顺应自然），则智亦大矣。天之高也，星辰之远也，苟求其故，千岁之日至，可坐而致也。"⑤ 人因为有"术知"这种认识客观事物的能力，因而可以根据日月星辰运行的规律推算出千年之后的冬至日。

那么如何认识自然事物及其规律呢？先秦儒家提出具有经验论性质的"薄物征知"说和"格物致知"说。

"薄物征知"说是荀子提出的；"心有征知，征知则缘耳而知声可也，缘目而知形可也，然而征明必将待天官之当簿（薄）其

---

① 《正蒙·太和》。
② 《荀子·天论》。
③ 《孟子·尽心上》。
④ 朱熹《孟子集注》卷十三。
⑤ 《孟子·离娄下》。

类然后可也。"①"薄"即接触、接近。"薄物征知"即耳目等感官通过接触外界事物而感知其声音、颜色、形状、大小,然后心再加以综合、判断,从而达到对事物及其规律的认识。

"格物致知"说是《大学》首先提出的:"致知在格物。"对于"格物致知",郑玄、二程、朱熹、王阳明、颜元、王夫之等人的解释都有所不同。其中朱熹将其解作即物穷理,与《大学》本义最为相近。虽然朱熹主要是从道德论角度来解释"格物致知",即让人通过格一草一木来穷尽人间伦理,但其中包含了就自然事物而求其规律的科学认识论因素。事实上后来很多从事自然科学研究的儒家学者正是在后一意义上使用"格致"二字的,如朱熹五传弟子朱震亨将其医学著作称之为《格致余论》;明熊明遇以《格致草》名其介绍西学的著作;清陈元龙以《格致镜源》名其自然科学著作。到清末洋务运动时,"格致学"更成为自然科学通称,而"格物致知"也成为自然科学的认识论。

(四)实验论、测验论、试验论:儒家的科学方法论

儒家在提出"薄物征知"、"格物致知"等一般性经验主义认识论外,还专门为科学技术提出特殊的方法论:实验论、测验论、试验论。

"实验"二字最早见于王充《论衡·乱龙篇》:"此尚因缘昔书,不见实验。"王充是在例举同类相感事例的第九条,即立桃人、画虎可以御凶一事时说此话的,意即这一条只见于书籍记载,尚未得到事实的验证。可见"实验"是在检验、验证一种理论、成说是否正确意义上使用的。后来"实验"论成为科学上验证一种假说、一种理论是否正确的方法论。

天文、历法、音律、水利等科技部门与数学关系密切。儒家

---

① 《荀子·正名》。

学者针对这些科技部门的特点，提出"测验"论。沈括在《梦溪笔谈》中说："前世修历，多只增损旧历而已，未尝实改天度。其法须测验每夜昏、晓、夜半日及五星所在度秒，置薄录之，满五年，其间删去云阴及昼见日数外，可得三年实行，然后以算术缀之。"元代郭守敬说："历之本在于测验，而测验之器莫先仪表。"①以"仪表"进行"测验"是儒家为某些与数有关的科学门类提出的重要方法。

"实验"论主要是对已提出的科学理论，假说进行验证，以定其真伪的方法。"试验"论则偏重于发现、发明，是一种由不知到知、由不精确的知到精确的知的自然科学方法论。这一方法是由明代学者宋应星最早提出的。

实验论、测验论、试验论，与近代自然科学的实证方法非常接近。儒家为自然科学提出的这些方法论对中国科学在中世纪达到世界领先地位发挥了不可低估的作用。

（五）"制器尚象"说

如果说"实验"论、"测验"论、"试验"论，是儒家的自然科学方法论，那么"制器尚象"说则是器物制造等工艺技术的方法论。"制器尚象"说是儒家学者在《周易·系辞上》提出的："易有圣人之道四焉，……以制器者尚其象。"意即《易》中圣人之道之一就是在制造器物时要重视、仿效卦所包含的物象。《系辞下》认为，网罟、耒耜、衣裳、舟车、宫室等都是取诸卦象而设计制造出来的。例如，"刳木为舟，剡木为楫。舟楫之利，以济不通，致远以利天下，盖取诸涣。"②涣卦是上巽下坎。《说卦》云："巽为木，坎为水"。因此涣卦为木漂浮在水上之象。《易传》认为，

---

① 《元史·郭守敬传》。
② 《周易·系辞下》。

黄帝时人们正是取法木漂浮在水上之象，制造了舟船。所以虽然《系辞》说人们的发明是取法卦象，但实质上是取法自然物象。儒家这一思想，即使在今天，对人类的发明创造仍具有指导意义。现代仿生学其实就是一种"制器尚象"说。

（六）慎术说

科学技术既可用以造福人类，也可为害人类。如何防止科学技术成果被滥用，使其只用来造福人类？儒家认为，要想做到这一点，科学技术必须要接受道德的制约。儒家的这一思想集中地反映在孟子的"慎术"说中。孟子认为人的本性都是善良的，但是由于择术不慎，有的人就会于不知不觉中走向其本性的反面，"矢人岂不仁于函人哉？矢人惟恐不伤人，函人惟恐伤人。……故术不可不慎也。"[①] 意即制造弓箭的人和制造甲胄的人本性都是善良的，但前者却千方百计地改进弓箭制造技术，以便杀人更有效，从而悖离了本性。孟子的"慎术"说虽然不是专门针对科学技术而言的，但其中包含了科学技术不应成为人们恣意妄为、夸巧骋能的领域，科技必须接受道德制约等重要思想。这些思想对中国古代科学技术的发展产生过非常大的影响，例如火药发明后，中国用来制造烟花爆竹，而不是用来制造武器，即与此有关。在科学用来制造大规模杀人武器，克隆技术有可能被滥用的今天，儒家的这一思想更显得重要。

上述儒家的自然观及科学技术思想散见于不同时期儒家学者的著作中。就总体而言，儒家并未提出系统的自然哲学和科学技术思想，因此在儒学发展史上也不曾出现包罗上述内容的关于自然观和科技思想的系统著作。虽然如此，这些零散的思想却对儒家文明形成后的中国科技发展产生积极影响，使其一度走向世界

---

① 《孟子·公孙丑上》。

的高峰。

三、一度辉煌的中国科学技术

当继承希腊文明的罗马帝国遭到蛮族入侵，西方古代科学技术成果几乎丧失殆尽时，秦汉帝国却有效地抵御了蛮族的侵扰，使先秦取得的科学技术成果得以保存，从而也使儒家文明形成后，中国科技的发展有一较好的基础。在此基础上，同时也在上述儒家自然观和科学技术思想的指导下，中国科学技术取得较为迅速的发展，并在相当长时期内居于世界先进行列。

（一）数学

数学教育和研究，自古就受到国家的重视。"数"是古代六艺之一，是学校教育中的必修课；在唐等朝代，国子监还曾设立过数学专业——明算科。所以数学是中国古代成就最大的科学部门之一。

汉代，中国国力强大，经济发达。数学为了适应制订更精确的历法，修建大规模防御工程和水利工程的需要，当时得到重大发展，形成中国数学发展的第一个高峰。

作为汉代数学成就标志的是出现了两部伟大的数学著作：《周髀算经》和《九章算数》。据数学史家李俨等人的看法，《周髀算经》是先秦中国数学成就的总结，因此我们将其中的勾股定理作为先秦的数学成果在前文中加以叙述；《九章算数》则主要反映儒学文明形成后的数学成就，共有九章，载有 246 个应用题的解法，涉及算术、初等代数、几何。该书在世界上第一次提出负数概念和负数加减运算法则，其他如关于分数四则运算、比例算法等在当时也是世界上最先进的。《九章算术》对中国数学发展影响巨大，后来许多数学家的成果都是通过注释该书阐述的。

　　三国时刘徽的《九章算术注》在《九章算术》的众多注释中最为重要。刘徽在该书中，比较严格地证明了《九章算术》的全部公式和定理；他还用圆内接正多边形随边数的增加，其面积无限接近圆面积原理推算出圆周率为 3927/1250。比刘徽《九章算术注》出现稍晚的《孙子算经》提出求平方根的方法。再后的《张建邱算经》提出的开立方方法，在当时世界上也是最先进的。南北朝时祖冲之在刘徽将圆周率确定为 3927/1250 基础上得到圆周率在 3.1415926 与 3.1415927 之间。欧洲人得到相同的数值，已是一千余年之后的事。

　　宋元是中国数学发展的第二个高峰期。

　　这一时期大数学家辈出，成果累累。北宋贾宪在《黄帝九章算法细草》中首创求任意高次幂正根的"增乘开方法"，并提出二项式定理系数表。秦九韶在《数书九章》中发展了"增乘开方法"，用以解高次方程，他还研究了"大衍求一术"即不定分析问题。与秦九韶同时代的李冶著《测圆海镜》、《益古演段》，系统地研究并完善了"天元术"。稍后的杨辉在其著作中列出几种级数的求和公式。元代朱世杰是这一时期最伟大的数学家，著有《算学启蒙》、《四元玉鉴》等，在"天元术"基础上创"四元术"，即列四元高次方程的方法，并提出消元法，即逐步消去三个未知数，只留一个未知数的方程解法，其方法与今天代数中解多元方程的方法基本相同。

　　中国数学的成就是非常伟大的，正如李约瑟博士所说："代数学实质上仍然是出自印度和中国的，就像几何学出自希腊一样。"①

---

　　① 《中国科学技术史》第三卷，科学出版社 1978 年版，第 117 页。

（二）天文学

天文学同数学一样是中国最古老的科学部门，一向受到国家的重视："中国天文学有一个基本特点，这就是它具有官方性质，并且同朝廷和官府有密切的关系。"① 中国历朝历代都设有专司天文观测的机构、天文台和官员。国家对天文学的重视，有利于其发展的一面，也有不利的一面：它将中国古代天文观测束缚在国家有限的目的之上。

天文观测必须以一定的宇宙模式为基础。儒家文明形成后，中国已经有三种宇宙模式："盖天"说、"宣夜"说、"浑天"说。"盖天"说认为，天圆地方，天像一个半球形的竹笠盖在地上，这种理论出现较早，《周髀算经》就有"方属地，圆属天，天圆地方"的说法。"宣夜"说认为，"天无质，仰而瞻之，高远而极。……日、月、星象浮空中，行止皆积气焉。"② 浑天说的主要代表人物是大天文学家张衡，他在《浑天仪》中说："浑天如鸡子，天体圆如弹丸，地为鸡（子）中黄，孤居于内。……天之包地，犹壳之裹黄。""盖天"说因"验天然多违失，故史官不用。惟浑天者，近得其情。"③ 可见真正被史官们用于天文观测的只有"浑天"说一种。

中国古代天文学的主要任务是制定历法。汉以后的天文学家通过观测将每一回归年的精确度大大提高了一步：后汉刘歆《三统历》定每回归年为 365.250162 日；南北朝祖冲之的《大明历》定为 365.242815 日；元郭守敬的《授时历》定为 365.2425 日，与当今世界通用的回归年数值相同④。对每朔望月长度值的测定也

① 《中国科学技术史》第四卷第一分册，第 39 页。
② 《太平御览》卷二。
③ 同上。
④ 《中国科学技术史》第四卷第一分册，第 279 页。

越来越精确：三国时杨伟《景初历》为 29.530598 日，何承天的《元嘉历》定为 29.530585 日，祖冲之的《大明历》定为 29.530591 日，与今测 29.530588 日[①] 相差极为微小。

　　中国古代天文观测之精密与天文仪表之精密紧密相关。中国古代天文观测所使用的仪器主要是浑仪，元代郭守敬对浑仪加以改进，制成简仪。它采用的支架结构与现代天文望远镜中天图式装置基本一样，表明中国古代天文仪器已达相当高的水平。李约瑟对中国古代天文仪器给予高度评价："中国人制成的天文仪器一件比一件复杂，以十三世纪发明的一种赤道装置为最高峰"；"中国人发明了望远镜的前身——带窥管的转仪钟，和一系列巧妙的天文仪器辅助机件。"[②]

　　受儒家"屈君而伸天"的思想影响。汉以后天文学家对日月食等奇异天文现象仍非常重视。所以如此，一是作为"天子"的君主想通过这些现象窥测天意，一是大臣们可以利用这些现象对君主进行劝谏，"可以说儒家官吏表示极大不满的朝代，就是日食记录最完整的时代。"[③] 由于上述原因，中国关于交食的记录是世界上最完整的。除交食外，关于其他奇异的天文现象如彗星、陨石雨、太阳黑子、新星和超新星等的记载也是世界上最早或最多的。

　　但是当儒家官吏利用奇异天文现象劝谏君主时，另一些儒家学者则力图对这些奇异天文现象加以科学的解释。如有人认为："日食者，月掩之也。日在上，月在下，障于月之形也。"[④] 对日食现象的合理解释为预报交食提供根据。中国大约在西汉时就已知

---

① 《中国科学技术史》第四卷第二分册，第 528 页。
② 同上书，第 696 页。
③ 同上书，第 592 页。
④ 见《论衡·说日》。

道交食周期；汉代以后随着对月球运行轨道的认识更为清楚，天文学家们对交食的时间、程度的预报也越来越准确。

（三）地理学、地质学

中国古代另一传统学科——地理学在儒家文明形成后有更大发展，地理学著作可谓汗牛充栋。它们可分为几类：一是正史中有关地理方面的"传"，如《史记》中的《匈奴列传》、《西南夷列传》；"志"，如《汉书》的《地理志》、《沟洫志》，《后汉书》的《郡国志》等。一是地理学专著，如《水经》以及郦道元为其所作的注释《水经注》。一是游记，如玄奘的《大唐西域记》、邱处机的《长春真人西游记》、《徐霞客游记》等。一是数量浩瀚的地方志。这些地理著作涉及自然地理、人文地理、经济地理、水文地理等广泛内容。

在中国地理学发展中，特别值得一提的是地图绘制技术。与古希腊地图绘制法不同，中国采用网格制图法。晋裴秀为这种制图法确定六条基本原则："制图之体有六焉：一曰分率，所以辨广轮之度也；二曰准望，所以正彼此之体也；三曰道里，所以定所由之数也；四曰高下；五曰方邪；六曰迂直，此三者各因地制宜，所以校夷险之异也。"① 按这些原则绘制地图颇为精确。绘于宋代保存至今的《禹迹图》，"在当时是世界上最杰出的地图。"②

地质学是近代诞生的学科，但中国古代也积累了一些地质学知识。中国人很早就已产生沧海桑田思想。唐颜真卿、宋沈括、朱熹等人都曾发现高山上的贝壳化石，并据此指出有的陆地曾为沧海。

石油、天然气、煤等矿物燃料的发现、利用和开采，都以中

---

① 《晋书·裴秀传》。
② 《中国科学技术史》第五卷第一分册，第133页。

国为最早。此外，汉以后中国铁、铜以及金、银、铅、锡等有色金属的产量都在世界上位居前茅。为了寻找矿物，中国古代也积累了大量找矿知识。例如可能成书于南北朝时的《地镜图》说："山上有葱，下有银；山上有薤，下有金；山上有姜，下有铜锡。"[①]这种矿物与植物伴生现象已为现代地质学证实，以"指示植物"找矿已成为现代找矿的重要方法。

中国是个地震多发国家，因此对地震的研究颇为重视。东汉张衡制成的地动仪是世界上最早的测定地震的仪器。为了预报地震，中国还积累了大量关于地震前兆的知识。

（四）物理学、化学

儒家文明形成后，中国古代科学家在物理学的声、光、磁等方面又有新的发现和发明。

中国古代学者出于对"乐"的重视，在声学方面做出重要贡献。东汉时王充已认识到声音是由物体震动产生的。至于声音共鸣现象早已为学者所熟知，董仲舒等人便以此为哲学上的天人感应说论证。中国学者对声律尤感兴趣，明朱载堉贡献最为突出，在《律吕精义》一书中，他确立了音程之间的等比关系，"他早在1584年就已证明，匀律音阶的音程可以取为二的十二次方根，这便比斯特文和梅塞内早数十年。"[②]

光学在先秦墨家光学成果基础上，又有新的发展。元赵友钦曾作过大型的光学实验，得出光源大小与强度等一些定性结论。

中国古代对物理学做出的最大贡献是在磁学方面。汉代人已利用磁石的指极性制成"指南勺"。宋代人已知道地球磁场可以使铁磁化的现象，并用来制造"指南鱼"。沈括的《梦溪笔谈》还记

---

①　段成式《酉阳杂俎》。

②　《中国科学技术史》第一卷，第314页。

载了以磁石磨成"指南针"以及指南针装置方法。指南针用于航海起于何时，今已不得而知，但北宋人朱彧《萍洲可谈》已有关于指南针用于航海的记载。指南针是中国四大发明之一，是中国对世界文明发展做出的伟大贡献。

中国古代在化学方面也取得重要成果。这些成果多是炼丹术士作出的。他们在炼丹过程中，掌握了一些化学反应，如《淮南万毕术》（西汉）载有铁可以从铜的化合物中置换出铜的反应。类似的记载后来经常在一些丹经中出现，如，"以曾青涂铁，铁赤色如铜，……外变而内不化也。"① 置换反应在宋时还被用于铜的生产，"信州铅山县有苦泉，流以为涧。挹其水熬之，则成胆矾。……熬胆矾铁釜，久之亦化为铜。"② 东汉魏伯阳的《周易参同契》，被称为"丹经之祖"，其中记载了另一重要的化学反应——汞和硫化合生成新物质的化合反应。南北朝时期炼丹术更加发达，葛洪《抢朴子内篇》中一些篇章即是炼丹学著作，其中《金丹》篇记载了"丹砂烧之成水银"，即硫化汞加热生成汞和硫的分解反应。无机化学中化合、分解、置换三种最主要的反应，早在近代化学诞生之前就已经被中国古代丹家发现。

中国古代对化学这门学科最大的贡献无疑是火药的发明。被誉为中国古代四大发明之一的火药，可能是炼丹术士们偶然发明出来的。但这种偶然其实并不偶然，它是中国古代化学家们——炼丹术士孜孜不倦、大胆尝试各种丹药配方的必然结果。

（五）生物学和药学

孔子本人以知识广博著称于世，他也要求学生"多识于鸟兽

---

① 《抱朴子内篇·黄白》。
② 《梦溪笔谈》卷二十五。

草木之名"①。所以生物学在一定程度上受到儒家的重视。成书于西汉的《尔雅》，是儒家最重要的工具书之一，后被编入《十三经》，其中的《释草》、《释木》、《释虫》、《释鱼》、《释鸟》、《释兽》、《释畜》，共列一千余种动植物，并加以简单的诠释，可谓儒家最早的生物学著作。后世为《尔雅》所作的注疏，如郭璞的《尔雅注》、邢昺的《尔雅疏》，也都是生物学著作。从这些著作的分章上可以看出，中国古代生物学家们已经从生物的外部形态对生物作了简单的分类。

然而中国古代生物学发展所受到的影响主要来自药学。中国古代药物以植物为主，兼用一些动物及其脏器。因此中国药学著作具有明显的生物学性质，药学著作也就是生物学著作，例如汉代成书的《神农本草经》以及后来陆续出现的《新修本草》（唐）、《经史证类备急本草》（宋）等既是药学著作，也是生物学著作。而作为各种名目《本草》集大成者的李时珍的《本草纲目》（见插图8）既是中国古代药学的总结，也是生物学的总结。

（六）医学

中国医学最早是与巫术结合在一起的，巫即医，这种现象一直延续到春秋，孔子引南人言："人而无恒，不可以作巫医。"② 即可证明这一点。战国时，医逐渐与巫术脱离，一些名医甚至自觉地把医术同巫术对立起来，如扁鹊总结"病有六不治"，其一就是"信巫不信医"③。在医学独立发展基础上，战国后期出现中国古代第一部医学著作《黄帝内经》。从该书可以看出，针灸已成为重要的治疗方法。

---

① 《论语·阳货》。
② 《论语·子路》。
③ 《史记·扁鹊仓公列传》。

医生的职责是救死扶伤，符合儒家仁学的根本精神，按儒家"慎术"说，属于仁术，"夫医者为道，君子用之以卫生，而推之以济世，故称仁术。"①是以在儒家文明形成后医学得到更大发展。汉以后名医辈出，医学著作汗牛充栋。其中最著名的有后汉张仲景，著有《伤寒论》，该书为辩证施治的中医理论奠定了基础；三国时华佗发明了麻醉剂——麻沸散，传说他借助麻醉剂能为病人做大型外科手术；唐代孙思邈，著有《备急千金要方》和《千金翼方》，为临床提供多种处方；明代《善济方》载方更多。明代还发明了预防天花的免疫方法，开世界免疫法的先河。

中医以其独特的理论、诊断方法、治疗方法、药物丰富了世界医学宝库，至今仍未失去存在价值。

（七）农学

中国古代农业发达，儒家对农业发展也非常重视，是以儒家文明形成后，农学和农业技术都得到充分发展，产生了数量众多的农学著作。其中最重要的有西汉时的《氾胜之书》、南北朝时贾思勰的《齐民要术》、南宋陈旉的《农书》、元代王祯的《农书》、明代徐光启的《农政全书》等。这些著作涉及农业与气候、不同作物与土壤、农具、灌溉、施肥、选种、种子处理、整地、耕种等等方面，是当时世界上最高水平的农学著作。

（八）以四大发明为代表的技术发明

技术发明是与科学发展密不可分的。中国古代在科学发展的基础上出现了众多的发明，特别是在儒家文明时期，技术上的发明创造更多，其中指南针、造纸、印刷和火药的发明最为重要，对世界历史发展曾产生过巨大影响。关于指南针和火药的发明，前

---

① 《夏刻本草纲目自序》。

文已作叙述，不再重复。这里着重说一下造纸和印刷。

据考古发现，西汉时造纸术已经出现，不过那时造的纸粗糙松脆（见彩图 6）。东汉时蔡伦对造纸用的原料以及生产工艺都加以改进，使纸张的质量大为提高，从而使中国的书写材料发生了一次革命，人们彻底摆脱了笨重的竹简和昂贵的帛，改以纸张为主。

印刷术可能源于印章。儒家文明形成后，中国文化、教育都得到迅速发展，社会对书籍的要求量越来越大。这一点成为由印章中诞生出雕板印刷的契机。雕板印刷术发明大约在隋唐之际。北宋时，印刷术有了重大改进，"布衣毕昇（见彩图 5）又为活版。"①

造纸术和印刷术的发明，使知识的积累和传播获得了更方便、更廉价、更准确的手段，对中国以及整个世界文明的进步，其作用是极为巨大的。

儒家文明除向世界贡献出四大发明外，还贡献出许多重大发明。李约瑟曾按英文 26 个字母的顺序罗列了包括四大发明在内的 26 项中国古代技术发明。这 26 项技术发明是：1. 龙骨车；2. 石碾和水力石碾；3. 水排；4. 风扇车和簸扬机；5. 活塞风箱；6. 平放织机和提花机；7. 缫丝、纺丝和调丝机；8. 独轮车；9. 加帆手推车；10. 磨车；11. 拖车牲口用的两种高效挽具；12. 弓弩；13. 风筝；14. 竹蜻蜓和走马灯；15. 深钻技术；16. 铸铁的使用；17. 游动常平悬吊器；18. 弦形拱桥；19. 铁索吊桥；20. 河渠闸门；21. 造船和航运方面的无数发明，包括防水隔舱、高效率空气动力帆和前后索具；22. 船尾的方向舵；23. 火药以及和它有关的一些技术；24. 罗盘以及在航海中的应用；25. 纸、印刷术和活字印刷术；

---

① 《梦溪笔谈》卷十八。

26. 瓷器。[①] 李约瑟在列举了中国古代发明的同时，也历数了其他文明的重要发明，在加以比较之后，他说，与古埃及、巴比伦、印度、波斯、地中海流域的欧洲人有数几项发明相比，"中国人的发明就多了，这些发明在公元 1 世纪到 18 世纪期间（这也正是中国的儒家文明时期——引者）先后传到了欧洲和其他地区。"[②] 它们有力地促进了世界历史进程；借助指南针哥仑布发现了新大陆；学会造纸和活字印刷，使西欧文艺复兴以后知识及其贮存的急速增长成为可能；借助火药的威力市民阶级摧毁了封建贵族的城堡和盔甲。即使四大发明之外的那些发明对工业革命以来的技术发展也有着无法估量的影响，例如中国的纺织机和技术之于近代纺织机和技术；中国的石拱桥和铁索桥之于近代桥梁；中国的造船技术（隔水舱、尾舵）之于近现代造船技术；中国生产井盐时发明的深钻技术之于近现代的石油开采；风筝、竹蜻蜓之于飞机；中国运河上的船闸之于近现代船闸，无不具有启迪作用。

四、儒家文明晚期科技发展
相对缓慢及其原因

上文所述中国科技成就，沿着陆上和海上"丝绸之路"广泛地传播到旧大陆其他地区，对那里的科技发展都产生积极的影响。在西欧引起的社会效应尤为巨大，因为如第八章所述，那里出现了一些基本摆脱封建领主控制、拥有自治权的城市和中世纪最具进取精神的市民阶级，他们利用罗盘作环球航行时发现了新大陆；利用火药制造枪炮摧毁了封建领主的城堡和盔甲；利用造纸术和印刷术大量翻印古希腊著作，使古希腊人文主义精神得以广泛传

---

① 《中国科学技术史》第一卷第一分册，第 546—547 页。

② 同上书，第 546 页。

播，从而使西欧从14世纪开始进入一个光彩夺目的时期——文艺复兴时代。

从文艺复兴时代开始，西欧的科学技术获得加速发展。而中国的科技发展水平虽然在中世纪的相当长时期内高于西欧，然而在西欧进入科技加速发展时期之后，仍保持"盈盈公府步，冉冉府中趋"的姿势，甚至出现停滞的现象。这样西欧科学技术水平不仅很快赶上中国，而且迅速地超过中国。当明代天主教传教士将在西欧早已不是最新科学技术成果的东西带到中国时已令当时最有知识的儒家学者李之藻、徐光启等人赞叹不止。随着满清贵族的入主和康熙朝开始实行海禁，中国科学技术水平与西欧的差距越拉越大。最后在鸦片战争中，拥有几亿人口的中国竟抵挡不住远离英国本土、拥有作为近代科技成果的坚船利炮、只有几千远征军的侵略。由此可见，到19世纪中叶，中国科技水平落后西方已多么遥远！科学技术的落后是儒家文明衰微的重要标志之一。

一度辉煌的中国科学技术为什么后来发展缓慢、甚至停滞？为什么它在其发展过程中不曾产生像西欧文艺复兴和工业革命时期那样一个突飞猛进的时代？这是很耐人寻味的。

儒家文明晚期中国科技发展缓慢的原因很多，但无论哪一方面原因，都与儒家思想有关。

儒家思想利于科技发展已如上述。但儒家思想还有不利于科技发展的一面。

从儒家创始人孔子开始，就轻视科学技术，所以当樊迟"请学稼"、"请学为圃"时，孔子一方面承认自己这方面知识不如老农、老圃，另一方面又背后对想学习农业技术的樊迟表示轻蔑①。受其影响，子夏也认为，"虽小道，必有可观者焉；致远恐泥，是

---

① 《论语·子路》。

以君子不为也。"① 朱熹注云："小道，如农圃医卜之属。"② 这也就是说，农、医等科学技术同卜筮一样，都属儒家所"不为"的"小道"。所以即使像被儒家认为是"仁术"的医术也为儒家所蔑视，"乃后世以艺视之，缙绅先生多所弗讲。"③ 中国古代所谓"儒医"多属学儒不成，仕途蹭蹬不得已以医为生者。同样，"数"虽是儒家"六艺"之一，但在儒家看来，数学也不是主要学问，"算术亦是六艺要事，……然可以兼明，不可以专业。"④ 那么在儒学看来什么才是真正的学问呢？儒家认为，只有关于修、齐、治、平的学问才是真正的学问。儒家视科技为"小道"的观点，随着汉以后明经取士、科举等选举制度的实行，进一步得到强化，为了登上仕途，儒者中很少有人去学习和从事科学技术的研究。而儒者登上仕途之后，又把儒家视科技为"小道"的观点，变成了一种官方理念。这对科学技术的发展是极为不利的。

儒家视科学技术为"小道"，诚然是中国科学技术后来落后的原因之一，但不是决定性的因素。因为科学技术在儒家文明中的境遇较之科学技术在西欧中世纪的境遇要好得多。显然在较好境遇中的中国古代科学技术却未能首先开出近代科学技术之花，是不能完全用儒家轻视科学技术来解释的，中国科学技术后来的落后当为有更深层的原因，这更深层次的原因就是中国科学技术始终未能从经济中获得加速发展的动力。自儒家文明形成后，中国经济基本上保持着自然经济的格局，虽然商品经济在唐以后特别是在宋明期间得到一定程度的发展，然而商品消费面之狭小，使商品生产对科技进步的依赖不十分迫切。

① 《论语·子张》。
② 《论语集注》卷十。
③ 《夏刻本草纲目自序》。
④ 《颜氏家训·杂艺》。

儒家自然哲学和科技思想的某些缺陷也影响了中国科学技术后来的发展。儒家本身不曾对思维规律作出系统研究，不曾产生亚里士多德逻辑学那样的形式逻辑体系。在儒家文明形成后，先秦墨家的逻辑学说也很快成为绝学。这一缺陷使中国数学未能产生欧几里德几何那样经过严密证明的数学体系。同时，儒家虽然提出了实验、测验、试验等方法，但总的说，儒家的科学方法论是不系统的，尤其不曾提出对近代科学发展至关重要的数学方法，即在实验所得数据基础上提出一个包括观察各量之间的数学关系式的方法。儒家自然哲学和科技思想的这些缺陷，严重地影响了中国科学技术向近代科学技术的转化。对中国古代科学技术的发展给予高度评价的李约瑟说过一段值得中国学者深思的话："中国固有的科学技术成就的最高形式是达芬奇型，而不是伽利略型的。"①

---

① 《中国科学技术史》第三卷，科学出版社1978年版，《作者的话》第Ⅰ页。

下　篇

儒家文明的衰微

第十四章

后期儒家文明发展的
停滞和相对落后

在人类历史上，儒家文明创造了辉煌的成就，极大地推动了中国古代社会的发展与进步，使中国长期处于世界领先地位，享有"东方明珠"的美誉。然而，儒家文明在经历了两千余年的辉煌以后，其发展逐渐趋于迟缓乃至停滞，在向近代社会转型过程中更是裹足不前，终于落在了西方国家的后面。

一、十四世纪欧洲的文艺复兴运动

西方世界是如何走在了中国前面的呢？众所周知，从4世纪起，欧洲经历了大约一千年的"中世纪"时期，基督教文化占据着统治地位。然而，从14世纪起，欧洲开始了伟大的文艺复兴运动。

文艺复兴的发源地是意大利。意大利成为欧洲文艺复兴的发源地，是同它最早出现资本主义生产方式的萌芽联系在一起的。中世纪后期的意大利，相对地说来，其封建主义较为虚弱。地处地中海沿岸的一些意大利城市，由于交通运输便利，最先同东方发展了商品贸易。商品贸易带动了手工业的长足发展，14世纪，意大利出现了最早的一批手工业工场，这是从封建主义特有的手工业生产向着资本主义生产迈出的重大一步。与此同时，城市和城市生活也跟着急剧发展。商业、高利贷以及手工工场，在意大利的一些城市里创造了大量财富，并且形成了由银行家、商人和工场主构成的广大阶层，他们在一系列城市，诸如威尼斯、佛罗伦萨、热亚那，战胜了封建主，夺取了政权。这样，意大利便成为当时欧洲最先进的国家。

14 世纪，随着资本主义萌芽的出现，意大利诞生了人文主义的新文化。这种人文主义的新文化，是针对中世纪的基督教文化而提出来的。意大利向来以罗马的直接继承者自居。罗马文化就是意大利的民族文化。从罗马废墟中发堀出来的古代雕刻杰作，使人们在惊讶之余，重新"发现"了古罗马的灿烂文化，并竞相研究与效仿。同时，意大利曾是古代"大希腊"的一部分，希腊文化的影响一直绵延不绝，加上东罗马帝国灭亡以后，大批学者携带希腊典籍，逃至意大利避难，并以传授希腊古籍为业，更促进了意大利的希腊古典研究。古希腊、罗马文化的发现与研究，为意大利的诗人、作家和艺术家提供了丰富的思想营养，对他们的创作起了巨大的促进作用。诚如恩格斯所说："拜占廷灭亡时抢救出来的手抄本，罗马废墟中发掘出来的古代雕像，在惊讶的西方面前展示了一个新世界——希腊的古代；在它的光辉的形象面前，中世纪的幽灵消逝了，意大利出现了前所未有的艺术繁荣，这种艺术繁荣好像是古典古代的返照，以后就再也不曾达到了。"① 这种在地域上从意大利扩展到北欧，在时间上从 14 世纪延续至 17 世纪中叶的文化运动，即人们通常所称的文艺复兴运动。

文艺复兴最核心的指导思想是人文主义。美国学者 G·桑迪拉纳指出："人文主义一词在公元前约 150 年产生于罗马，出自西庇阿家族（Suipios）。它是作为希腊文明的继承者的新帝国文明的口号。它与野蛮或野性相对立（所谓野蛮人的行为方式），表示教

---

① 　恩格斯《自然辩证法·导言》。

化的理性。"① 在中世纪的欧洲，基督教教会垄断了文化教育，培养僧侣的修道院成为学校教育的惟一形式，神学则是惟一的学科。它实际上是对希腊、罗马古典文化的一种反动。中世纪末，出现了非教会的世俗学校和教授语言文学、哲学和自然科学知识的"人文学科"。这是一种与"神学"相区别、相对立的世俗文化。于是，人文主义便应运而生。

人文主义首先以人为研究对象，它反对一切以神为本的旧观念，认为人是万物之本，宣称人的本性就是追求尘世欢乐的生活，提倡个性解放，对基督教的原罪说、禁欲主义进行了猛烈的抨击。除了人以外，自然也是人文主义研究的重要对象。人文主义者恢复了古代的科学遗产，将很多古代的科学著作译成拉丁文，扩大了科学的视野，并且竭力使科学为蓬勃发展的生产实践服务。14世纪兴起于意大利的人文主义思潮，至16世纪，几乎传播到整个欧洲，形成了一场宏大的文化思想运动，即文艺复兴运动。这是欧洲历史上千载难逢的一个黄金时代。在这个时代，不仅有众多的文学艺术巨星，如意大利文艺复兴之父弗朗切斯科·彼得拉卡尔，文学巨子乔瓦尼·薄伽丘，绘画巨匠莱奥纳尔多·达芬奇、拉斐尔，雕塑大师多纳泰洛、米开朗琪罗，政治哲学家尼科洛·马基雅弗利，等等，杰出人物，一批批涌现。而且科学进步也日新月异，其中，最著名的事例是日心说的复兴：公元前3世纪，希腊天文学家首先提出了太阳是宇宙中心的思想；四百年后，托勒密提出地球中心说，取代了日心说；直至15世纪中叶，意大利科学家尼科拉斯第一次对地球中心说提出了质疑，不久，莱奥纳尔多·达芬奇又提出地球以地轴为核心而自转，否认太阳围绕地球转动，最终导致了波兰著名天文学家尼古拉·哥白尼和意大利科学家伽利略日心说的确立。无论是人文科学，还是自然科学，都

---

① G·桑迪拉纳《冒险的时代》，光明日报出版社1989年版，第4页。

取得了意义深远的丰硕成果。

在文艺复兴的凯歌声中，欧洲跨入近代，展开了历史的新篇章。从此，新型的西方文明展现在世人面前。

二、儒家文明的停滞

当我们将视线由文艺复兴时期的欧洲文明移向近代以前的中国，反观儒家文明时，却发现，在同一时期，有着悠久历史的古老的儒家文明，不但没有与时俱进，反而停滞不前，成了世界文明的落伍者。

儒家文明所代表的是一种农业文明。这种文明，在唐、宋时期，业已达到了发展的顶峰。10世纪下半叶（公元960年）建立的赵宋王朝，至11世纪宋仁宗年间，中国古代的四大科学技术发明——指南针、造纸、火药和印刷术，均已问世。这四大发明于13世纪前后传入欧洲以后，便成为直接导向远洋航行、地理大发现、文艺复兴、资产阶级革命和资本主义大发展的关键性动力。诚如马克思所说："火药、罗盘、印刷术——这是预兆资产阶级社会到来的三项伟大发明。火药把骑士阶层炸得粉碎，罗盘打开了世界市场并建立了殖民地，而印刷术却变成新教的工具，并一般地说变成科学复兴的手段，变成创造精神发展的必要前提的强大的推动力。"① 然而，尽管中国是这四大发明的发源地，自宋至明、清时期，却没有得到广泛的推广运用，未能像在西方那样成为资本主义社会到来的"预兆"。

宋王朝的统治一直维持到13世纪（公元1274年南宋灭亡）。在此期间，宋代在继承儒家文明既有成果的基础上，把科学技术

---

① 马克思《机器、自然力和科学的应用》，中译文见《自然科学争鸣杂志》1977年第4期，第16页。

和商品经济的发展推进到了一个新高度。全国耕地面积扩大，单位面积产量大幅度提高，农业经济高度集约化。官营和私营的各类手工业作坊遍布大小城镇，全国官私手工业匠户不下八十万户，甚至超过百万户①。金、银、铜、铁、铅、锡等冶金业有很大发展，一个矿区的用工规模竟至十余万人，年盈利可达"百余万贯"②。商业也达到了空前的发达，民生最需要的粮食、布帛，以及盐、茶、瓷器、药材、铜、铁等工农业产品，都成为交易的商品。不仅内贸发达，外贸更有了长足发展，与海外贸易对象国已达五十多个。商品经济的发达突出地体现为流通手段的进步，于 11 世纪初出现了世界最早的纸币"交子"。城市也有很大发展，北宋东京（开封）人口实际已有一百五十万至一百七十万之众，达到十万户的城市有四十个之多③。城市工商业人口比例增加，南宋都城临安的工商业人口已占全市居民的三分之一，成为商品经济发展和资本主义因素萌芽的重要表征。随着商品经济的发展，在思想领域，尤其是在儒学阵营内部，崛起了以陈亮、叶适为代表的浙东功利主义学派。陈亮强调"官民一家"、"农商一事"，叶适主张"以义和利，不以义抑利"，都在客观上反映了工商业者的要求，体现了社会协调发展的意识。

　　但是，在上述资本主义因素萌芽的同时，宋王朝却在政治上加强了中央集权制的统治，并相应地强化了意识形态上的专制主义。儒家思想也就成了这种专制主义意识形态的具体体现。宋代统治者十分尊奉儒学，而宋代儒学家们也怀着"为天地立志，为生民立道，为去圣继绝学，为万世开太平"④的宏伟抱负，使儒学

---

① 　漆侠《宋代经济史》下册，上海人民出版社 1988 年版，第 726 页。

② 　《宋会要辑稿·食货》。

③ 　上海同济大学城市规划研究室编《中国城市建设史》，同济大学出版社 1988 年版，第 40—46 页。

④ 　《张载集》，中华书局 1978 年版，第 320 页。

进一步哲学化，创立了理学。理学奠基者程颢、程颐提出，"理"或"天理"是宇宙的本体，并以之说明人事，为现存的社会秩序辩护。两宋理学集大成者朱熹，更加系统地论证了儒家的纲常伦理学说，阐发了"存天理，灭人欲"的主张，确立了理学的"道统"地位。特别值得一提的是，朱熹与陈亮之间曾发生过一场"王霸义利"之辩。在这场辩论中，朱熹指责提倡功利的陈亮沉浸"在利欲胶漆盆中"①。这种指责，实际上包含着一种时代意义，它是针对商品经济发展过程中人欲的骚动而发的。程朱理学在政治上的价值，就在于从意识形态领域维护君主集权制。南宋最高统治集团终于认识到了这一点，对理学大加赏识，并视其为儒学的"正宗"。这种状况反映出一个事实：尽管宋代在科技、经济和部分市民生活中出现了资本主义因素的萌芽，但从总体上看，在经济、政治、社会和文化观念上植根于农业自然经济的君主集权的宗法制度，仍然占着统治地位。

元王朝是由兴起于蒙古草原的游牧民族通过征服战争而建立的政权。蒙古族入主中原以后，面对文明程度高于自己的汉民族，要想建立稳固的统治，惟一的选择是学习具有悠久历史而又先进的汉文化，并采用汉族原先那套行之有效的官僚政治制度。蒙古族统治集团中的一部分成员也逐步领会到要成为"中国之主"就必须"用中国之士"和"行中国之道"的道理。而被征服的汉族地主阶级及其知识分子，面对入主中原的野蛮的外族政权，则要求保持自己的传统文化，恢复儒家文明所一贯倡导的社会政治秩序。儒家学者从"夷而进于中国则中国之"的所谓"用夏变夷"的传统观念出发，导出了一条重要的政治原则："能行中国之道，则中国之主也。"② 这个"中国之道"，在当时就是程朱理学。于是，

---

① 《朱子语类》，中华书局1986年版，第2966页。
② 郝经《陵川文集》卷三十七《与宋国两淮制置使》。

理学在元代便顺理成章地被确立为官方哲学，在意识形态领域获得了至高无上的地位。一向标榜"王道"、"仁政"的儒家学说，在改变蒙古贵族"以攻伐杀戮为贤"的习俗方面，发挥了积极作用，也在一定程度上促进了元代社会经济的恢复，甚至出现了某些繁荣的景象，使被征服战争所摧折的资本主义因素的萌芽有所复苏。然而，有元一代，经济、社会的发展始终未能达到宋代的最高水平。

明王朝于公元1368年建立以后，继续尊奉儒学为官方哲学。同历代王朝一样，明代统治集团尊奉儒学是以维护和巩固君主集权制为目的的。倘若儒学的教条对君主的威权有所损害，就会不惜予以限制，甚至阉割。这从明太祖朱元璋对待《孟子》一事可以清楚地看出来。《孟子》一书中原有"君视臣如草芥，则臣视君如寇仇"之类的话语，朱元璋读后，恼怒地说："使此老在今日，宁得免耶！"假如孟子活到朱元璋时代，无疑会被送上断头台。朱元璋不仅责令国子监撤去孟子在孔庙中的配享神位，而且下诏将《孟子》一书中触犯君权独尊的内容，如《尽心篇》的"民为贵，社稷次之，君为轻"，《万章篇》的"君有大过则谏，反复之而不听则易位"等八十五条，统统删除，编成《孟子节文》，刻版颁行全国学校，并规定删去部分，"课士不以命题，科举不以取士。"①毫不留情地将《孟子》中的原始民主思想阉割掉了。

在明代社会走向安定的过程中，经济得到缓慢的恢复和发展，商品经济和资本主义因素也逐渐复苏，到16世纪中叶，终于形成了比较完全意义上的资本主义萌芽。当时，资本主义萌芽的表现是多方面的。其中，以经济生活方面最为突出。农业生产向前发展了，主要表现为农业人口增加和耕地面积扩大。而农业生产的发展，又为商品经济的发展创造了有利条件，可以供养更多的工

---

① 参见《明史·钱唐传》、全祖望《鲒埼亭集》卷三十五。

商业人口,并提供更多的进行贸易的农副产品以及经济作物原料。明中叶以前,官营手工业相当发达。以苏、杭地区为例,工部领导下的苏州局,有房屋三百间,匠丁一千五百人,额设织机一百三十张。工匠有高手、扎手、染手、画匠、花匠、绣匠、折段匠、织挽匠等名目。足见其规模之大,分工之细。苏、杭地区官营手工业年产绸帛达十五万匹[1]。官营手工业形成了由五个政府部门领导的包括营造、军器、织造、窑冶、烧造、船只、器用七大类产品的比较完整的工业体系。明中叶以后,苏、杭地区出现了工场手工业式的经营。各工场拥有的织机,从数台至数十台不等;雇工亦从数人至数十人不等。随着商品经济的发展,货币在明代社会经济生活中的作用也越来越大,白银成为普遍的流通手段。在商品流通领域,一些大商贾应运而兴,出现了具有地缘和血缘色彩的安徽、山西、江苏、浙江、福建等大商帮。万历年间,徽商的资本总额达白银三千万两,每年获利九百万两,比国库税收多一倍[2]。明代各类城镇也有了显著的发展,据粗略统计,拥有大、中城市上百个,小城镇两千多个,农村集镇四千至六千个[3]。尤其值得注意的是,明代长江下游、大运河沿岸和太湖流域,形成了包括南京、苏州、扬州、常熟、嘉定、上海、吴江、松江、嘉兴、湖州、杭州、宁波等十多个城市组成的城镇密布区,开始向区域性城镇化发展。在明代鼎盛时期,南京的人口达一百二十万之多[4]。

随着商品经济的发展,在文化领域也露出了中国启蒙思想的

---

① 许涤新、吴承明主编《中国资本主义发展史》第 1 卷,人民出版社 1985 年版,第 143—144 页。

② 宋应星《野议·盐政议》。

③ 郑宗寒《试论小城镇》,《中国社会科学》1987 年 4 期。

④ 胡焕庸、张善余《中国人口地理》上册,华东师大出版社 1984 年版,第 252 页。

微曦。首先是通俗的市民文学诞生，并且出现了很多著名作品，如《牡丹亭》，《三言》、《二拍》，以及《金瓶梅》，等等。这类作品散发着浓郁的生活情趣，体现出回到感性自我的平民意识和自娱性文化生活的需求，同时也反映了反对儒家礼教束缚、争取个性解放的要求和时代精神。其次是反传统的异端思想兴起，形成了新的时代思潮。泰州学派的王艮，由煮盐的灶丁成为商贾，最后走上了学者的道路，这使他与平民百姓、工商业者的生活、命运和心声息息相关，其思想亦带有平民性格和异端色彩。王艮以百姓为本位，把是否合乎"百姓日用"作为判别是非的标准，认为圣人之道应"无异于百姓日用，凡有异者，皆谓之异端"①，从而将传统的"圣道"与"异端"的观念颠倒了过来。王艮的思想体现了文化下移和世俗化的时代特征。李贽则公然宣扬"穿衣吃饭即是人伦物理"②，认为追求私利是人的天性，"夫私者，人之心也，人必有私"③，应满足人的富贵达利、发展自由私产的愿望。李贽还主张个性平等与个性自由，强调"天生一人，自有一人之用"④，而否定"以孔子是非为是非"的传统观念。其离经叛道的异端思想为当权者所不容，终以"敢倡乱道，惑世诬民"的罪名缉拿收监，死于狱中，著作亦遭禁毁。明末清初的黄宗羲猛烈地批判了君主专制的政治制度，指责君主是"天下之大害"，要求实现"天下之大公"⑤；批判了以工商为末的思想，提倡工商"皆本"⑥，主张"富民"。其民主意识和富民思想反映了中国社会政治、经济发展的需要，将17世纪中国的启蒙思想推向了高峰。

① 《王心斋全集》卷三《语录》。
② 《焚书》卷一《答邓石阳》。
③ 《藏书》卷三十二《德业儒臣后论》。
④ 《焚书》卷一《答耿中丞》。
⑤ 《明夷待访录·原君》。
⑥ 《明夷记录·财计三》。

　　明王朝的专制统治是非常腐朽黑暗的，它终于被农民起义所推翻。清军趁乱入关，于1644年建立了满清王朝。满清贵族为了巩固自己的统治，在确立满汉联合政权的同时，不断吸取中原农业文明的成果，调整政策，休生养息，经济慢慢地复苏，历一个多世纪，至康熙末年，即18世纪初，才恢复到明万历（1573—1619年）时的水平。清代中叶，从总体上说，农业耕地面积比明盛世增加了50％，单位面积的产量也大为提高，但人口亦迅速增长，人均耕地量反而由明后期的6.5亩下降为2.5亩，人均收获量也跟着下降了。手工业经营方式逐渐民营化，织造业自不用说，即如盐业，从生产到销售，禁榷制都被突破，逐步为税收制所代替，从而加大了民营的自由度。商贸业也得到发展，市场的范围比明代进一步扩大，直接受经济因素支配的长距离贸易倍增，截至鸦片战争前，清代市场总流通额约为3.88亿两白银，人均约1两①。城镇的数量、规模和功能都有发展，到1840年，中国城镇总人口大约达到二千四百万，除超过一百万人口的特大城市北京外，南京、扬州、杭州、广州、福州、佛山、天津、厦门、上海等沿江、沿海工商业城市的人口也有不同程度的增加。然而，城镇人口的增长率却赶不上总人口的增长率，城镇人口在总人口中的比重从唐代的约10％下降为6％②。就是说，中国人口仍是以农业化、乡村化型的人口增长为主。而1851年的英国，城镇人口已超过乡村人口，达全国总人口的52％，成为世界第一个城镇化国家。18世纪中叶以后这种人口增长的状况，充分反映了中国在工业化、城市化方面，已大大落后于西方了。

---

①　许涤新、吴承明主编《中国资本主义发展史》第1卷，第283页。

②　赵文林、谢淑君《中国人口史》，人民出版社1988年版，第625页。

三、停滞的原因

如果说，在16世纪上半叶以前，中国在经济和科技方面仍然处于世界领先地位的话，那么，在16世纪下半叶以后，即从明万历年间开始，直至19世纪40年代，即清道光年间，中国的经济和科技却逐渐落在了世界的后面。儒家文明的发展日趋停滞并且衰落了。

儒家文明停滞与衰落的原因何在？在探讨儒家文明停滞与衰落的原因时，有两个重要的方面是不可忽视的。

（一）内部缺少发展动力

儒家文明经过长期的并且是最大限度的发展，在达到其顶峰以后，其停滞与衰落乃是必然的。

如前所说，儒家文明所代表的是一种农业文明。同任何文明一样，农业文明也有自身发展的极限，从时间上说，唐、宋两代已经达到了这种极限。当农业文明达到了自身发展的极限时，就会在内部逐渐孕育出新型文明的因素。因此，从宋代开始，就出现了资本主义因素的萌芽，至明代中叶，终于形成了比较完全意义上的资本主义萌芽。这是经济、社会发展的一般规律。

但是，中国的农业文明又有自己的特点。最突出的特点之一，中国是一个君主集权制的宗法性农业社会。首先，中国自殷、周以来，一直是一个宗法性的农业社会。秦、汉王朝即以此宗法性农业社会为基础，确立了"大一统"的君主集权制帝国。在这个"大一统"的帝国中，采用了一套行之有效的官僚政治体制，全国的军、政大权都集于帝王一身，以帝王为首的中央政府主宰着全国的一切事务，不允许地方分权与自治。尤其是宋代以后，统治者更加自觉地加强了中央集权的君主制，全国"大一统"的政治格局与思想观念，使地方很难冲破中央的限制，获得自主的发展。其次，历代统治者提倡以农立国，以农为本，重视改进与提高农业耕作技术，开垦荒地，扩大耕地面积，增加粮食产量，使农业稳步地向前发展。以农业为"本"，也就意味着以工商为"末"。强"本"抑"末"是历代统治者的国策。统治者利用中央政权的力量牢牢地控制着全国的经济命脉，严格地限制，甚至打击、摧残工商业的发展，从而大大地延缓了资本主义的萌芽与成长。还有一点需要提及的是，儒家主张"制民之产"，认为"无恒产，因无恒心"①，教育农民安土重迁，这是将农民紧紧地束缚在土地上防止其转移的一种有效方法。当然，以血缘宗法关系为基础的家族制度及其浓厚的家族观念，在防止农业人口的转移方面，也发挥了不小的作用。而农业人口转移的速度，则是关系到为资本主义工业化提供充足的劳动力的大问题。显然，君主集权制的宗法性农业社会，是中国走向近代化的一个限制性因素，也是儒家文明的先天的历史性缺陷。

除了政治、经济上的专制以外，中国历代统治者还不断加强思想文化上的专制。宋代以后，理学以其为中央集权制的合理性、永恒性所提供的理论论证，以其在理论思维上所达到的前所未有的高度，而被统治集团选择为官方哲学，可以说是一种历史的必然。但是，它一旦成为具有最高权威的官方哲学，长期在思想界占据统治地位，便成为历史的沉重包袱。由于它处于独尊的地位，被崇奉为最高的真理，变成信仰的对象，因而也就失去了创造力，愈来愈僵化。糟糕的是，它又以自身的权威窒息、扼杀一切新思想的萌芽。凡是藐视它的权威的思想学说，都被视为"异端邪说"而打入十八层地狱。尤其是在这种权威被统治者所利用时，情况会变得更加严重。文字狱是统治者对付知识分子，钳制思想、控

---

① 《孟子·梁惠王上》。

制言论的一种专制手段。在历史上,清代的文字狱是最厉害的。自17世纪60年代康熙年间开始,中经雍正时期,直至18世纪末乾隆年间,前后延续一个多世纪。康熙时,爆发了庄廷钺"明史案",庄氏在其所编《明书》中不书清帝年号而书隆武、永历等南明年号,被人告发,而遭戮尸,庄氏家属和刻字、印刷、售书、购书之人,以及地方官吏,被处死刑者达七十多人,被抄家、下狱、流放者更多。雍正时,有查嗣庭之狱,吕留良之狱,有陆生枏之狱,文字狱迭起。文字狱发展为统治集团用以进行内部斗争,剪除异己的工具,以文字诛戮士人之风大炽。乾隆时,文字狱更是频频发生,仅在乾隆三十九至四十八年间,就发生了五十起。制造文字狱,深文周纳,想像特别出奇,不仅冤家对头可以利用文字狱陷害仇人,就连逢迎拍马也有拍得不得体而被杀的。难怪清人龚自珍慨叹:"避席畏闻文字狱,著书都为稻粱谋。"[①]必须指出,清代的文字狱发生在西方已走向近代化的启蒙时代,说它扼杀了中国近代的启蒙意识,是绝不过分的。

(二)两次蛮族入主带给中国的恶果

儒家所代表的中国的农业文明是在特殊的地理环境中成长与发展起来的。它的发祥地是作为中国腹地的中原地区。而在它的北面则是广漠的草原和沙漠地带,众多的游牧民族驰骋其间。古代中国农业文明的地域推进,是内地农业居民向四周外迁扩散与游牧民族向中原内迁转化"两位一体"[②]的过程。一般说来,北方游牧民族逐水草而迁,具有高度的流动性、掠夺性和进攻性;而中原农业民族安土重迁,性格沉稳,在战略上处于守势。因此,中原的农业地区常常受到北方游牧民族的侵扰。

---

① 《咏史》。
② 张琢《九死一生》,中国社会科学出版社1992年版,第28页。

在中国向近代转变过程中，先后发生了两次游牧民族入主中原的历史变迁，给儒家文明带来了严重的后果。

一次是13世纪的蒙古族的军事旋风横扫中欧以东的整个亚欧大陆，忽必烈于1271年建立元王朝，1274年灭南宋，统一了中国。元朝"舆图之广，历古所无。其地北逾阴山，西极流沙，东尽辽左，南越海表"①。然而，儒家文明却为此付出了沉重的代价。蒙古族的征服战争，使中国人口减少了三分之一以上，社会经济出现大倒退。例如，蒙古族在战争过程中，把掠夺来的大批人口变为奴隶或半奴隶，复活并强化了宋代部分地区残存的庄园农奴制。在政治上实行野蛮的民族等级制度，把国人分为蒙古、色目、汉、南四个等级，差别对待，歧视与压迫汉人与南人。官僚体制虽有一定程度的汉化，然亦杂糅蒙古族的原始制度。自1234年元灭金到1368年元王室北迁，历时一百三十多年，元朝自始至终都处在民族矛盾、阶级矛盾的尖锐对立之中，元代的人口和经济始终未能恢复到宋代的水平，儒家文明所取得的成果遭受了一次前所未有的大破坏。

一次是17世纪的满族入关，南征西伐，荡平中国，且统治了二百六十七年（1644—1911年）之久。明清之际的战乱使中国社会经济又遭受了一次大破坏。随着清军的南下，一座座繁华的工商业城市化为废墟，例如，清兵攻破扬州城后，曾大肆屠杀十日，其残忍令人发指②。清初，人口减少了四分之一。明中叶以后形成的资本主义萌芽被无情地摧折了。

鲁迅先生曾经说过："我们生于大陆，早营农业，遂历受游牧民族之苦害，历史上满是血痕，却竟支撑以至今日，其实是伟大

---

① 《元史·地理志》。
② 王秀楚《扬州十日记》。

的。"① 世界上多少个农业文明古国都因游牧民族的入侵而毁灭了，而中华民族却经受住了游牧民族的无数次冲击，巍然屹立于世界民族之林，成为惟一能够延续数千年不灭，且疆域不断开拓的文明古国，堪称人类古代史上最伟大的奇迹。但是，代价也是及其巨大的。游牧民族的每一次大入侵，就带来经济文化的大滑坡，每一次下滑之后，接着而来的便是经济文化的缓慢恢复和发展。形成中国农业文明螺旋式上升的周期性反复拓展，大大地延误了中国近代化的进程，导致近代中国远远落后于西方。

四、鸦片战争
——儒家文明相对落后的暴露

在向近代转变的过程中，与西方文明相比，儒家文明越来越显得落后了。而鸦片战争则是儒家文明相对落后的总暴露。

满清王朝在经历了所谓"乾隆盛世"以后，18 世纪末开始由盛转衰。同一时期，西方国家却蒸蒸日上。英国在 17 世纪中叶完成了资产阶级革命，于 18 世纪末开始使用机器；19 世纪 30 年代，工业发展得更快，成为世界上最强大的资本主义国家。法国资产阶级于 1789 年领导人民群众推翻了封建统治，工业也迅速发展，19 世纪上半叶已成为仅次于英国的资本主义国家。这 ·时期的美国，虽然远远赶不上英、法，但资本主义工业也获得了一定程度的发展。众所周知，资本主义经济的发展是以商业尤其是海上贸易的发展为先导的。英、法等西方国家都大力支持其海商、海盗行为，其海上势力由南亚而东南亚，进而东亚，逐渐向中国逼进。为了打破中国的大门，英国卑鄙地选择了鸦片贸易的方式向中国展开攻势，并不惜以武装侵略相配合。1773 年，英国东印度公司

---

① 《鲁迅全集》第 13 卷，人民文学出版社 1981 年版，第 683 页。

独占了鸦片专卖权，开始对中国经营鸦片贸易，发给商船执照，专门运输该公司自己生产的鸦片。据东印度公司公布的数字，从1780 年至 1816 年，每年输入中国的鸦片约四千至五千箱。实际上，鸦片输入量比这个数字要多得多。英国在印度的鸦片输出，每年收烟价二百万镑，占印度岁入的十分之一（鸦片战争以后增至七分之一）。1840 年以前，鸦片流毒遍及全中国，"上自官府缙绅，下至工商（作坊、商店主人）优隶，以及妇女、僧尼、道士，随在吸食，置买烟具，为市日中。"①满清政府感觉到了鸦片的压力，不得不严令禁止。觊觎中国已久的英帝国主义，便借机发动了鸦片战争。

　　在此，需要追溯一下明、清以来的闭关锁国政策。明代，沿海常遭倭寇侵扰。为了防范倭寇，明王朝曾经实行海禁。开国皇帝朱元璋下令，禁止沿海之民"私下诸蕃，贸蕃货，诱蛮夷为盗"，违者"枭首示众，全家发边口充军"②。永乐年间郑和率庞大舰队七下西洋，海禁一度解除。但从 15 世纪后期起，倭寇又趋活跃，明政府便再次厉行海禁。清王朝开国之初，害怕汉人与海外人士"勾串滋事"，亦厉行海禁，下令东南沿海居民撤离海岸，制造了几十里宽的无人隔离区。清廷对于沿海通商口岸、商船、商品以及贸易对象，都作了严格的限制。海禁虽弛严起伏，然总的态势是越来越与世界形势尤其是海上竞争形势的发展背道而驰。海禁不仅使中国的造船和航海业因失去发展海外贸易的经济动力而难以支撑，逐渐衰蔽；也使整个国家断绝了与世界的联系，自我封闭，终至落后挨打。

　　林则徐在广东厉行禁烟，收缴了大量鸦片，并于 1839 年 6 月

---

　　①　道光十八年黄爵滋奏疏。转引自范文澜《中国近代史》上册，人民出版社 1962 年版，第 12 页。

　　②　王圻《续文献通考》卷二十六。

3 日至 25 日，将收缴的鸦片 2376254 斤，在虎门滩上全部销毁。这一伟大行动，"第一次向世界表示中国人民纯洁的道德心和反抗侵略的坚决性，一洗多少年来被贪污卑劣的官吏所给予中国的耻辱。"[1] 林则徐还令进口商船出具"永不夹带鸦片，如有带来，一经查出，货尽没官，人即正法，情甘服罪"的甘结。英国在华商务总监督义律，口头上表示"所求者惟欲承平，各相温和而已"，暗中仍"潜卖鸦片"，准备以武力干涉。而清政府内部反对禁烟的势力，则处处设置陷阱，要求禁烟运动"不至骤开边衅"，实则无异启示义律以"开边衅"相胁迫。义律果然试图以武力进行威胁，于 9 月上旬率兵船一艘，武装商船十艘，突然向九龙山口岸三艘巡船开炮，遭到巡船和岸上炮台的猛烈还击，英船逃回大洋。其后两个月内，中英间发生七次战斗，中方均获全胜。这本来都是一些微小的胜利，但道光帝接到七次战胜的奏报，竟正式下谕："即将英吉利国贸易停止，所有该国船只，尽行驱逐出口。"并宣示各国，"奉法者来之，抗法者去之。"这不仅使林则徐"禁绝鸦片，奖励合法通商"的计划落空，也扩大了战争危机。

　　1840 年 6 月，英国兵船游弋于广州口外，伺机进攻。然在林则徐部署下，中国军队防备甚严，英军无隙可乘。7 月初，英舰队北驶，五艘攻厦门，战败逃走；二十六艘攻陷浙江定海。留粤英军进攻澳门附近关闸，林则徐、关天培督水陆兵勇猛烈回击，英军败回外洋。

　　然而，定海失陷却引起了道光帝的恐慌。英军船只到达天津海口，道光帝恐慌更甚，表示但求敌船退归广东，一切都可商议。在英船退走后，道光帝即派琦善为钦差大臣，赴广东查办、惩罚抵抗派，开放烟禁。面临英方苛刻的赔款要求，道光帝心有不甘，遂严令各路官兵一意进剿。英政府则认为己方要求未能实现，决

---

① 范文澜《中国近代史》上册，第 20 页。

心以武力压迫清政府接受自己的条件。中英两国正式进入交战状态。

　　战争集中在广东和闽浙两地进行。广东方面，1841 年 2 月，英军进攻虎门，抵抗派领袖关天培率兵死战，琦善不发救兵，关天培及将士四百余人战死，虎门失陷。5 月，英军进攻广州，清兵死伤惨重，主持广东军事的奕山竖白旗投降，接受休战条约，在向英军交纳赎城费六百万元，英商馆损失三十万元后，英军才退出虎门、广州。闽浙方面，1841 年 8 月，英军袭击厦门，鼓浪屿守军与之展开激战，击沉英军兵船数艘，守将多人战死，鼓浪屿、厦门相继失陷。11 月，英军复攻定海，总兵葛云飞、郑国鸿、王锡朋率守兵五千人血战六昼夜，力竭战死，定海再陷。1842 年 6 月，英军又攻吴淞口，陈化成率兵抵抗，重创英军，最后战死。英军沿长江而上，陷镇江，直指南京。满清政府被迫签定了第一个不平等条约——《南京条约》。按照条约的规定，开放广州、福州、厦门、宁波、上海五口通商，提供最惠国待遇，割让香港，赔款二千一百万元。第一次鸦片战争就这样以签定丧权辱国的条约而告终。

　　至此，一向以"天朝上国"自居的中国，输给了被中国人看不起的西方"蛮夷"，儒家农业文明被西方工业文明战胜了。中国沦为资本主义列强殖民地、半殖民地的过程也由此开始了。

五、保持儒家文明原样　只引进
　科技之尝试的失败

　　鸦片战争的失败，国人从洋人的枪炮声中清醒过来，沉痛地认识到一个无情的事实：国家贫穷落后就要挨打。人们开始"睁眼看世界"。

　　这时，一个尖锐的问题摆在了国人面前，那就是如何富国强兵，抵御外侮？先进的知识分子认为，必须"以夷为师"，即向西方学习。魏源自称，他的《海国图志》就是"为以夷攻夷而作，为以夷款夷而作，为师夷长技以制夷而作。"① 明确地表述了"以夷为师"的思想。

　　魏源"以夷为师"思想包含两方面的内容：一方面是"师夷之长"，即学习西方的先进技术。这在当时可以说是一个有胆有识的主张。因为中国统治者历来都以"天朝"自居，视中华文明为最高文明，未受中华文明影响的地方均为"蛮貊"、"夷狄"之地。现在反而要向野蛮的"夷狄"学习，岂不是承认"夷狄"文明高于中华文明？这是难以令人接受的。魏源敢于承认既有的事实，这是他的胆略；魏源又善于辨别西方的长处，这是他的见识。西方的长处何在？魏源说："夷之长技三：一战舰，二火器，三养兵练兵之法。"也就是新式武器装备和军事训练方法。弄清了西方的长处，魏源又提议设置造船厂、火器局，聘请法国和美国的专家，分携西洋工匠到广东，司造船械。并且延聘西洋人做教师，"司教行船、演炮之法，如钦天监夷官之例，而选闽粤巧匠、精兵以习之。工匠习其铸造，精兵习其驾驶攻击。"同时还建议："武试增设水师一科，有能造西洋战舰或轮舟，造飞炮、火箭、水雷奇器者，为科甲出身。"② 另一方面，是"以夷制夷"，即战胜西方列强。学习西方先进技术的目的，一是"窃其所长，夺其所恃"，削弱其技术上的优势；二是"因其所长而用之"，增强自身的技术优势。总之，是在师夷所长的基础上，最后战而胜之。诚如冯友兰先生所说："魏源认识到西方有比中国更进一步的文明，他也认识到这个更进一步的要点是制造机器和培养能制造和使用机器的人才。如果能做到这一点，就学到了西方的长处，这样，'东海之民犹西海之

―――――――――

① 《海国图志序》。
② 《海国图志》卷二。

民'，中国人的文明就赶上西方人的文明了。"①

　　早期改良主义者冯桂芬，在愤恨"夷害"的同时，清醒地指出，中国无论在军事方面，还是在内政方面，都有"不如人"的地方。仅就内政方面而言，中国就有"四不如夷"："人无弃才，不如夷；地无遗利，不如夷；君民不隔，不如夷；名实必符，不如夷。"② 要"人无弃才"，就须改革科举制度，废除八股时文，奖励科学技术人才；要"地无遗利"，就须大兴水利，广植桑茶；要"君民不隔"，就须扩大绅士的政治权力，允许人民表达意见；要"名实必符"，就须改革赋税，裁减冗员，等等。要求了解西方国家强大与中国弱小的原因，以及怎样才能赶上西方列强。

　　在与西方资本主义列强的交锋中，清政府明白了大刀长矛敌不过人家的船坚炮利。于是，洋务派便从"师夷长技以制夷"的观念出发，提出了"船坚炮利"的"自强"方案。曾国藩说："欲求自强之道，总以政事、求贤才为急务，以学作炸炮、学造轮舟等具为下手工夫。"③ 主张"师夷智以造炮制船"④，提倡洋务运动，极力主张"购买外洋船炮"，模仿"试造"。他还创办了江南制造局，专门进行"制器"。通过"制器"，逐步做到"洋人之智巧，我中国人亦能之，彼不能傲我以其所不知矣"⑤。江南制造局中设有翻译馆，编译了不少西学书籍。

　　19世纪60年代，在洋务派官僚主持下，开始建工厂，筑铁路，开矿山，炼钢铁。洋务派兴办的工业，由军工逐渐扩张到民用性厂矿企业。其中，洋务派所办的民用工业，涉及的部门有轮船、煤炭、冶铁及有色金属、纺织、铁路、电报等业，至中日甲午战争

---

① 《中国哲学史新编》第6册，人民出版社1989年版，第49页。
② 《校邠庐抗议》卷下《制洋器议》。
③ 《日记》，同治元年壬戌五月条。
④ 《奏稿》卷十五。
⑤ 《日记》，同治元年壬戌七月条。

前，这类企业约二十七个，经费二千九百六十四万元，雇工二万五千五百至二万九千五百人①。此外，洋务派也发展了一些商办民用工业，据不完全统计，甲午战争前，这类企业计约一百七十个，投资额达八百七十九万两白银，雇工六万一千八百四十人②。中国的工业化开始起步了。

不过，洋务运动的主持者所看重的只是洋器，而且首先是军器。他们只是企图以洋器来维护中国的君主专制制度，所以并不求认真改革。洋务派的著名口号是："中学为体，西学为用。"洋务运动始终停留在器物层面，未能进入制度与思想层面。而且，洋枪洋炮也只被用来剿杀农民起义，曾国藩在谈及湘军与太平军作战转败为胜的原因时就说过："实赖洋炮之力。"③而在对外交涉与战争中则一味屈膝求和。1884年中法战争前，中国已经建立起北洋、南洋、福建三支海军，但清廷与洋务派首领李鸿章却在镇南关（今友谊关）——谅山大捷后，"乘胜求和"，再次签定了丧权辱国的不平等条约，形成了中国不败而败、法国不胜而胜的颠倒结局。及至1894年中日甲午战争，北洋舰队全军覆没，洋务运动宣告破产。甲午战争失败后，李鸿章与日本签定了卖国的《马关条约》。接着而来的便是割地狂潮，帝国主义瓜分中国。中国日深一日地沦为殖民的、半殖民地。

企图原样保持儒家文明，而只引进西方科技，是中国近代化的第一个尝试。洋务运动的破产，说明这个尝试失败了。单纯引进科技绝不能使中国走上富强的道路并进而跻身于世界先进民族之林。中国必须另寻出路。先进的中国人开始了探求真理的新的历程。

---

① 许涤新、吴承民主编《中国资本主义发展史》第2卷，第379页。
② 同上书，第452页。
③ 《曾文正公全集》第2卷，第56页。

9　梁漱溟，现代思想家

第十五章

整合社会的失败

儒家文明形成后，中原大地曾一再受到北方少数游牧民族的侵扰，甚至出现了蒙古人和满族人入主中原的局面。然而他们都无法以落后的草原游牧文明取代儒家文明，最后的结果是胜利者在文化上被征服了：他们被儒家文明所同化，融入统一的中华民族之中。是以宋、明等王朝的灭亡，并未从根本上动摇儒家文明的存在和发展；它仅仅标志着某种政统、王统的断绝，而儒家的道统依然延续。但是鸦片战争以来中国在抵御西方列强入侵的战争中屡遭失败却不同于历史上抵御北方游牧民族入侵的失败，它不仅暴露了清王朝统治集团的腐败，而且暴露了儒家文明本身的严重缺陷。因此清朝末年，中国面临的就不仅是清王朝的危机，而且是文化、文明的危机，在已进入近代社会的西方列强面前，儒家思想维系中国社会的功能遇到了根本性的挑战。

一、康、梁变法
——儒家权威的最后资源

这里我们将谈到上个世纪末那个流产的维新运动。在维新派的思想中无疑包含有许多革新的乃至激进的因素，但是其形式却是传统的，新思想被穿上了今文经学的古老外衣。这种新旧之间的奇妙组合，恰好显示出近代儒家的尴尬境遇。

从社会历史的层面说，戊戌维新是一次失败的尝试。但是，从近代中国社会和思想文化新旧之间的转换而言，可以说，戊戌变法乃是最后一次运用儒家权威进行社会改良的范例。这个权威在士大夫阶层仍然具有相当的影响力，尽管它已经处在规范与失范之间。最后导致变法失败的不是由于权威的误用，而是由于维新派并没有取得对这一权威重新加以解释的社会权力，至少表面上看来是这样。

如许多论者所指出的，戊戌维新的思想领袖康有为的思想理论极其繁杂，古今中西几乎无所不包。与繁杂的内容相比，"托古改制"的外在形式似乎较为单纯。而在特定的历史条件下，这一外在形式至少与其内容同样重要。可以说，没有"托古改制"这面旗帜，就没有戊戌维新运动。

"托古改制"亦即假托孔子而改制。在康有为那里，孔子由"述而不作"的"先师"转变为托古改制的"圣王"。孔子是托尧舜文王之古而改制，康氏则托孔子之古而改制，维新变法被说成是在实现孔子的微言大义。《新学伪经考》告诉人们，不是孔子儒家的思想本身出了问题，而是人们对于这一思想的理解出了问题。《孔子改制考》则告诉人们，孔子不是一个保守的旧传统的维护者，他是一个社会进化论者，是一位社会改革家。孔子早已预见到人类社会数千年的发展，这一预见适合于中国也适合于西方。我们可以看到，在康有为那里基本上感受不到在早期改良派和洋务派思想中那种中西体用之间的张力，既然西方文明的发展也早已在孔子的预见之中，那么也就无所谓中国，无所谓西方。在此种意义上，康氏对于科技文明由衷的赞叹，并不能等同于对西方的赞叹。

事实上，就对于传统思想的阐释而言，康有为在许多方面都大大超出了传统儒学所能容纳的范围。例如，"人生之道，去苦求乐而已"的自然人性论思想，对于西方物质文明由衷的赞叹，"人人既是天生，则直隶于天，人人皆独立而平等"① 的思想，"女子当与男子一切同之"的思想，等等。特别是康氏那个"秘其稿不肯以示人"的《大同书》，其中所表述者与《礼记·礼运》"大道之行也，天下为公。选贤与能，讲信修睦。故人不独亲其亲，不独子其子"的大同理想，有实质性的区别。梁启超说：数十万言的《大同书》"其最要关键在毁灭家族"②。康氏认为："一家之中，分利者众，生利者寡，妇女无论矣，孩童无论矣，即壮岁子弟亦常复仰食于父兄，故家长为一家之人所累，终岁勤劳而犹不足自给；一家之人，亦为家长所累，半生压制，而终不得自由。"③"家"可以说是儒家一切理论的出发点，家族伦理是儒家伦理的基础与核心，"人不独亲其亲，不独子其子"的大同理想，仍然可以看做是家庭伦理的延伸，是可以通过"老吾老以及人之老，幼吾幼以及人之幼"的能近取譬，推己及人，将心比心达到的。而康有为则主张"去家界而为天民"，要突破一切家族、血缘乃至人种的束缚，这其中已表现出对于儒家思想实质性的背离。

如我们上文指出的，假托孔子推行变法这一事实本身即表明，孔子儒家仍然具有某种权威性和规范的作用。后人也许会感到奇怪，像《新学伪经考》这样一本纯粹烦琐考据型的著作，怎么会引发一场社会运动？可以说，这一情形的出现正是以儒家经书仍然具有某种权威性的支配地位为前提。此一点梁启超说的非常清楚："夫辩数十篇之伪书，则何关轻重；殊不知此伪书者，千余年来，举国学子人人习之，七八岁便都上口，心目中恒视为神圣不可侵犯，历代帝王，经筵日讲，临轩发策，咸所依据尊尚，毅然悍然词而辟之，非天下之大勇固不可矣。自汉武帝表章六艺罢黜

① 《中庸注》。
② 《清代学术概论》。
③ 《大同书》。

百家以来，国人之对于六经，只许征引，只许解释，不许批评研究。韩愈所谓'曾经圣人手，议论安敢到'。若对于经文之一字一句稍涉拟议，便自觉陷于非圣无法，蹙然不自安于其良心，非特畏法网惮清议而已。"[①]

妙就妙在对权威的重新解释一方面可以赋予它某种生机，另一方面，也不可避免地会造成权威本身的丧失。梁启超说："凡事物之含有宗教性者，例不许作为学问上研究之问题，一作为问题，其神圣之地位固已动摇矣。今不惟成为问题而已；而研究之结果，乃知畴昔所共奉为神圣者，其中一部分实粪土也，则人心之受刺激起惊愕而生变化，宜何如也。"[②] 后来的政治革命，便没有人再求助于儒家的权威，而是直接述诸于西方的民主主义或马克思主义。

二、洪宪帝制
——传统权威的滥用

戊戌维新失败后，儒家所扮演的角色似乎就走向了历史的反面，站在不同立场上的人们，都把它与君主专制联系在一起。满清末年曾宣布把祭孔提到"上祭"，原由大臣们主持的春秋祭孔仪式，改由皇帝主持在北京举行。这明显地是企图利用"孔子"这一普遍的文化象征，来抵制蓬勃兴起的民族主义的反清思潮，革命党人的机关报《民报》曾发表文章予以抨击。

辛亥革命前后，批孔之声已不绝于耳，康有为等人"保皇"与"尊孔"的双重立场，使革命派阵营中的某些人把两者同作为打击的对象。而事实上保皇派之所谓尊孔问题亦并非如人们一般所认

---

① 《清代学术概论》。
② 同上。

为的那样简单，例如梁启超 1902 年发表的《保教非所以尊孔论》，与其说是"尊孔"，不如说进一步剥去了孔子神圣的外衣，有文章评论道："其论学术变迁，亦多崇诸子而抑孔子。"[①]

与康有为等人相比，短命的洪宪皇帝袁世凯之对于孔子的尊崇，对于孔子儒家的影响可以说是灾难性的。洪宪帝制是一个混乱的典型。促使袁世凯复辟帝制的原因极其复杂，但有一点似乎是明确的，这就是他试图借助于传统的象征来整合社会，强化自己的统治。此象征除了皇权之外，还有孔子。

人们固然可以说，袁世凯尊孔是为复辟帝制服务的，但是，至少在某些文献中，他试图对二者加以区分。如在《通令国民尊崇伦常文》中，袁世凯指出："本大总统深惟中华立国，以孝悌忠礼义廉耻为人道之大经。政体虽更，民彝无改。盖共和国体，惟不以国家一姓之私产，而公诸全体之国民。至于人伦道之原，初无歧异。古人以上思利民，朋友善道为忠，原非局于君臣之际。……须知家庭伦理，国家伦理，社会伦理，凡属文明之国，靡不殊途同归。此八德者，乃人群秩序之常，非帝王专制之规也。"反对把儒家伦理等同于"帝王专制之规"，这似乎不无见地。问题在于，袁氏在理论上做了某种区分，而在实践上又恰恰把二者关联在一起。于是，儒家成为了帝制的替罪羊。人们确信袁世凯倡导"尊孔读经"，率领文武官员到天坛祭天等，都是在为黄袍加身做准备。

为袁世凯称帝摇旗呐喊的杨度、孙毓筠、李燮如、胡英、刘师培、严复等所谓筹安会"六君子"，多是饱学之士，简单地说他们是卖身投靠袁世凯，恐未必妥当，实际上他们中的某些人是企图借助袁世凯实现自己的政治主张。筹安会与同样受到袁世凯支持的孔教会有一点是相通的：他们都认为中国要摆脱困境必须述诸于某种权威，所不同的是，筹安会更看重于现实中的权威——

---

① 许之衡《读〈国粹学报〉有感》。

开明君主,孔教会则着眼于信念的层面。而两种权威都关联于传统。

　　论及政治主张,孔教会的情况非常复杂。总干事陈焕章并不反对共和,会长康有为是帝制的鼓吹者,但是,他更热衷于恢复满清,而不是拥戴袁世凯。相比较而言,张勋复辟似乎更合于康氏的理想。袁世凯对于孔教会的支持主要是意识形态上的,例如,他先后发布《通令尊崇孔圣文》、《祀天典礼告令》、《祭圣告令》等,通令学校恢复读经,"以孔子之道为修身之本",等等。

　　袁氏政权的组成成分亦非常复杂。我们以一生多变的梁启超为例,他曾出任袁世凯政府的司法部长,也事实上参与了袁世凯排挤国民党的活动,但是他不赞同恢复帝制,曾经力劝袁世凯,也公开批评筹安会,在袁氏一意孤行之际,又策划了讨袁的护国运动。梁启超在发动护国运动之后说:"国体违反民情而能安立,吾未之前闻。今试问全国民情为趋响共和乎为趋响帝制乎?此无待吾词费,但观数月来国人之一致反对帝制,已足立不移之铁证。"[1]这里我们似乎还能够看到传统"民本"思想的影子,但是,梁启超的身份已与传统儒者不同,他不是在为民请命,因为为民请命是以君主的当然合法性为前提的;护国运动也不同于历史上的讨伐暴君,因为讨伐暴君的目的往往是为了拥戴另一个贤明的君主。护国军是在讨伐共和国的叛逆,不幸的是,这个叛逆竭力把自己与传统、与儒家联系在一起。

　　皇权与孔子,确实是中国传统权威的象征,他们对于维持中国传统社会的稳定发挥了巨大的作用。但是,当袁世凯乞灵于传统的权威时,却加速了自己的垮台,那么,是传统的权威已成了过期的当票愚弄了袁世凯及其追随者,还是袁世凯对于权威的假借与滥用进一步导致了权威的失范?可以说就皇权而言,前者是

---

[1]　《辟复辟论》。

决定性的：辛亥革命似乎并没有带来人们所企盼的社会变革，但有一点是重要的，它结束了帝制。如康有为所说，共和"不止革一朝之命"，就是说它不同于以往的改朝换代；而就孔子儒家而言，近代以来儒家权威的不断失落乃是不可掩盖的事实，袁世凯政治性的利用则使它又遭受了致命的一击。几乎从一开始，袁氏对于孔子儒家的利用和孔子儒家有利于封建专制便被视为同一问题的两个方面。1913 年 6 月袁世凯发布尊孔令，上海《中华民报》立即发表社论指出其目的在于"因孔氏力倡尊王之说，欲利用之以恢复人民服从专制之心理"。11 月上海《民权报》就袁氏给孔子第七十六代孙孔令贻授勋一事抨击道："何物魔王，乃因恢复帝制而竟仿行满清之故智乎!"

1913 年 8 月，"孔教会"代表陈焕章、严复、夏曾佑、梁启超等曾上书参、政两院"请定孔教为国教"，随后各地尊孔会社亦纷纷上书。1916 年 8 月，在袁世凯死去、国会恢复活动后，宪法会议上围绕"定孔教为国教"的问题又一次发生激烈的争论。11 月，参、众两院中坚持定孔教为国教的议员组成"国教维持会"，并通电各省督军，"吁请"支持，各地尊孔会社、遗老遗少、军阀政客等纷纷响应。时为孔教会会长的康有为亦上书总统黎元洪和总理段祺瑞，请求定孔教为国教，并上书教育总长范源濂，建议全国学校尊孔读经。也正是发生在新文化运动期间的这　连串通常被称之为"尊孔逆流"或"复古逆流"的事件，直接引发了陈独秀等人对于孔子儒家的批判，并由此引发了"五四"时期声势浩大的批孔、批儒运动。

三、乡村建设
——现代儒家的尝试及其失败

20 年代末期到 30 年代中期，中国社会曾出现一种走向农村的风潮，各派政治的与非政治的势力都不约而同的把目光转向农村，而所谓"乡村建设"，也成为当时影响广泛的一种运动。"乡村建设"一语在当时涵盖广泛，参加此一运动的人员和团体来自不同的方面，也有着各自不同的口号、纲领和出发点。与我们所讨论的问题直接相关的是梁漱溟 30 年代上半期在山东邹平所从事的所谓乡村建设试验。（见插图 9）与某些乡村建设的倡导与实践者——例如与当时此方面的声望至少不亚于梁漱溟的晏阳初明显不同，晏阳初等人的平民教育促进会所从事的乡村建设，基本上可以理解为是在向落后的农村传播现代的知识与文明，而梁漱溟所主张的则是一种儒家式的理想与实践，他的乡村建设试验可以看做是依据儒家的伦理精神和圣贤理想来整合社会的一次失败的尝试。

梁漱溟的乡村建设是基于他对于中国文化和中国社会之发展道路的认识。他认为，近代以来中国社会变革中出现的种种曲折与问题，其根本原因是由于走错了路。从 19 世纪的自强、维新运动，到本世纪的辛亥革命、"五四"运动、北伐战争以及后来形形色色的民族自救运动，作为领导者的知识分子都是把眼光投向西方，试图通过向西方学习来实现民族富强，其结果是照搬西方的理论与模式，越来越远离本民族文化的根，带来的也只是战乱、贫穷、社会的动荡。"原来中国社会是以乡村为基础，并以乡村为主体的；所以文化；多半是从乡村而来，又为乡村而设，——法制、礼俗、工商业等莫不如是。"① 在中国社会中居于主导地位的是广大的乡村而非城市，更不是少量的大都市。而近百年的民族自救运动，都直接或间接地以破坏乡村为代价。在梁氏看来，广大的乡村问题最多，灾难最重，同时也蕴含有民族自救最深厚的资源；把目光转向乡村建设，既是抓住中国问题的症结所在，也是回到

————————

① 《乡村建设理论·乡村建设运动由何而起》。

中国社会的基础，回到民族文化之根，寻求一根本的解决。

梁漱溟对于始于西方的现代文明有激烈的批评，他认为近代以来西方对于中国社会的影响，例如个人主义、功利主义的传播，盲目地仿效西方的都市化对于乡村所带来的灾难性后果，现代官僚体制表现出来的种种弊端等等，对于中国社会的发展都起到负面的作用。他甚至于认为，受西方文明影响最大的上海，不是发达的象征，而是堕落的象征，所幸的是中国只有一个上海。不过就总体而言，梁漱溟并不是一个浪漫的、田园牧歌式的复古主义者。他不反对引进西方科学，也非常重视发展经济，重视国人（特别是农民）基本生活状况的改善，问题在于通过怎样的社会组织形式来实现这一目标，这也正是他的"乡村建设"所谋求解决的问题。

乡村建设被理解为一种包括政治、经济、教育、伦理、社会礼俗等不同层面的社会变革运动。梁漱溟说："今日中国问题在其千年相沿袭之社会组织构造既已崩溃，而新者未立；乡村建设运动，实为吾民族社会重建一新组织构造之运动。"① 他认为此种"新组织"可以在对于传统"乡约"特别是"吕氏乡约"加以"补充改造"的基础上形成。"吕氏乡约"又称"蓝田乡约"，是北宋蓝田人吕大钧兄弟在家乡制定的，曾对后世产生重大影响，朱熹、王阳明等大儒都曾经以之为蓝本加以改造和发展。"吕氏乡约"的要点包括"德业相劝，过失相规，礼俗相交，患难相恤"四个方面，第四方面所谓"患难"者，又列出"水火、盗贼、疾病、死丧、孤弱、诬枉、贫乏"等七项内容。梁氏认为，循着这些方面努力可以发展出很好的地方自治组织。例如，水火方面的救助，消极地说可以成立消防队，积极地说则有兴修水利等事业；由盗贼的防御，可产生自卫组织；由疾病的救护，可设立医疗机构；为

---

① 《乡村建设理论·乡村建设运动由何而起》。

避免诬枉可设立从事调解的"息讼会";照顾孤弱可设立育婴堂、孤儿院;贫乏的相互周济可逐渐密切合作关系,走向财产的社会化,等等。

梁漱溟之所以看重"乡约"这一传统的自治形式,最重要之点乃在于它是述诸于伦理而非法律,"我们所要求的一个组织,是一个伦理情谊化的组织。"① 像传统儒家一样,梁氏乡村建设的出发点是关于人的道德潜能和"伦理本位"这样一种社会组织形式的信念。他对于刻板的、非人性化的现代官僚机构和机械的法律程序有着深深的厌恶,且认为现代意义上官僚体制下的所谓地方自治,不能够与传统"乡约"同日而语:"乡约是本着彼此相爱惜、相规劝、相勉励的意思;地方自治法规是等你犯了错即送官去办,送官之后,是打是罚一概不管,对于乡里子弟毫无爱惜之意。"② "乡约"不是法定的官方机构,它应当是农民"自动"、"自愿"的组织形式,就是说,它不具有强制性。就内在精神而言,"乡约"的最重要之点是着眼于"人生向上":它不是外在地约束人、控制人,而是立足于伦理情谊上的感化和劝勉,启发人自身的道德潜能。在梁漱溟看来,中国式的社会组织形式不能够从个人权力出发来建立,"从个人权力出发即抛开了人生向上之意,抛开了伦理情谊……只有从人生向上之意,发挥伦理情谊,从这个地方才可以建立中国人的团体组织。"③ 维系这样一种社会组织与社会秩序的不是国家法律,而是社会礼俗,"西洋社会秩序的维持靠法律,中国过去社会秩序的维持多靠礼俗。不但过去如此,将来仍要如此。"④

---

① 《乡村建设理论·具体组织》。
② 同上。
③ 同上。
④ 《乡村建设理论·组织原理》。

　　梁氏所主张的是一种儒家式的伦理社会主义。它在政治上是要以体现传统"乡约"精神的乡学、村学来取代官僚体制的行政机构,实行所谓"行政学校化"。学校的教师由乡建干部担任。他们应该是集传统儒者与现代专家于一身,一方面能够体现道德人格上的榜样力量,另一方面也能够凭藉自己的技术专长来指导经济生产和从事社会组织工作。他们从事工作不是依靠行政命令式的发号施令,而是在努力取得村民的信任、与村民打成一片的前提下,逐步开展学校和乡村的各项组织管理工作。体现传统"乡约"精神的经济组织是合作社。"中国的财富是靠合作才能增殖起来","这样增殖起来的财富,个人性小,社会性大,将慢慢减去人与人间的竞争,而趋于互助互保。"① 合作社的目标是逐步实现分配社会化。此类乡学、村学和合作社组织,曾经在山东邹平进行广泛的试验和推广,且试验、推广的范围最后及于山东一百零七个县的大部分,也影响到国内其他地区。

　　如果说袁世凯是企图利用传统权威的外在形式来强化自己的统治,那么,梁漱溟却是要在内在精神上接续和实践儒家传统。他的乡村建设试验由于1937年日本人占领山东而被迫终止。问题在于:即便没有日本人的入侵,这种充满了道德乌托邦情调的伦理社会主义又能够走多远? 像传统儒家一样,梁漱溟所依靠的是个体人格的力量和某些当权者的支持,不过这只是他的乡村建设试验所以可能的前提,而不是使试验取得成功的保证。梁本人也不讳言乡村建设试验暴露出的种种问题与危机,例如干部的情况、乡学的组织及取得了部分成功的合作社组织,都与原有的目标相去甚远,甚至于出现南辕北辙的情况。企图单纯地通过伦理关系的调整来遏止、缓解以至于消灭现代社会的分化与冲突,遏止工业化过程中城市对于乡村的侵蚀与控制,这是不可能的。

―――――――――

　　① 《乡村建设理论·组织的作用》。

梁漱溟的乡村建设试验，可以说是在比较完全的意义上立足于儒家传统来整合社会的一次认真的、也是最后的尝试。

第十六章

教育理想的失落

在抵御西方列强侵略的战争中中国官吏所表现出来的腐败无能，将科举制以及与此相关的教育体制之弊端暴露无遗。废除科举，改革教育成为当时社会的普遍呼声，而改革付诸实施的结果却又是改革的倡导者们所始料不及的。

一、教育理念的转变与科举制的废除

鸦片战争以后，最先在传统中打开缺口的，可以说是教育和科举。社会政治层面的改良、维新先后遭到失败，而教育体制和科举制的变革却在曲折中前进着。光绪三十一年（1905）七月，慈禧宣布圣命："自丙午科为始，所有乡、会试一律停止。"由所谓顽固派的总后台慈禧宣布废除科举，这似乎不好理解。而实际上，这一表面上远离传统的举动，同样可以在传统中找到根据。在一个"人治"的传统中，人们相信解决社会问题的关键所在就是"选贤与能"，此所以近代中国社会面临危机之际，人们首先关注的就是人才与教育问题。从有关史料中我们会吃惊地发现，一些政治立场不同乃至截然对立者，关于教育改良或改革的某些看法却十分相近。

近代的教育变革始于对于科举制的批判。开始于隋朝、大盛于明朝的科举制，成为中国文化颇具特色的一部分。无论倡导科举的统治者是出于怎样的动机，科举制确实在一定意义上体现了儒家"选贤与能"的理想，也符合于儒家"内圣外王"的理念。它也曾在一定程度上打破了门阀世袭，使少数出身寒门的精英分子能够通过科举进入各级政权的核心。但是，这样一种融人才培养与官吏选拔于一体的方式，在它走向鼎盛之时，就蕴含着某种危机，在明王朝建立之前就布告天下"设文武二科取士"的朱元璋，洪武六年（1373）曾决定暂停科举，而"别令有司察举贤才，必以德行为本，而文艺次之"①。到了晚清，科举制的弊端及其负面作用表现的越来越突出。考试内容从四书五经命题，只能依据宋儒程、朱注疏发挥，考试文体采取八股程式，且营私舞弊现象极为严重。

进入近代，对科举制的批判和要求改革科举的呼声不绝于耳。魏源曾经从"经世致用"的观点出发批判科举制："其造之试之也，专以无益之画饼，无用之雕虫，不识兵农礼乐工虞士师为何事。"②李鸿章曾哀叹："中国士夫沉浸于章句小楷之积习，武夫悍卒又多粗蠢而不加细心，以致所用非所学，所学非所用。"③张之洞认为："救时必自变法始，变法必自变科举始。"④李、张二人都是改革科举制的积极鼓吹者，张之洞并对于科举制的废除起了重要的作用。维新派的领袖康有为亦把变革科举放在首要地位："今变法之道万千，而莫急于得人才；得才之道多端，而莫先于改科举；今学校未成，科举之法，未能骤废，则莫先于废八股矣。"⑤科举取士已蜕变为八股取士，而依八股所取之士，多"目不通古今，耳不知中外"，全无真才实学。

科举本是官制的一部分，其本意在于选拔德才兼备之士。实

---

① 《明太祖实录》洪武六年二月。

② 《默觚下·治篇一》，《魏源集》上，中华书局1976年版，第37页。

③ 《创设武备学堂折》。

④ 《劝学篇·变科举》。

⑤ 《请废八股试贴楷法试士改用策论折》。

现这一目标本来就存在很多困难，到了后来，科举越来越单纯地成为追逐功名利禄的敲门砖。这只是问题的一个方面。值得我们特别注意的是近代以来取才标准和教育方针的转变，其中关涉到儒家经史的地位，更关涉到儒家的教育理念与中国社会现实发展之间的紧张关系。

1863年，李鸿章奏请设立上海广方言馆。关于教学内容，规定："凡肄业者算学与西文并须逐日讲习，其余经史各类，随其资禀所近分习之。专习算学者，听从其便。"① 算学、西文必须"逐日讲习"，儒家经史则可有可无，这是一个本末倒置的大转变。显然，此类学校的培养目标不是中国传统的"士"或"君子"，而是近代意义上的专业人才。后来设立的天津电报学堂、天津水师学堂、天津武备学堂、天津西医学堂等，均属此列。

在洋务学堂与科举并存的情况下，洋务学堂毕业学生的出路无疑将对于教育发展的方向产生重大影响。在李鸿章等人的努力下，1888年，上海广方言馆肄业生、京师同文馆学生、天津水师武备学堂学生与教习一起参加了顺天乡试。这至少在形式上把"西"与"中"、"技"与"道"置于并列的位置，而这正预示着教育的功能开始由传统的授业传道转向近现代意义上的传播知识和培养专业人才。

我们再来看更广泛意义上的教育。康有为盛赞西方人的学识："泰西人民自童至冠，精力至充之时，皆教之图算、古今万国历史、天文、地理及化、光、电、重、格致、法律、政治、公法之学。其农工商贾，亦皆有专门之学，故人人有学，人人有才。即其兵亦皆由学出，识字绘图测量阅表，略通天文、地理、格致、医学始能充当。"② 关键在于"皆有专门之学"，即有一技之长，而此在传

---

① 《上海初次议立学习外国语言文字同文馆试办章程》。
② 《请废八股育人才折》。

统儒家看来正是无足轻重的。

《康南海自编年谱》记述了光绪二十四年（1898年）四月他与光绪间的一段对话。康有为说："学八股者，不读秦汉以后之书，更不考地球各国之事，然可以通籍，累至大官。今群臣济济，然无以应事变者，皆由八股致大位之故。"光绪感慨道："西人皆为有用之学，而吾中国皆为无用之学，故致此。"值得注意的是，这里所谓"用"既有别于传统儒家的"人伦日用"之用，也有别于所谓"通经致用"、"经世致用"、"内圣外王"之用，因为它实际上是关涉于某种具体的知识(尽管当时的了解还是笼统而肤浅)来讲，关涉于"西学"来讲，此所谓"用"已不可能从传统经学中引发出来。在这样的历史境遇中，"体用两橛"乃是必然的选择。就总体而言，传统的科举考试既非注重实用，也很难体现儒家"内圣外王"的理想，它所真正注重的只是传统文人的经史修养，到了后来，后一方面也往往是有名无实。而一旦把"有用"、"无用"作为标准，科举制的废除也就为期不远了。

1898年戊戌维新期间光绪下诏废除八股，"一律改试策论"。这一改革自然也随着变法运动的失败而流产。但是，科举制的变革乃是大势所趋，就是慈禧也不能不因应时事。光绪二十七年（1901年）下诏改革科举，增加策论内容，且"凡《四书》、《五经》义，均不准用八股文程式"。光绪二十九年（1903年），宣布实行科举递减法，规定以后每次科举名额递减三分之一。光绪三十一年（1905年）慈禧又根据张之洞等人的奏请，宣布"立停科举以广学校"。

二、传统书院的现代命运

科举考试从官制上确定了儒家经史的地位，实际上也从一个侧面强化了儒家在意识形态中的主导地位。而在历史上真正能够推动儒学的发展和真正体现儒家精神的，不是官学与科举，而是民间书院。

传统的民间书院历史悠久，特别是在宋明时期有了很大的发展，宋明诸大儒及其学派的形成，无不与书院的创立与讲习联在一起，而朱熹的《白鹿洞书院揭示》更是对于后世书院的发展产生了深远的影响。

与官学"只为科举之技"、只重词章帖括不同，书院更注重儒家义理的研究与领悟。如朱熹在《白鹿洞书院揭示·跋》中指出："熹窃观古者圣贤所以教人为学之意，莫非使之讲明义理，以修其身，然而推己及人，非徒欲其务记览，为词章，以钓声名，取利禄而已也。""务记览，为词章，以钓声名，取利禄，"正是科举的弊端所在。与上一点相联系，书院兴自由讲学、切磋、讨论之风，师生关系也是介于师友之间，既不同于官学中那种强制性的灌输、训导，更有别于现代意义上职业化的"教"与"学"的关系。更重要的一点或许在于：书院在社会伦理教化方面扮演着重要的角色。书院教育不重身份门第，就学者亦不受学制等方面的限制，因而始终保持一种面向社会的流动性和开放性，成为沟通精英文化与民俗文化的桥梁。更有书院的创立和主持者如王阳明及其后学，自觉地在"市井愚蒙"中进行礼乐教化，并直接参与社学、乡约等社会实践活动。

元代以后，官方开始强化对于民间书院的控制，同时科举对于书院教育的影响也日益加深，许多书院实际上成为了以科举为业的官学的一部分。但是，书院及其独特的教育理念与精神并没有成为历史，相反，进入近代以后它又一次在社会变革中扮演了重要的角色，在许多地方书院这种古老的形式都成为传播西学的场所与媒介，其中尤以洋务派代表人物之一张之洞所创办的广东广雅书院、湖北两湖书院和维新派领袖康有为所创办的广州万木草堂书院最具有代表性。

张之洞其人与中国近代教育的发展关系甚大。他一生办教育的实践，亦颇能够反映出转型时期的特点。张之洞办了很多传统式的书院，除了广雅、两湖书院外，还有湖北的经心书院、四川的尊经书院、山西的令德书院等；同时，他也办了许多新式的学堂，如广东水陆师学堂、江南储才学堂、铁路学堂、湖北自强学堂、方言商务学堂、武备学堂、工艺学堂、算术学堂、两湖师范学堂等。就内容而言，广雅书院和两湖书院的课程中不仅"西学"已占有相当大的比重，而且已表现出分科教育的趋势。如两湖书院"分经学、史学、理学、文学、算学、经济学六门，延请分教六人，专门训课"①。后改为经、史、理、文四科，分别请人执教。

形式总是由内容决定的。把西学引进传统的书院，西学本身那种分科发展的专门化的特点，也必然引起传统书院之教育形式和教育理念的改变，实际上也客观地促成传统书院向新式学堂的转变。翰林院学士秦绶章 1896 年 9 月《整顿书院预储人才》奏折中主张将书院课程分为六类："曰经学，经说、讲义、训诂附焉；曰史学，时务附焉；曰掌故之学，洋务、条约、税则附焉；曰舆地之学，测量、图绘附焉；曰算学，格致、制造附焉；曰译学，各国语言文字附焉。士之肄业者，或专攻一艺，或兼习数艺，各从其便。"② 传统书院原是以培养"通儒"、"通才"为鹄的，教学内容上也历来是经史不分。在其中分出诸多门类，且就学者可以"专攻一艺，或兼习数艺"，这显然是受到西方式的分科教育的影响，而其前提则是教学内容发生了转变。而就专门化的训练和专业人才的培养而言，新式的学堂较之传统的书院当然有其优胜之处，当时出现的一些专科书院，如浙江瑞安学计馆、湖南浏阳算

① 《张文襄公牍稿》卷十。
② 《皇朝经世文新编》卷五。

学馆、陕西游艺学塾等，与其说是体现了书院的发展，不如说是体现了书院的衰亡。教育一旦走向以传播知识为职责，传统书院的衰亡之日也就为期不远了。

　　早在甲午战争之前，郑观应就提出：将原有的"学宫书院""仿照泰西程式，稍为变通，文武各分大中小三等：设于各州县为小学，设于各府、省会者为中学，设于京师者为大学"①。实际上已提出了变书院为学堂的主张。甲午战争后，主张广开学校和变书院为学堂的呼声愈烈。1898 年 5 月，康有为接连上书光绪"请开学校"和"改书院淫堂为学堂"，提出"公私现有之书院、义学、社学、学塾，皆改为兼习中西之学校"，并以此为"兴学堂至速之法"。② 1898 年 7 月，光绪下诏"即将各省府厅州县现有之大小书院，一律改为兼习中学西学之学校"③，此谕令虽因变法受挫而并未实行，但是数年后（1901 年 9 月）它又作为慈禧"新政"的一部分再次告布天下，由此结束了传统书院一千多年的历史，也结束了书院、学堂并存的局面。1902 年和 1903 年清政府先后颁布了《钦定学堂章程》与《奏定学堂章程》即"壬寅学制"和"癸卯学制"，其中"壬寅学制"并未实行，"癸卯学制"成为中国第一个仿效日本建立的近代意义的学制系统。

　　废除科举与变书院为学堂，是全面引进西方教育体制的重要标志。三四十年代，传统书院曾一度表现出复兴之势，例如四川马一浮主办的复性书院、梁漱溟主办的勉仁书院，云南张君劢主办的民族文化书院，都曾经产生一定的影响。但是，与专业化的学校教育的主导地位相比，此种影响基本上不具有全局性的意义。中国教育的总体趋向是向规范化、正规化方面发展。

---

① 《盛世危言·考试下》。
② 《请饬各省改书院淫堂为学堂折》。
③ 《光绪朝东华录》四。

　　在《儒家文明之形成》一章中我们曾指出，西汉中叶确立的以经术造士和明经取士制度，不但使中国古代知识分子即士阶层儒家化，而且使儒家出身的知识分子成为官僚集团的主体。因此以经术造士和明经取士在儒家文明形成中发挥了极为重要的作用。汉以后中国的教育和选举制度虽有变化，但以儒家经典作为教育士子的主要教材和以对儒家经典掌握程度作为选拔官吏标准这两个基本点始终未变。在统治者和儒家看来，"经所以经世"，士子只有学好儒家经典，才算有了经世济民的真才实学；只有将真正把握儒家经典的根本精神的士人选拔上来，才能治理好国家。科举制，特别是八股取士制度之所以在明清两朝不断遭到儒家学者的批判，甚至在明洪武年间和清康熙年间两度被废止，就在于它不能真正体现以儒家经典造就士子和将真正把握了儒家经典中治国安民之道的士人选拔出来的原则。但是清末科举的废止却与此不同，不管其倡导者的主观意图如何，废止科举的结果不是将中国教育拉回到以经术造士的轨道，而是在中国建立起近代的教育体制。随着近代教育体制的逐步建立，中国知识分子又发生了一次根本性的演变——由传统儒者向具有近代人文思想和专业知识的近代意义上的知识分子转化。

　　中国古代知识分子——"士"在儒家文明的形成和发展中发挥了关键的作用，同样，儒家之"士"转化为近代意义上的知识分子也是儒家文明衰微的重要标志。

10　胡适，现代思想家

第十七章

孔子和儒家的近代命运

　　康有为运用孔子和儒家权威进行的社会改良运动的失败，袁世凯为复辟帝制对孔子和儒家权威的滥用，使人们不能不对于儒学在中国近代化过程中的作用产生疑虑。而科举的废止以及近代意义上的知识阶层的诞生也为重新审视作为中国文明之主导思想的儒家学说准备了条件。而由于种种复杂的原因，这一文化反思却逐渐演变为一场声势浩大的批孔反孔浪潮。

一、从太平天国到五四运动

　　近代以来第一个反孔浪潮是来自太平天国。表面看来，太平天国的反孔具有排斥异教的性质，而实际上它更多的是服从于要求打破现实权威与秩序的需要。太平天国之反孔似乎坚决而彻底，并演化为一种对于一切历史典籍的破坏与敌视："当今真道书者三，无他，《旧遗诏书》、《新遗诏书》、《真天命诏书》也。凡一切孔孟诸子百家妖书邪说者尽行焚除，皆不准买卖藏读也，否则问罪也。"① 其中所谓《旧遗诏书》、《新遗诏书》指基督教《圣经》的《旧约》与《新约》。太平天国的反孔基本上不是述诸理论的批判，而是述诸于强令的禁止与焚烧，其所殃及的范围甚广，所谓"见

----

① 《诏书盖玺颁行论》。

书籍，恨如仇雠，目为妖书，必残杀而后快"。① 不过从另一方面说，太平天国包括洪秀全在内对于基督教知之不多，除了对于所谓"皇上帝"之粗俗的信仰外，不可能形成一套取代孔孟儒家的观念系统，此所以在洪秀全的作品及太平天国的文件中，儒家的观念仍随处可见，到了后期更公开宣布："天父前降有圣旨云：孔孟之书不必废，其中有合于天情道理亦多。"② 但是，太平天国对于孔孟儒家之简单地否定与粗暴地践踏、亵渎，影响是深远的，它从根本上动摇了儒家神圣不可侵犯的地位。

对于孔子儒家而言，20 世纪可以说是一个节节败退的世纪，在社会历史层面一直处于"收拾不住"的局面，而在思想文化的层面则更是横遭贬抑。

提起 20 世纪中国知识精英的批孔、批儒、反传统，人们很自然会想到"五四"时期的新文化运动，而实际上现代意义上的批孔批儒可以追溯到本世纪初，其中至少有三条线索对于"五四"时期声势浩大的批孔运动产生了直接影响：

一是维新派营垒中梁启超等人对于孔子儒家的不满与批评。20 世纪初是梁启超最激进的时期，对孔子儒家的批判构成其此一时期学术思想的一个重要方面。在某种意义上可以说，正是梁启超的某些言论开 20 世纪"批孔"之先河。研究者们往往片面地强调梁氏所谓"尊孔保皇"的整体立场，而忽视他有关孔子儒家认识上的复杂性和多变性。梁启超指出："儒教之所最缺点者，在专为君说法，而不为民说法。""孔学则严等差、贵秩序，而措而施之者，归结于君权。""以孔子之大圣，甫得政而戮少正卯。……变公敌而为私仇，其毋乃滥用强权，而为思想自由、言论自由之蟊

---

① 《平定粤匪纪略附记》。
② 《钦定士阶条例》。

贼耶？”"孟子之距杨墨，则毫无论据，而漫加以无君无父之恶名。"[1] 他并且认为："自汉武表彰六艺，罢黜百家，凡非在六艺之科者绝勿进，尔后束缚驰骤，日甚一日，虎皮羊质，霸者假之以为护符，社鼠城狐，贱儒缘之以谋口腹，变本加厉，而全国之思想界销沉极矣。"[2] 此为中国思想学术之"大不幸也"。在给康有为的一封信中，梁启超写道："孔学之不适于新世界者多矣，而更提倡保之，是北行南辕也。""思以数年之功著一大书，揭孔教之缺点，而是正之，知先生必不以为然也。"[3] 可见梁氏之批孔并非是偶发之论，而是有其系统的想法，尽管他似乎终于没有在此方面"著一大书"。值得注意的是，梁启超之批孔在当时具有相当的影响力，特别是维新派营垒中颇有附和者。

二是无政府主义者的反孔言论。20世纪初反孔最坚决、言词最激烈者是资产阶级革命派阵营中的无政府主义者，所谓"圣贤革命"、"三纲革命"、"排孔"、"绝圣"[4] 一类口号，都是由他们首先提出的。认为："孔丘砌专制政府之基，以荼毒吾同胞者，二千余年矣。""欲支那人之进于幸福，必先以孔丘之革命。"[5] 吴稚晖1907年开始负责筹办、编辑无政府主义者的刊物《新世纪》，他以历史进化的观点批判孔子儒家："即如彼之梦呓，所谓三纲既定，五常既正，推之天下而皆准，使之百世而不惑，而彼等之冷牛肉亦遂吃一个不了，与天地而同朽。诸公细想，他一个小小的血肉之躯，连星流日蚀都看做灾异的智识，如此乃欲将他一个人的见解，蒙盖万世，还不算专制浑账胆大妄为么？"[6] "若以特别一二古

---

① 《中国学术思想变迁之大势》。

② 《新民说·论进步》。

③ 《梁启超年谱长编》，第277—278页。

④ 李石曾《三纲革命》。

⑤ 绝圣《排孔征言》。

⑥ 《答友人书》。

人贤哲者之聪明才力，与今世一二庸人相比较，自亦可云彼善于此。至于后一时期之大多数，以一节一节之时代为比较，而曰古人已有今人之事业，或犹过之，第古书失传耳。此等迷信，当为中国人之特色而已。"①

三是国粹派对于佛学和诸子学的倡导。崇佛抑儒的趋向可以追溯到近代的谭嗣同，他认为佛"独高于群教之上"，"佛教大矣，孔次之，耶为小"，六经"未有能外佛经者也"②。章太炎早年似乎与佛学不甚相得，自述："平子（宋恕）以浏阳谭嗣同所著《仁学》见示，余怪其杂糅，不甚许也。平子因问：'君读佛典否？'余言：'穗卿（夏曾佑）尝劝购览，略涉《法华》、《华严》、《涅槃》诸经，不能深也。'平子曰：'何不取三论（《中论》、《百论》、《十二门论》）读之。'读竟，亦不甚好。时余所操儒术，以孙卿为宗，不喜持空论言捷径者。"③ 1893 年章太炎因《苏报》案入狱，三年间苦读佛经，"私谓释迦玄言，出过晚周诸子不可计数，程朱以下，尤不足论。"④ 1896 年他出狱后东渡日本，在东京留学生欢迎会上说："孔教最大的污点，是使人不脱富贵利禄的思想，……我们今日想要实行革命，提倡民权，要夹杂一点富贵利禄的心，就像微虫毒菌，可以残害全身，所以孔教是断不可用的。"⑤ "梁卓如等倡言孔教，余甚非之。"⑥ 此后章太炎在《诸子学略说》等文章中，对于孔子儒家多讥讽挖苦之意。

倡导诸子学研究，是国粹派思想的一大特色。章太炎早年常以仲尼、荀卿并提，并声称自己"归宿则在荀卿韩非"，其对于管

---

①　《评鞠普君"男女杂交说"》。
②　《仁学》上。
③　《自订年谱》。
④　《菿汉微言》。
⑤　《东京留学生欢迎会演说辞》。
⑥　《自订年谱》。

子、墨子亦多有赞许之意。而孔子在倡导古文经学之章氏的视野中，也只是一"古良史也"，"孔子死，名实足以伉者，汉之刘歆。"①有人说："余杭章氏《訄书》，至以孔子下比刘歆，而孔子遂大失其价值，一时群言，多攻孔子矣。"② 最先揭出"国粹主义"之旗帜的邓实在文章中指出："学术至大，岂出一途。古学虽微，实吾国粹。孔子之学，其为吾旧社会所信仰者，固当发挥而光大之；诸子之学，湮没既千余年，其有新理实用者，亦当勤求而搜讨之。夫自国之人，无不爱自国之学。孔子之学固国学，而诸子之学亦国学也，同一神州之学术，乃保其一而遗其一可乎？"③ "五四"时期对于名家、墨学的推重，实与国粹派对于诸子学的倡导不无关系。

　　当然，"五四"时期声势浩大的批孔、批儒、反传统运动，不只是与近代以来思想学术的发展脉络有关，更有现实方面的机缘，例如辛亥革命后国体流失、军阀混战局面的刺激与反省，西方文化特别是西方哲学的大量涌入，等等。"五四"时期国人对于西方文化的了解，绝非前人可比，这种了解最终导致了"民主"与"科学"两大观念的确立。而用民主、科学来代表近代以来的西方文化，表明中国知识精英已确立了一种不同于儒家传统的价值参照系统，正是这一点使得"五四"时期对于孔子儒家的批判具有前所未有的全面性和彻底性。在此后相当长的时期内，批孔、批儒、反传统始终是中国现代思想文化的主导倾向。

二、命运多舛的儒家传统

　　1934 年在布拉格第八届国际哲学会议上的发言中，冯友兰把

---

① 《章太炎年谱长编》，1902 年。
② 许之衡《读〈国粹学报〉感言》。
③ 《古学复兴论》。

清末以来中国哲学的发展区分为三个时期:

　　"第一个时期,是 1898 年在光绪皇帝领导下,以康有为为首的注定要失败的政治改革时期。康有为是儒家公羊学派的一位知名学者。这个学派认为,孔子是神圣的教主,大成至圣先师。孔夫子设计了人类进步的各个阶段的方案,主要的有三个阶段:第一个阶段,是'据乱世';第二个阶段,是'升平世';第三个阶段,是'太平世'。……康有为是他那个时代改良运动的领袖,但是他认为他的主张,并不是采用西方的新文化,相反地他是要实现孔夫子的古老学说。""这个时代的主要精神是它的领导者们对西方传入的新文化并不抱敌对的态度,对它们的价值也不缺乏积极的评价。但是,他们仅仅是在符合孔夫子虚构的方案范围内才予以积极评价。其实,他们是按照旧文化来理解和评价新文化。应该注意到,对建立起共和国的 1911 年的革命所作的哲学上的论证,主要是来自于中国哲学的影响。他们经常引证并发挥孟子所说的名言:'民为贵,社稷次之,君为轻。'欧洲卢梭等革命作家的学说,也起着作用。人们常常以为他们也符合孟子的观点,因而认为他们也是正确的。"

　　"第二个时期,是 1919 年高涨的新文化运动时期。这个时期的时代精神是用新文化批判旧文化。陈独秀和胡适是新文化运动的领袖。哲学家胡适出版了《中国哲学史大纲》上卷。这本书,实际上是一本批判中国哲学的书,而不是一本中国哲学的历史书。中国哲学中两个影响最大的学派——儒家和道家,受到了他的功利主义和实用主义的观点的批判和怀疑。胡适是赞成个人自由发展的,因此他认为儒家使个人服从于君主和父亲,服从于国家和家庭的学说是错误的。胡适是赞成个人奋斗,征服自然的精神,因此他认为道家消极的学说是错误的。"(见插图 10)

　　"第三个时期,是建立起国民政府的 1926 年的民族运动时期。这个运动最初是国共合作进行的。孙中山是 1911 年革命的领袖,他把共产主义社会作为这个运动的最高理想，但他并不是一个共产主义者，他反对阶级斗争和无产阶级专政，他认为理想的社会是博爱，而不是仇恨。民族主义者和共产主义者不久就分裂了，民族主义者对共产主义者进行了镇压。由于这个运动，中国对于西方新文化采取了一个新的态度。因此，人们认为，西方的新文化在政治和经济方面都不是绝对完善的，是人类进步的一个阶段。历史并没有停止，它在前进中，看起来，要实现世界大同这一最后目标，这种思想在古老的东方要比在现代的西方更适宜一些。"①

　　这里冯友兰勾勒出上世纪末到本世纪中期思潮演化之间的大致线索，尽管其中的具体论述多有失之准确之处，例如：在上世纪末和本世纪初所谓改良派与革命派营垒中，对于传统文化的态度都有其复杂的一面，其中不乏激烈的批判者，此一点我们在上一节中已有论述。

　　"五四"时期的新文化运动，一般以1915年9月陈独秀在上海创办《青年杂志》（自第二卷更名为"新青年"）为起始。后来聚集到《新青年》周围的还有李大钊、胡适、钱玄同、鲁迅等，他们的真正领袖则始终是陈独秀。而直到1896年陈独秀仍然醉心于科举，也就是在这一年，他开始阅读维新派的文章。在此后不到十年的时间里，陈独秀在思想观念的层面迅速超越了维新派与革命派，数年后又转向马克思主义，这种似乎令人眼花缭乱的变化实际上是当时一大批知识精英所走过的共同道路，而陈独秀等人领一代风骚的特异之处，应该说是与坚决而彻底的反传统联系在一起的。

　　中国近代以来的社会变革是依次的由教育（与学习西方的科技关联在一起），而政治（与反清排满关联在一起），而纲常名教（与对于所谓"国民性"的认识关联在一起）。陈独秀说："伦理思

---

　① 《中国现代哲学》。

想，影响于政治，各国皆然，吾华尤甚。儒者三纲之说，为吾伦理政治之大原，共贯同条，莫可偏废。"① "自西洋文明输入吾国，最初促吾人之觉悟者为学术，相形见绌，举国所知矣；其次为政治，年来政象所证明已有不克守缺抱残之势。继今以往，吾国所怀疑莫决者，当为伦理问题。此而不能觉悟，则前之所谓觉悟者，非彻底之觉悟，盖犹在惝恍迷离之境。吾敢断言曰：伦理的觉悟，为吾人最后觉悟之最后觉悟。"②

　　至于陈独秀等人何以要把所谓"最后觉悟"与批孔、批儒关联在一起，除了认为中国传统伦理道德、国民性主要受到在历史上占有支配地位的孔子儒家的影响这一较为一般的原因外，更有现实政治斗争方面的原因。《新青年》创刊于 1915 年，而陈独秀等人明确地把矛头集中在孔子儒家身上，则是自 1916 年底始。这期间最重要的事件就是护国运动的兴起和袁世凯政权的垮台。洪宪帝制似乎一开始就与"尊孔"、"孔教"联系在一起，且"孔教"问题又注定不会随着袁氏政权的垮台和袁世凯的死去而消失。不幸的是，一个本可以在一定意义上超越于现实政治的问题，却偏偏与现实的政治斗争紧密的纠缠在一起。当一度被袁世凯取缔的国会于 1916 年恢复活动时，宪法会议上围绕是否定孔教为国教又发生激烈的争论，此事后来闹到社会上去，产生很大影响。陈独秀连续发表了《驳康有为致总统总理书》、《宪法与孔教》、《孔子之道与现代生活》等文章批驳尊孔派。在文章中他明确地把孔孟之道与封建帝制和政治复辟联系在一起："吾人倘以为中国之法，孔子之道，足以组织吾之国家，支配吾之社会，使适于今日竞争世界之生存，则不徒共和宪法为可废，凡十余年来变法维新，流血革命，设国会，改法律（民国以前所行之大清律，无一条非

---

① 《陈独秀著作选》第一卷，第 179 页。
② 同上。

孔子之道）及一切新政治、新教育，无一非多事，且无一非谬误，应悉废罢，仍守旧法，以免滥费吾人之财力。"① "若夫别尊卑，重阶级，主张人治，反对民权之思想之学说，实为制造专制帝王之根本恶因。吾国思想界不将此根本恶因铲除净尽，则有因必有果，无数废共和复帝制之袁世凯，当然接踵而生，毫不足怪。"② 当时去袁世凯复辟不远，且保皇派康有为又是孔教论的主要倡导者之一，因此陈独秀的批判可以说极具说服力。遗憾的是，把孔子之道等同于封建帝制，等同于"大清律"，此类指责若只是作为现实政治斗争的一部分，亦无可厚非，可是却被泛化为一般的思想法则通行了半个多世纪，且在70年代更被推向了极端，这恐怕是陈独秀本人亦想像不到的。

"五四"时期的文化论战持续了十余年，一般把论战双方区分为西化派与东方文化派（后来又有唯物史观派），而其中论战的焦点是集中在对于孔子儒家的认识上。确切地说《新青年》阵营中的某些人之反传统，主要是反孔子、反儒家。就是激烈如陈独秀，对于历史上的非儒学派亦不乏肯定的赞誉："阴阳家明历象，法家非人治，名家辨名实，墨家有兼爱节葬非命诸说，制器敢战之风，农家之并耕食力：此皆国粹之优于儒家孔子者也。"③ 在此种意义上，反传统实为反"正统"，此一模式亦对后来产生了深远的影响，所不同的是，"五四"时期受到推崇的主要是名、墨两家，而到了70年代法家（连同历代暴君）则粉墨登场，独领风骚。

文化论战是以比较中西的方式进行的，它也确实在一定程度上深化了人们有关中西文化之某些整体特征的认识。需要特别指出的是：1919年"五四"运动前夕，陈独秀在为批驳林纾等人对

---

① 《陈独秀著作选》第一卷，第229页。

② 同上书，第239—240页。

③ 同上书，第225页。

于新文化运动的攻击所撰写的《本志罪案之答辩书》中，明确地把近代西方文化的基本精神概括为"民主"与"科学"（即所谓"德先生"与"赛先生"）："要拥护那德先生，便不得不反对孔教，礼法，贞节，旧伦理，旧政治；要拥护赛先生，便不得不反对国粹和旧文学。""我们现在认定只有这两位先生，可以救治中国政治上道德上学术上思想上一切的黑暗。"① 此后，民主与科学不仅成为"五四"新文化运动的旗帜，而且成为中国现代文化运动的旗帜。

　　"五四"时期新文化运动的基本特征是凸显中西文化之间的差异与对立，此一点西化派与保守派是相同的。到了三四十年代，社会上的思想学术思潮有一转向，人们开始更多地着眼于中西哲学文化之间的沟通与融合，用冯友兰的话说"注意的是东西文化的相互阐明，而不是它们的相互批评"。② 且由于民族战争的刺激，文化民族主义成为一种涵盖广泛的运动与思潮。在国民党统治区新儒家学派得到进一步的发展，此外还有官方倡导的"文化复兴"运动；在抗日战争时期的延安，也有关于民族艺术形式和"学术中国化"方面的讨论。1938 年在中共六届六中全会上，毛泽东第一次明确提出马克思主义"中国化"的问题，并认为民族历史中有很多"珍贵品"，"从孔夫子到孙中山，我们应当给予总结，承继这一份珍贵的遗产。"在重庆和延安都有对于"五四"时期反传统运动不同程度的反省。

　　新中国成立后，孔子儒家总体上是处于受批判的地位，这与毛泽东本人的立场有关。建国不久（1953 年 9 月），毛泽东在批判梁漱溟时指出："孔夫子的缺点，我认为就是不民主，没有自我批评的精神，有点像梁先生。'吾自得子路而恶声不入于耳'，'三盈

① 《陈独秀著作选》第一卷，第 442—443 页。
② 《中国现代哲学》。

三虚'，'三月而诛少正卯'，很有点恶霸作风，法西斯气味。我愿朋友们，尤其是梁先生，不要学孔夫子这一套。"① 此后，虽然毛泽东在不同场合多次讲到孔子是有学问的，特别是对于孔子的教育思想有所肯定，但关于孔子的基本看法并没有改变。

50 年代至 70 年代中国大陆思想学术界对于孔子儒家的批判，是意识形态斗争的组成部分。由于此种批判是直接与政治的、政权的力量结合在一起，所以其所产生的影响和对于儒家传统的破坏作用是巨大的。孔子儒家在中国大陆的境遇进入 80 年代以后才逐步发生改变。

---

① 《批判梁漱溟的反动思想》。

结　语

批　判　与　继　承

　　鸦片战争以来儒家文明在与西方近代文明的冲突中节节败退，尤其是"五四"新文化运动以来孔子和儒家更遭到长期的批判。延续二千余年、汉唐时盛极一时的儒家文明衰落了。人们确信一种高于儒家文明的新文明正在形成，而"五四"新文化运动就是中国新文明诞生的标志。

　　如何定位仍然在孕育、发展中的中国新文明及其与儒家的关系，乃是一个非常复杂的问题，但是，有一点是可以肯定的，这就是：任何新文明都只能够在与传统之间因袭与变异、批判与继承的复杂关系中形成、发展。

　　出现于"五四"时期的新儒家学派的传衍和发展，通常被视为儒家在现时代得以保存、发展乃至复兴的象征。这里需要指出的是，将新儒家研究作为思想史、哲学史的课题与作为"儒家文明研究"的课题，可以说具有完全不同的意义，尽管人们通常严重混淆了其中的界限。进一步说，就思想观念特别是哲学的层面而言，新儒家无疑代表了儒家思想的一种延续和发展，但是，如果你所关注的不只是作为某种哲学洞见和文化理念的"儒家"，而且是展示在现实的历史进程中、体现为某种文明形态的"儒家"，那么问题就复杂的多。

　　"五四"时期倡导"新孔学"的梁漱溟通常被认为是新儒家学派的开山者。而实际上，在新儒家阵营中梁氏是一个特例。正如他本人所申明的，梁漱溟不是那种专业化的、学院式的"学问家"或"哲学家",他是一位实践型的儒家。与哲学家冯友兰把儒家思想的精髓归结于某种形而上的人生境界明显不同,在梁漱溟看来,儒家传统的重建不仅关涉到价值信念,而且关涉到社会体制和生活方式。他相信在一个已经大大改变了的社会历史环境中,国人传统的"伦理本位"的生活方式仍然有充分的理由维系下去,此所以他为现代文明对于广大乡村那种延续了千百年的生活结构的破坏而痛心疾首。在某种意义上可以说,他也是按照早年乡村建设的思路来理解毛泽东等人的社会主义,尽管梁氏曾经极力反对"阶级斗争"的方式。这也就不难理解何以1953年的政协会议上他要代表农民说话,并由此酿成了他与毛泽东之间的冲突。

　　另一位与我们所讨论的问题直接相关的新儒家人物是张君劢。张氏20年代作为玄学派的"一造主角"参加著名的"科玄论战",30年代提出"修正的民主政治"的社会改革方案,50年代与唐君毅等人共同发表了新儒家的纲领性文献——《为中国文化敬告世界人士宣言》,60年代往返于东西两半球之间倡导"儒家思想复兴"运动。在讨论新儒家的论著中,张氏在"科玄论战"中所扮演的角色及50年代后的复兴儒学的努力,似乎更为人们所关注。而实际上,张君劢一生中最重要和最具特色的部分是他在制宪和推行宪政方面的努力。在20年代初一次流产了的制宪运动中,张氏起草了中国历史上第一部宪法草案,并写作了《国宪议》一书;1946年他又参与起草《中华民国宪法草案》。关于张君劢的思想与儒家的关系,另一位新儒家学者唐君毅曾指出:"他的哲学,大体上是从西方之康德到倭伊铿之理想主义来讲民主。因此自自然然就通到中国的儒家思想。"① 这里所谓"通到中国的儒家思想",主要是就他主张"民主的理论基础是人性与人格的尊严;

---

① 《从科学与玄学论谈君劢先生的思想》。

而人性与人格的尊严是一道德的观念，是一种伦理思想"而言。①
而实际上，更能够体现儒家思想对于张君劢之影响的倒是他 30 年
代提出的所谓"修正的民主政治"的思想主张，其中的重要之点
在于寻求"个人自由"与"社会公道"的统一与平衡。他说："19
世纪上半期，社会主义运动兴起，这是除个人自由而外，尚有一
个社会公道的大目标。"②而早在 20 年代的《国宪议》一书中他就
明确揭示了此所谓"社会公道"与儒家的"大同理想"之间的关
系。

　　需要指出的是，张君劢的"修正的民主政治"与梁漱溟的乡
村建设理论与实践之间存在着实质性的差异。在后者看来，儒家
文明完全可以在不改变其基本形态的前提下得以维系和发展，也
就是说儒家传统仍然有能力彻底消化来自西方的所谓"现代文
明"，正如在历史上消化佛教一样；而张君劢"修正的民主政治"
则是以英美式的民主政治为蓝本的，儒家思想的意义只是在于对
于似乎片面地强调自由、权力的西方式民主作出某种"修正"。而
在肯定文明格局必然要发生某种基本的改变的前提下，探讨儒家
思想如何在现代世界中存在下去并发生影响，这正是新儒家的后
来者们所努力的方向。

　　60 年代中期，以日本、新加坡、韩国、香港、台湾等国家和
地区为代表的所谓东亚工业文明的迅速崛起，引起国际社会的广
泛关注。由于这些国家和地区都属于"儒家文化圈"的范围，历
史上在思想文化、价值观念、政治伦理、社会风俗、生活方式等
方面，无不深受儒家文化的影响，因而也就引发了有关儒家思想
的活力及其与现代化之关系问题的研究与讨论。到了 70 年代末期
特别是进入 80 年代以后，人们纷纷提出有关儒家传统与工业东亚

---

① 《从科学与玄学论谈君劢先生的思想》。
② 《民主政治的哲学基础》。

之关系的各种观点与假说。一些研究者把东亚经济奇迹的出现及其特征诸如集体主义取向,对于家庭和社会稳定的重视,勤劳、纪律、节俭的规范,注重社会福利与保障及权威主义政治等等,归结于儒家传统的影响。

有一点是明确的,工业东亚不可能是西方资本主义的简单移植,问题在于:儒家传统所扮演的角色主要是表现为对于西方文明的适应,还是在积极的型塑和创造一种文明,亦或是二者兼而有之?且一旦突破了"以成败论英雄"的狭隘眼界和功利主义的视野,那么今天被人们归属于儒家名下的某些因素例如权威主义的政治,其在未来社会的发展中究竟如何定位也是一个无法回避的问题,因为权威主义说到底只能是某种过渡的权宜而已,有迹象表明情况已经在发生着某种改变。至于某些人所津津乐道的东亚社会中对于权威的服从,除非此种服从是基于理解某种共同的长远目标前提下的主动参与和积极认同,否则其价值就大可怀疑,且亦非儒家的本有之意。

工业东亚提出了许多问题,这些问题适足以彰显儒家传统与现代文明连续与断裂之间的复杂关系。至少有一点是非常明确的,所谓"现代文明"不可能是某种完全超越于传统的抽象物。西方社会是以反基督教的姿态走向近代化的,而今天越来越多的人注意到要深入说明西方社会近现代以来的发展及其表现形态,就不能不追溯到西方古老的宗教传统。当"西化"的喧嚣开始消散之际,人们发现东亚现代化结出的是与西方不同的果实,这些果实代表着比经济增长和工业化更多的东西——代表着一种不同于西方的现代文明。尽管与传统社会相比,工业东亚在社会体制、教育制度乃至家庭生活结构等方面都已经发生了巨大的改变,但是,一些受儒家思想熏陶(至少是与儒家思想直接相关)的基本价值,一些千百年来支配着人们的生活与行为的基本规范,却仍然在发生着影响,并正在重新成为一种自觉的选择。从后一种意义上说,它确实代表了儒家文明的某种转型。

对儒家的研究可以有不同的角度，诸如历史的、学术的、思想文化的、哲学的、宗教的，等等。言及儒家的现代境遇，从不同的视角和层面亦可以做出不同的估价，例如就纯哲学的层面而言，"五四"以后借助于方法的改进和观念的厘清，无疑有了一个很大的发展。相比较而言，"文明"是一个整体的观念。"儒家文明"是指儒家的精神理念体现、实现、物化、外化于社会历史的不同层面，所表现出来的区别于其它文明的整体风貌。

关于儒家文明的现代命运，西方学者存在两种极端的看法，一是过于看重"儒教中国"（或"儒家中国"）的整体性和延续性，对于近代以来中国社会变化的某种深刻底蕴缺乏足够的认识；二是认为儒家文明已完全死亡，中国现代特别是1949年以后的历史文化乃是在完全不同的架构中运作。后一种观点可以美国英年早逝的史学家列文森的名著《儒教中国及其现代命运》一书为典型代表。而在我们看来，一方面儒家近代以来遭遇了严重的挫折与失败乃是显而易见的事实；另一方面被归属于儒家文明的某些特性，仍然在中国乃至东亚的发展中以某种曲折的形式表现出来。一般地断定儒家文明已经死亡或儒家文明正在走向复兴，似乎都为时过早。